Cuisine
des Juifs de Grèce

LES LANGUES DU MONDE À L'ASIATHÈQUE

Sélection d'ouvrages publiés sous l'égide de l'INALCO

Collection « Langues-INALCO »

Luc-Willy Deheuvels	*Manuel d'arabe moderne*, vol. 1 et vol. 2 (cassettes)
Henri Tonnet	*Histoire du grec moderne*
Henri Tonnet et Georgios Galanes	*Méthode de grec,* vol. 1 (cassettes)
Sonia Barzilaï-Naud et Mireille Hadas-Lebel	*Manuel d'hébreu*, vol. 1 (cassettes)
Christophe Balaÿ et Hossein Esmaïli	*Le persan au quotidien*, vol. 1 (cassettes)
Michel Bozdemir	*Méthode de turc*, vol. 1 (cassettes)

À paraître

Henri Tonnet et Georgios Galanes	*Méthode de grec,* vol. 2 (cassettes)

En préparation

Sonia Barzilaï-Naud et Mireille Hadas-Lebel	*Manuel d'hébreu*, vol. 2

Collection « Dictionnaires des Langues 0' »

Cybèle Berk et Michel Bozdemir	*Dictionnaire français-turc*
Cybèle Berk et Michel Bozdemir	*Dictionnaire turc-français*
Georges Calvet	*Dictionnaire tsigane-français* (dialecte kalderash)

Nicholas Stavroulakis

Cuisine des Juifs de Grèce

Illustrations de l'auteur

Traduit de l'anglais par Mireille Mazoyer-Saül et Marianne Bendayan-Grange

L'Asiathèque

Couverture : Louis Constantin.

Titre original : *Cookbook of the Jews of Greece*
Lycabettus Press, P.O.B. 17 091, G-10024 Athènes
ISBN 0930 685-02-04

Édition française :

ISBN 2 911 053-15-X

à mes amies, Mireille Mazoyer-Saül
et Marianne Bendayan-Grange,
sans la détermination desquelles cet ouvrage
n'aurait pu être publié en français

C'était une promenade de nostalgie, il y a déjà plus de cinq ans, à Salonique. M. Molho, libraire rue Tsimiski, nous recommanda le *Cookbook of the Jews of Greece.* Cuisine et mémoire... l'esprit de nos parents, presque tous disparus dans la Shoah, nos Juifs de Grèce et des Balkans, de Turquie, était là, encore présent... mais en anglais. Sans hésiter, Nicholas Stavroulakis, enthousiaste à l'idée d'une traduction française de son livre, nous accorda sa confiance. Sa générosité nous honore et nous sommes heureuses d'en témoigner ici.

Cette traduction n'aurait pu être menée à bien sans le concours des nombreuses personnes qui nous ont donné leur temps, leur énergie, leur savoir, qui nous ont encouragées : merci particulièrement à Stavros Kamaroudis pour son aide pour les mots grecs, à David Benbassat-Benby pour les mots grecs, turcs et judéo-espagnols, à Elias et Brith Bendayan pour les mots en hébreu. Merci aussi à Frédéric Grange et à Raphaël Mazoyer, pour leur compétence technique. Notre gratitude va à la patience d'Isabelle Tembrun-Kamaroudis, de Nathalie Marczak, de Jean-Paul Mazoyer.

Enfin, c'est à Jean Carasso, rédacteur en chef de *La Lettre Sépharade*, que nous devons la rencontre avec l'éditeur. Nous leur rendons hommage ainsi qu'à tous les amis, connus et inconnus, qui ont participé, notamment par leur souscription, à l'édition de cette version française.

Les traductrices
le 13 novembre 1995

*Dans le cours du texte nous avons pris le parti d'utiliser le nom de Hania. NDT.

Table

Note sur les illustrations

J'ai illustré le texte de dessins à la plume et à l'encre afin de représenter quelques-uns des mets mais aussi d'évoquer la culture des communautés juives romaniotes et séfarades qui ont inventé ces plats ou qui les confectionnaient. Grâce au musée juif de Grèce, il existe maintenant une collection de costumes et de textiles représentatifs et bien répertoriés remontant au XVIIIe siècle. On y trouve aussi des archives photographiques et de nombreux imprimés et gravures qui montrent les Juifs en vêtements de tous les jours du siècle dernier. Tous les costumes que j'ai dessinés auraient pu être portés par des Juifs entre 1820 et 1900, à deux exceptions près : ce sont des vêtements hispano-mauresques du XIIIe siècle qui m'ont inspiré pour le portrait imaginaire de Benjamin de Tudèle et de son ami ; quant au sultan Ikinci Bajazet, c'est son portrait et un de ses caftans (sérail du musée Topkapi, Istanbul) qui m'ont servi de modèles pour son costume de cour. Les objets, amulettes, décorations florales, récipients, casseroles et les éléments décoratifs sur les bordures des serviettes et des napperons sont caractéristiques des pièces ottomanes et grecques du XIXe siècle, comme en possède le musée juif de Grèce. D'autres ont été dessinés d'après des pièces appartenant à des collections privées ou trouvées sur les marchés d'Istanbul et d'Athènes. J'ai dessiné les intérieurs d'après certaines maisons anciennes existant toujours en Grèce.

J'ai pris soin d'assembler les costumes, les intérieurs, les ustensiles et les décors de façon cohérente sur le plan historique aussi bien que géographique. Ainsi, les vêtements romaniotes sont montrés dans le décor d'une communauté romaniote. De même pour les vêtements séfarades. Cependant, il arrive que nous ayons peu d'indices ou seulement des matériaux sans repères, éléments isolés, tissus, qui ne nous restituent pas une image claire du passé. Dans ces cas-là, par exemple pour Larissa, Halkis ou Hania, je n'ai pas donné libre cours à mon imagination et me suis abstenu d'inventer une atmosphère.

Table des illustrations

Avant-propos [1]

Ce livre est le résultat de plusieurs années de recherches, de collectes et de pratique. Il ne m'aurait jamais été possible de mener à bien mon entreprise si de nombreuses personnes n'y avaient participé en s'y impliquant à fond. Je dois beaucoup aux nombreuses femmes et aux quelques hommes qui ont pris le temps de m'expliquer des recettes et des traditions qu'on n'avait pas jugées auparavant dignes d'attention. Heureusement, bon nombre de ces personnes habitent Athènes, mais beaucoup d'autres vivent à Salonique ou dans des villes de province et j'ai dû aller les voir. D'autres encore résident en Turquie, en Israël, en Angleterre, en France ou aux États-Unis. J'aurais souhaité donner leurs noms à toutes, mais leur trop grand nombre m'en a empêché.

Je remercie particulièrement ma conseillère littéraire américaine, Julie Boegehold, pour son travail minutieux de conversion des poids et mesures. En glanant ces recettes, je m'étais converti à la méthode traditionnelle : soupeser un œuf dans les deux mains ou évaluer la texture de la farine en fonction de la sécheresse ou de l'humidité de l'atmosphère, afin de déterminer les poids et les quantités. Julie m'a ramené à la précision qui permet de réaliser les recettes dans une cuisine moderne.

Je dois à mon amie et assistante, Ida Mordoh, de vifs remerciements : elle m'a organisé des rencontres, et m'a aidé à surmonter l'étonnement amusé que provoque au premier abord l'intérêt d'un homme comme moi pour un domaine traditionnellement féminin. Je suis plein de gratitude envers Timothy DeVinney pour son précieux travail de photographe et pour avoir consommé, sept ans durant, le résultat de ces recettes. Il a dû digérer aussi bien les échecs que les succès, épreuve redoutable pour n'importe quelle amitié. Il a su, comme mon frère Dori et sa femme Karen, me soutenir alors que je m'étais presque résigné à ce que l'ouvrage finisse ses jours au fond d'un tiroir. Merci aussi de tout cœur à Karen DeVinney, à John Chapple et à Ellen Eichel.

---

1. Il s'agit ici de l'édition originale, en langue anglaise.

Histoire des Juifs de Grèce

Avant 1453

Nous ignorons la date d'arrivée des premiers Juifs en Grèce. Elle fut certainement antérieure à l'an 85 de l'ère chrétienne, date à laquelle Strabon écrivit qu'on trouvait des Juifs dans toutes les cités de l'est du monde méditerranéen (Strabon VII 7, 4). Peut-être y a-t-il eu des Juifs isolés, sinon des communautés juives, vivant dans les cités grecques, dès l'exil de Babylone (586-530 avant l'ère chrétienne). Après les guerres des Maccabées, entre 170 et 161 avant l'ère chrétienne, les Juifs hellénisés furent nombreux à quitter la Judée pour s'installer dans les villes du monde grec. Pendant les guerres d'Alexandrie qui opposèrent Physcon et la femme de Ptolémée Philometor, Cléopâtre, il semble que les Juifs d'Alexandrie aient trouvé refuge avec cette dernière dans la toute nouvelle cité de Thessalonique (autour de 140 avant l'ère chrétienne). Au Ier siècle avant l'ère chrétienne, les communautés juives étaient présentes tout le long des côtes d'Asie Mineure, à Rhodes et dans un grand nombre d'îles de la mer Égée. Lorsque Saül de Tarse arriva en Grèce en 48 de l'ère chrétienne, il trouva des communautés juives importantes et florissantes dans les villes de Crète, à Athènes, Corinthe, Thessalonique, Verroia et Philippes. Au cours des deux premiers siècles, ces communautés offrirent probablement refuge aux nombreux Juifs fuyant la destruction de Jérusalem et les conséquences de la révolte de Bar Kokhba.

Avec le développement et l'extension de la Chrétienté, les communautés juives eurent tendance à se replier sur elles-mêmes. Au IVe siècle, au moment où le christianisme devint la religion d'État de l'Empire romain, la liberté et les droits des Juifs furent protégés, du moins en partie, par la loi romaine. Cependant, leur engagement dans la vie publique fut restreint car considéré comme un affront à la foi chrétienne.

La région la plus à l'est de l'Empire romain acquit petit à petit un caractère oriental du fait que la nouvelle capitale (Constantinople) était proche de l'Empire perse et, plus tard, du

Califat de Bagdad. Ce déplacement vers l'Orient, joint aux limitations géographiques à l'ouest imposées à l'Empire par les invasions barbares, amena cette région à prendre le nom d'Empire byzantin. Mais ses habitants, extrêmement fiers de leur civilisation romaine, se considéraient comme Romains. Aussi les Juifs de l'Empire byzantin furent-ils appelés « Romaniotes » et c'est sous ce nom qu'ils représentèrent le principal courant du judaïsme grec jusqu'au XVe siècle.

Les communautés de Juifs romaniotes développèrent des coutumes et des pratiques rituelles secondaires (*minhagim*) différentes de celles d'autres communautés d'Europe occidentale et du Moyen-Orient. Lorsque l'Empire byzantin perdit des territoires au bénéfice des Arabes, des Bulgares, des Serbes et des Turcs, de nombreux Juifs romaniotes qui partageaient toujours une origine et un *minhag* communs se retrouvèrent dans des pays différents. Ainsi, en Bulgarie, en Serbie, en Sicile et en Asie Mineure, se constituèrent des communautés florissantes de Juifs romaniotes parlant grec et partageant une histoire commune avec leurs frères vivant encore dans l'Empire byzantin.

Il est vraiment désolant que nous possédions si peu d'informations sur les Juifs et leurs modes de vie à cette époque. Cette vie n'était pas toujours facile, les tentatives de bon nombre d'empereurs byzantins pour convertir de force les Juifs au christianisme le montrent sans conteste. C'est, semble-t-il, le refus des conversions qui entraîna la destruction de plus de 230 communautés juives pendant le règne de Basile II, le « Bourreau des Bulgares », en l'an 1000.

Le premier à décrire la diaspora juive et ses conditions de vie fut Benjamin de Tudèle qui écrivit ses célèbres « Voyages » après avoir parcouru la Grèce, au XIIe siècle. Il rencontra de nombreuses communautés grecques et mentionne, comme centres de vie juive, Patras, Thèbes, Nafpaktos et Corinthe. Le commerce, favorisé dans une certaine mesure par les contacts avec des Juifs de contrées extérieures à l'Empire, était, semble-t-il, une source régulière de revenus pour certains. Dans quelques régions, surtout dans le Péloponnèse et en Grèce

centrale, à Thèbes, les Juifs étaient apparemment très actifs dans la fabrication de la soie. Au XIe siècle, le roi Roger II « kidnappa » de nombreux Juifs parmi ceux qui produisaient de la soie à Thèbes, pour les emmener en Sicile. Il y a plus insolite encore, par certains aspects : la situation des fermiers juifs qui travaillaient la terre en Crète et aussi, près de Delphes, non loin du village de Krisa.

Après leur infâme prise de Constantinople, en 1204, les Croisés occupèrent la plupart des territoires de l'Empire byzantin. La féodalisation forcée de la Grèce selon le modèle français accentua la séparation des Juifs. Pour ceux qui, vivant en Crète, à Eubée (Halkis) et dans les îles ioniennes et égéennes, se trouvaient sous l'autorité de Venise, les relations avec les Juifs de la Sérénissime se resserrèrent ; le jeu des influences imprima à ces communautés un caractère original qui perdura jusqu'au XXe siècle.

Nous ne savons presque rien sur les conditions de vie des Juifs de Grèce pendant la période chaotique qui suivit le rétablissement du pouvoir byzantin, vers la fin du XIIIe siècle, sous l'empereur Michel VIII Paléologue. La seule supposition que nous puissions faire est que les communautés juives conservèrent des liens étroits entre elles, et brillèrent ou déclinèrent selon la conjoncture, éminemment instable. Dans les écrits du temps, le « Juif perfide » est l'objet de taxes et de contraintes qui ont dû toujours rendre la vie difficile. La conversion des Juifs de Krisa au christianisme est peut-être le résultat de ce genre de pressions. Les habitants du Magne, dans le sud du Péloponnèse, soutiennent que les vrais Maniotes sont Juifs... et il se pourrait bien qu'ils aient raison.

En 1453, l'Empire byzantin prit fin avec la conquête de Constantinople par le sultan ottoman Mehmed II. En quelques années, les Ottomans occupèrent toute la Grèce à l'exception de quelques îles restées aux mains de Venise, la Crète notamment. Selon la loi islamique telle que l'appliquèrent les Turcs ottomans, tous les non-musulmans croyant en Dieu étaient, sur un pied d'égalité, « le Peuple du Livre ». Les Chrétiens et les Juifs se retrouvèrent tout à coup soumis aux mêmes lois, aux mêmes restrictions, bénéficiant parfois des mêmes privilèges. Quoique son autorité ne s'étendît probablement pas à tout l'Empire ottoman, un Grand Rabbin représenta alors les Juifs à Constantinople.

Après 1453

Tandis que l'Empire byzantin entrait dans sa dernière période de déclin, période qui s'achèverait par la conquête ottomane, l'Espagne connaissait une période de renaissance sous les Rois catholiques qui s'employèrent à créer une nation homogène. Homogénéité battue en brèche par le nombre important de Musulmans et de Juifs qui vivaient un peu partout dans la péninsule Ibérique. Après une phase de compromis religieux fondés sur la conversion au christianisme, les Juifs non convertis furent expulsés d'Espagne en 1492. Quelques semaines seulement après la promulgation de l'édit d'expulsion, le sultan ottoman Bajazet II ouvrit les frontières de son empire aux exilés. On ignore le nombre exact d'arrivants mais on sait qu'ils s'installèrent nombreux à Constantinople, Edirne (Hadrianople), Izmir et surtout Salonique. En 1497, le Portugal procéda à une expulsion semblable. Ces Juifs venus d'Espagne et du Portugal sont connus sous le nom de Sefardim (ou Séfarades).

De nombreux traits différenciaient les Juifs espagnols et portugais de leurs frères romaniotes. Les Séfarades, pendant tout le Moyen Âge, avaient bénéficié d'une liberté et d'un niveau de culture atteints par peu de communautés juives dans le monde. Sous la domination musulmane en péninsule Ibérique, ils avaient occupé des postes clés dans la société, et même après la reconquête de l'Espagne par les rois catholiques, les Juifs – ceux qui avaient conservé la religion de leurs ancêtres aussi bien que les convertis – avaient continué en nombre considérable à jouer un rôle éminent dans la vie et la culture espagnoles et portugaises. Leur minhag obéissait aux prescriptions du Talmud dit de Babylone, les rites romaniotes étant plus proches du Talmud de Jérusalem. À l'arrivée des Séfarades dans l'Empire ottoman, de nombreuses tensions affectèrent les communautés juives, les Romaniotes se trouvant

N.S.
STAVROULAKIS

subitement confrontés à une culture plus raffinée que la leur. À Salonique et à Edirne, la plupart des communautés romaniotes durent accepter non seulement le rite séfarade, mais aussi l'espagnol castillan. Au cours du siècle suivant, cette langue développa des traits singuliers, et, par l'apport abondant de mots et expressions turcs, grecs, arabes et même bulgares, devint une langue distincte, le judéo-espagnol.

Au XVIe siècle, le mode de vie des Juifs grecs, tant romaniotes que séfarades, ainsi que l'emplacement des communautés, étaient fixés. Ils perdurèrent sans grands changements pendant les 400 années qui suivirent. À l'est du massif du Pinde, en Thrace, en Macédoine, et dans une grande partie de la Thessalie, la culture séfarade prédominait ; de même à Rhodes, dans la plupart des autres îles de l'Égée et sur les côtes d'Asie mineure. La vie et les coutumes romaniotes persistèrent selon l'ancien modèle à l'ouest du massif du Pinde, en Épire, dans les îles ioniennes, et plus au sud, dans le Péloponnèse. En Crète, aucun des différents groupes n'imposa sa domination, à l'exception peut-être des Juifs vénitiens.

Les expulsions touchèrent aussi des Juifs d'Apulie, dans le sud de l'Italie et la Sicile ; ils trouvèrent refuge en Grèce, se fixant à Corfou, Ioannina et Salonique. On les appela les Pouliotes. À Salonique, ils avaient leur propre synagogue.

Pendant les 300 premières années de l'Empire ottoman, période de croissance et d'expansion vigoureuses, les Juifs jouirent d'une liberté de mouvement et de décision inconnue de leurs frères d'Europe et d'ailleurs. Les lois sociales, religieuses, éthiques du judaïsme sont proches de celles de l'islam ; la méfiance traditionnelle à l'égard de l'image, commune à ces deux cultures, accentua encore cette ressemblance. Facteur supplémentaire et peut-être plus important encore : les Juifs, que les persécutions poussèrent à fuir la péninsule Ibérique et l'Italie à la fin du XVe siècle et au début du XVIe, puis l'Europe de l'Est aux XVIe et XVIIe siècles, venaient se réfugier dans l'Empire ottoman et s'y installaient donc volontiers.

Les Juifs et les Ottomans vivaient en relation étroite : on le voit bien aux multiples éléments du vêtement turc adoptés par les Juifs, surtout les femmes, et à l'influence des motifs turcs sur le style des broderies. À une époque où le téléphone n'existait pas et où la plupart des femmes turques étaient confinées dans le *haremlik*[1], il n'est pas surprenant que les femmes juives non seulement soient devenues des intermédiaires et des messagères mais de plus se soient rendues aussi indispensables à la vie familiale que le sont de nos jours le journal du matin ou le téléphone. On peut imaginer, dès les XVIe et XVIIe siècles, les femmes juives passant de longs après-midi avec leurs amies turques, soit au haremlik soit au *hammam*, échangeant des recettes, des histoires, des chansons, bavardant. À l'occasion de ces rencontres, une bonne part de la cuisine turque, surtout les friandises, fut adoptée par les Juives. Les versions grecques chrétiennes des plats turcs sont moins fidèles que les variantes juives parce que l'intimité entre Grecs chrétiens et Turcs fut beaucoup moins grande. Au-delà de ces influences, un aspect particulièrement important de la cuisine des Juifs de Grèce, romaniotes comme séfarades, est qu'elle témoigne de traditions du Moyen Âge grec aussi bien qu'espagnol, plus anciennes que les ottomanes. Certaines de ces recettes pourraient même remonter à l'Antiquité.

La dernière phase du long déclin de l'Empire ottoman commença à la fin du XVIIe siècle. L'onde de choc de la Révolution française, traversant l'Europe, ébranla dans leurs fondations bon nombre des institutions ottomanes ; elles avaient déjà montré leur incapacité à s'adapter aux transformations modernes – politiques et philosophiques – des Lumières. Ironie des ironies, la plupart de ces institutions, héritées de l'Empire byzantin, avaient amplement contribué à son déclin et à son effondrement ! Les revendications d'autodétermination s'accrurent dans l'Empire ottoman multinational, émanant aussi bien des peuples soumis que de nombreux Turcs eux-mêmes, sous forme de révoltes pour les premiers, de demandes de réformes pour les seconds. Dans le nord de la Grèce, Ali Pacha tenta de

1. *Haremlik* : dans la maison musulmane, lieu isolé réservé aux femmes. La racine de ce mot est arabe et turque et signifie interdit.

se tailler un état séparé tandis qu'en Égypte Mohamed Ali rompait avec l'Empire et menaçait même d'attaquer la Sublime Porte. En 1821, explosa la révolte des habitants du Péloponnèse : elle engendra la guerre d'indépendance de la Grèce. Les Bulgares et les Serbes, pour ne citer que deux autres groupes nationaux, se révoltèrent aussi. À l'intérieur de l'Empire, l'agitation était permanente, soutenue par les puissances étrangères toutes d'accord pour penser que l'« Homme malade » de l'Europe était incurable, sans toutefois s'entendre sur le partage de ses dépouilles.

Les Juifs furent pris dans cette tourmente. Comme ils n'avaient, malgré l'air du temps, ni foyer national ni conscience nationale définie, ils eurent tendance à se replier sur des positions conservatrices et devinrent alors des spectateurs plus ou moins passifs, attendant l'issue de ces événements essentiels pour leur avenir.

Habitués depuis des siècles à une unité assurée par les vastes territoires de l'Empire ottoman, les Juifs, au milieu du XIXe siècle, se retrouvèrent séparés les uns des autres et membres d'états nationalistes revendiquant le principe : un Peuple, une Nation, une Religion. Les Séfarades eurent tendance à se tourner vers les traditions et la culture de leur passé espagnol. Les Romaniotes hésitèrent entre la Grèce à venir et la Turquie en déclin. Pendant les premières années de la guerre d'indépendance de la Grèce, presque toutes les antiques communautés juives du Péloponnèse furent détruites. Les quelques rescapés se dirigèrent vers le nord, s'installant entre autres à Volos et à Ioannina.

À l'issue de la guerre des Balkans en 1912-1913, la Grèce moderne avait acquis de grands territoires dont, notamment, Salonique. Les Juifs romaniotes d'Épire consentirent finalement à se couler dans le moule de l'hellénisation. Salonique et les autres communautés de Thrace et de Macédoine connurent de plus grandes difficultés, d'autant que certains des Juifs de Salonique les plus progressistes avaient joué un rôle actif dans l'ultime tentative de modernisation de l'Empire pendant la révolution des Jeunes-Turcs de 1904. Les Grecs, cherchant à helléniser Salonique, furent confrontés à une cité dont la vie profonde était manifestement juive, pour ne pas dire espagnole. Presque tout le commerce y cessait dès le vendredi soir pour le Chabbat et la langue vernaculaire était le judéo-espagnol. Les synagogues, au nombre de 32, et quantité de petits oratoires, étaient dispersés partout dans la ville ; leur nom rappelait souvent leur lointaine origine : Aragonaise, Mograbi, Castille, Catalane, Pouliote et Romaniote, sans parler d'Ashkénaze. Salonique devint donc l'objet d'une politique d'hellénisation agressive.

La Grèce entra dans la Première Guerre mondiale en 1917. En août de la même année, un feu balaya la ville, ravageant presque tout le quartier juif. Les Juifs commencèrent à émigrer, au sud vers Athènes ou au loin vers la France, l'Amérique du Sud, l'Afrique, les États-Unis. Au début des années 20, à la faveur de l'échange de populations entre la Turquie et la Grèce, de nombreux réfugiés venus de Turquie s'installèrent à Salonique et dans d'autres villes où auparavant le peuplement turc était considérable. Les communautés séfarades durent alors choisir entre trois solutions : le repli total sur elles-mêmes, la fuite, l'hellénisation. Le problème se posa en ces termes à peu près partout, mais de manière cruciale à Salonique : 70 000 Juifs s'y trouvaient encore, dont beaucoup vivaient à peu près comme leurs ancêtres, 300 ans auparavant.

Ailleurs en Grèce les Juifs durent affronter une situation moins difficile, en tous cas jusqu'à la Seconde Guerre mondiale. Lorsque la Grèce fut attaquée par l'Italie, ils témoignèrent de leur profonde loyauté en envoyant immédiatement 6 000 jeunes participer à la défense des frontières. Les troupes de Mussolini furent stoppées alors, mais pas celles de Hitler en 1941. L'invasion commença le 6 avril et Athènes fut occupée le 21. En 1945, environ 70 000 Juifs avaient été déportés, la plupart d'entre eux dans les camps de mise à mort de Pologne. La présence juive en Grèce était réduite à 10 000 personnes à peu près, dont la plupart émigrèrent ensuite. Aujourd'hui, environ 6 000 Juifs vivent en Grèce.

Introduction à la cuisine juive

La cuisine juive d'aujourd'hui est le produit de deux influences distinctes : d'une part les prescriptions des lois juives portant sur la préparation et la présentation des aliments ; d'autre part, les coutumes des gens parmi lesquels les Juifs ont vécu ces 3 000 dernières années.

L'élément le plus important de toute cuisine juive est l'ensemble complexe des lois alimentaires qui fixent les règles concernant la nourriture (la *cacherout* en hébreu). Un abrégé de ces lois peut donc se révéler utile[1].

La viande et les préparations à base de viande sont partagées en deux catégories, le permis et l'interdit. Sont permis : les poissons avec nageoires et écailles, tous les ruminants qui ont le sabot fendu, les volailles domestiques comme le poulet, le canard et l'oie. Toute autre chair est proscrite, ainsi que le sang (même celui des animaux et volailles autorisés). Un abatteur spécialement formé, le *chohet*, doit tuer l'animal et le préparer en tant qu'offrande sacrée à Dieu à Qui cette vie est rendue. Il doit le tuer d'un seul coup de couteau, le rendant inconscient sur-le-champ, et le vider de son sang. La viande est alors salée ; elle repose pendant une demi-heure au moins avant d'être lavée à l'eau courante de manière à en chasser le reste du sang. On doit retirer certaines parties de la graisse et certains tendons. C'est seulement lorsque toutes ces conditions ont été remplies que la viande est considérée comme *casher*, pouvant être servie.

Le lait et tous les produits laitiers, comme le beurre ou le yaourt, ainsi que les ustensiles servant à leur cuisson, ne peuvent être utilisés dans la préparation des viandes. Ces interdits ne concernent pas le poisson, il peut donc être cuisiné ou servi avec des produits lactés.

---

1. On trouvera des informations plus précises sur les lois de la casherout en consultant le *Choulkhan Aroukh*, qui dresse un abrégé des lois du judaïsme. Il en existe des éditions françaises.

Ces lois, qui peuvent parfois sembler dépourvues de logique, déterminent deux domaines séparés : celui de la viande et celui du lait. L'intrusion dans la cuisine cacher d'une personne ignorant cette division souvent invisible peut créer le chaos ; il peut alors devenir nécessaire de faire bouillir, de chauffer au four, voire d'enfouir les ustensiles qui ont été involontairement « souillés ».

Les règles alimentaires du judaïsme et de l'islam proviennent de particularités tribales et ethniques, et d'usages antiques destinés à conjurer les risques de maladie. Ce qui n'implique pas que ces lois soient dépassées de nos jours. Le sens et la valeur des lois de la cacherout se révèlent à travers leur mise en pratique. Le judaïsme n'est pas une somme intellectuelle d'habitudes et de croyances religieuses, c'est un mode de vie complexe, qui engage toute la personne. C'est uniquement par l'observance de la Loi, avec ses commandements positifs et négatifs, que la vie intérieure, intuitive, des Juifs est réglée.

La cuisine juive des jours de fêtes est soumise aux mêmes lois et influences locales, enrichies des connotations historiques et symboliques qui marquent ces festins eux-mêmes.

L'année est ponctuée par des fêtes rappelant l'histoire du peuple juif et de ses aspirations religieuses. Mais le Juif pieux attribue à ces célébrations encore plus d'importance : pour lui, elles ont un sens interne qui transcende le temps et l'histoire ; elles relient le Juif aux temps messianiques toujours attendus.

Lorsque le Temple se dressait à Jérusalem, il était le centre des fêtes et célébrations de la Nation juive. Après la destruction du second Temple, en 71 de l'ère chrétienne, ce rôle fut dévolu à la maison et au foyer familial. Foyer dont la sainteté fut avec sagesse affirmée par les rabbins ; la table devint l'autel et le père de famille un prêtre d'Israël rendant grâce à son Dieu. Ainsi, les jours de fête, certaines nourritures soulignent le sens du repas.

La Pâque juive offre l'exemple le plus évident de cette combinaison. Le repas pascal traditionnel est servi en deux parties. La première est une dégustation rituelle ; certains mets sont posés bien en vue puis distribués, on les goûte tout en lisant la Sortie d'Égypte et en récitant bénédictions et prières. La deuxième partie est un repas à proprement parler, joyeux festin comprenant certains de ces mêmes mets. Prières et vœux concluent cette double célébration.

Parfois, c'est seulement le sens général de la fête qui est exprimé symboliquement. Ainsi, à Roch Hachana, le Nouvel An juif, on sert le poisson entier ; sa tête est mise en évidence sur la table, *roch* en hébreu signifiant tête et aussi début de l'année. Roch Hachana étant le prélude au jugement de l'espèce humaine, le poisson symbolise aussi, par ailleurs, le Léviathan dont les sauvés mangeront à jamais la chair, au Paradis.

À Pourim, on déguste des friandises spécialement préparées pour symboliser les attributs répugnants de *Haman*, le traître honni qui tenta de détruire les Juifs : ses oreilles, ses yeux, ses pieds, ses ongles et même ses puces.

Il est peu probable que les plats de fête proviennent de l'antique cuisine de Judée ; cependant, les fêtes elles-mêmes, les lois qui en fixent l'observance, les lois de la cacherout qui déterminent la préparation de la nourriture et le sens symbolique de certains aliments, donnent une certaine permanence à la cuisine juive internationale des jours de gala. De ces constantes découle la manière dont les plats nationaux empruntés à d'autres peuples deviennent proprement juifs. En même temps, les influences de ces sources disparates sont manifestes ; c'est dans leurs adaptations que nous pouvons déceler les traditions des Juifs de Grèce et de leur cuisine.

Leur héritage culinaire est remarquablement riche et varié. Leurs communautés sont antiques – peut-être 2 300 ans, pour celles de Rhodes et de Crète, les plus vénérables – et ont été influencées par diverses cultures : grecque, romaine, byzantine, perse, arabe, espagnole et ottomane.

Communautés juives et traditions culinaires

Ce livre n'est pas simplement une collection de recettes. Il consigne aussi certains aspects d'une tradition en voie de disparition en Grèce. L'assimilation, le modernisme, l'indifférence et la médiocrité de ce qu'il est convenu d'appeler la cuisine internationale ont eu raison de certains mets traditionnels aimés des Grecs, chrétiens autant que juifs. À l'époque des recettes éclair et des mixtures toutes prêtes, il est difficile de trouver en Grèce une maison juive où le délice du Chabbat soit encore un *sutlach* raffiné. Cependant, toutes ces recettes sont encore en usage et, les jours de fête, on trouve au moins un plat traditionnel sur chaque table juive de Grèce.

En plus de leur valeur culinaire, les recettes apportent des précisions importantes sur les origines et les déplacements de nombreuses communautés juives de Grèce. Elles reflètent d'une certaine manière les bouleversements sociaux, politiques et économiques des deux derniers siècles, puisque les Juifs qui s'installaient dans d'autres contrées avaient tendance à emporter avec eux leurs traditions culinaires. Les recettes de ce livre ont à peu près toutes été recueillies auprès de personnes qui ont grandi avant la Seconde Guerre mondiale et elles sont donc le reflet de cette période-là et de la chaîne des traditions à travers deux ou trois générations. Pour simplifier et pour éviter une répétition fastidieuse de détails, je me suis efforcé de choisir des recettes caractéristiques de certaines régions de Grèce. En même temps, j'ai indiqué, lorsque c'était possible, le lien que représentent certaines recettes avec des régions où ne se trouvent plus maintenant de Juifs. Par exemple, on trouve à Volos des recettes qui ressemblent beaucoup à certaines de celles des Grecs du Péloponnèse. Ce lien est attesté par le fait que le nom de famille Tovil, commun parmi les Juifs de Volos, est inscrit sur une pierre tombale de Mistra, dans le Péloponnèse. La communauté juive de Mistra a cessé d'exister en 1822. Les différences entre les cuisines romaniote et séfarade permettent des hypothèses sur la dispersion et éclairent les liens entre les communautés juives de Grèce avant la Seconde Guerre mondiale.

Les principales communautés romaniotes de Grèce étaient Ioannina, Preveza et Arta. Pour toutes les trois, la tradition, presque intacte, remontait à de nombreux siècles. Par les mariages, des liens s'étaient tissés avec Trikala, Patras et Halkis. Par exemple, les Trikaliotes avaient tendance à prendre femme à Ioannina, ce qui, bien sûr, influença largement la cuisine de Trikala. Les communautés des îles de la mer Ionienne, Corfou, Zakynthos et Lefkada, avaient des liens très forts avec l'Italie. En Grèce, ces communautés maintenaient des relations avec la Crète : on trouvait à Hania une synagogue zakynthiote. Réciproquement, à Zakynthos, se trouvait une synagogue haniote. La communauté de Patras, fondée à nouveau au début de ce siècle, recruta ses premiers membres dans les îles de la mer Ionienne ; et, également, nombre de ses recettes rappellent les habitudes ioniennes. Il y avait aussi de nombreux Juifs de Ioannina, ou Naniotes, à Patras ; c'est dire si le nord-ouest de la Grèce est présent aussi dans d'autres recettes de Patras.

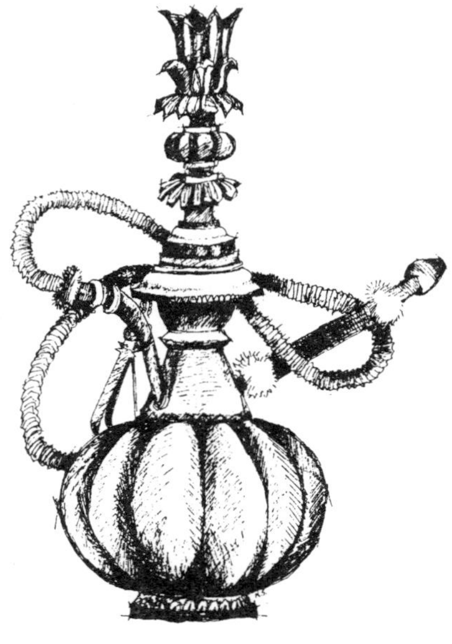

Note sur la transcription

Le langage des Juifs de Grèce d'aujourd'hui donne de nombreuses indications sur leurs origines. S'ils parlent grec, ils sont romaniotes ; judéo-espagnol, ils sont séfarades. Il est arrivé toutefois, dans certains endroits comme à Salonique, que le raz-de-marée séfarade amène les Romaniotes à adopter le judéo-espagnol.

Le grec employé par les Juifs de Grèce dans de nombreuses régions présente des particularités dialectales. Par exemple, à Ioannina, ces particularités montrent que la communauté est présente depuis bien plus longtemps que ses voisins chrétiens. Ailleurs, par exemple en Crète, les Juifs employaient le même dialecte que celui parlé dans toute l'île.

On appelle ladino, judéo-espagnol ou djudezmo l'espagnol parlé par les Séfarades grecs. C'est essentiellement de l'espagnol du XVe siècle avec ses mots en hébreu, additionné de nombreux éléments de grec, de turc, d'arabe, et saupoudré de quelques ajouts bulgares et slaves. Quoique complètement inconnu des Séfarades de Grèce qui continuent à parler ladino, le terme djudezmo a été récemment préconisé pour remplacer celui de ladino. Le ladino parlé en Grèce présente énormément de variantes de vocabulaire et de prononciation d'un endroit à l'autre, d'où une diversité des orthographes qui rend les racines espagnoles, turques, arabes et grecques incompréhensibles.

Les problèmes de transcription et de prononciation, sans parler des différences entre les dialectes, dépassent la portée de ce livre et les compétences de son auteur. J'ai pris un parti quelque peu simpliste pour rendre le judéo-espagnol en anglais : donner un équivalent rapidement prononçable qui maintienne des rapports avec le mot tel qu'il est prononcé dans une région particulière. Je me doute que cette position recevra un accueil mitigé des universitaires. Je crois cependant qu'elle évite le labyrinthe des problèmes que poserait soit l'emploi de l'orthographe de l'espagnol moderne qui fait violence à l'orthographe des mots turcs et grecs, soit l'emploi de lettres spécialement prononcées, qui ferait violence aux trois orthographes. La meilleure solution pourrait consister simplement à adapter l'alphabet moderne latino-turc au judéo-espagnol, travail que l'auteur a hésité à entreprendre. En général, j'ai rendu le judéo-espagnol dans le système orthographique mis au point par Moshe Shaül, directeur de *Aki Yerushalayim*, le judéo-espagnol de *Kol Israël*. Pour transcrire le grec en caractères latins, j'ai employé ce qui correspond le mieux aux dialectes régionaux. Souvent, le transfert d'un mot du turc au judéo-espagnol, puis au grec, donne des particularités d'orthographe qui, de manière assez intéressante, rendent compte de l'origine des recettes. Certaines voyelles, consonnes et diphtongues comme j, g, b, d, ö, ü, i, et sh, si typique du turc et du judéo-espagnol, n'existent pas dans le grec moderne. Si bien qu'un mot comme *salsa* en turc ou en judéo-espagnol devient *saltsa* en grec. *Dulce* devient parfois *durse* là où le judéo-espagnol a été influencé par le grec moderne. Et, pour citer encore un exemple, des dialectes régionaux de judéo-espagnol ont transformé *kuezo* en *kezo* et *bumuelos* en *bimuelos*[1].

1. *Note des traductrices* : la transcription des mots hébreux, turcs, grecs, a été faite dans l'esprit de l'auteur en adéquation avec la prononciation française ; notre but a été d'obtenir des mots aisément prononçables en français par des non-spécialistes. Pour les mots judéo-espagnols nous avons suivi, selon le choix de l'auteur, l'orthographe de Moshe Shaül.

Note sur les recettes

Les recettes de ce livre ont été glanées chez des femmes d'Athènes, de Salonique, de Volos, de Larissa et de Ioannina (les cinq centres juifs les plus importants en Grèce de nos jours), et aussi, à l'occasion, dans de plus petites communautés. Pour sélectionner les sources dans chaque communauté, ma méthode a consisté à demander, par exemple, qui faisait le meilleur sutlach ou qui réussissait particulièrement les *tajikos*. Si j'avais plus d'une recette, je choisissais celle qui était le mieux à même de préserver la tradition, l'un de mes critères étant l'exclusion de toute recette requérant l'utilisation du mixeur électrique, de la gélatine ou de la farine autolevante. Ces recettes-là peuvent donner des résultats aussi bons si ce n'est meilleurs parfois que les recettes de départ, mais la texture ou, de temps en temps, l'apparence, ne sont pas conformes à la tradition. C'est vous, en cuisinant, qui trouverez votre propre équilibre entre la tradition et la commodité.

Ma conseillère littéraire américaine m'a prié d'ajouter qu'un robot de cuisine – le marmiton d'aujourd'hui – est d'une aide inappréciable dans de nombreuses circonstances pour pétrir et travailler la pâte des tourtes, biscuits et pains ; pour réduire en purée soupes et haricots secs, pour hacher les légumes, les fruits et les fruits secs, souvent utilisés dans les recettes de ce livre. En le maniant avec précaution, vous devriez approcher de très près la texture et l'apparence des plats traditionnels confectionnés à la main. Évidemment, rien ne remplacera la satisfaction que certains d'entre vous éprouveront à pétrir la pâte, passer la soupe à la moulinette ou hacher l'aneth et le persil frais. À vous de choisir.

Les denrées doivent toujours être fraîches et de saison. Les ingrédients inhabituels voire inconnus sont décrits en détail dans le texte. Quand des substitutions sont nécessaires, elles sont indiquées. Là encore, c'est vous, le cuisinier, qui explorerez les possibilités et trouverez comment adapter les recettes.

Les poids et mesures ont été donnés de façon relativement précise. Toutefois il est bon de se souvenir que le vieil adage « il est difficile de trouver une bonne épouse » faisait allusion à la capacité spécifique de celle-ci à produire une famille robuste et à la nourrir ensuite de mets excellents. Les recettes, comme le culte des divinités familiales dans la Grèce antique, se transmettaient par la pratique et les jeunes filles étaient formées par leurs mères en mettant littéralement la main à la pâte. Souvent, les poids étaient déterminés en comparant ensemble deux poignées d'ingrédients ; on appréciait les mesures en poignées et en pincées, selon la quantité recherchée. C'est cette quantité qui constituait le vrai secret, gardé aussi jalousement en général que l'initiation au monde caché de la Cabbale. C'est pourquoi une bonne dose d'inventivité et de pragmatisme entre dans toutes ces recettes.

De brèves indications sur la manière de servir les plats et sur leur ordre sont utiles. La table traditionnelle du sud des Balkans et du Proche-Orient diffère radicalement de la table européenne et occidentale. L'idée de repas équilibré, ou d'une succession de mets complémentaires, ou encore d'un plat principal qui détermine les autres, est inconnue. La table est dressée d'emblée avec tous les plats du repas, et c'est à leur profusion et à leur diversité que l'on mesure la richesse de la maisonnée. Pour un repas, par exemple, on peut servir plusieurs *pitas* différentes, à la viande, à l'aubergine, au potiron. Les friandises, sauf si elles ont une valeur symbolique, comme les fruits au miel de Roch Hachana, ne sont jamais servies au cours du repas. Le dessert, s'il y en a un, consiste en fruits frais de saison.

Lorsque c'était possible, j'ai indiqué le nombre approximatif de convives, ou le nombre de portions correspondant aux recettes mais, comme vous l'avez vu ci-dessus, il n'y a pas de formule fixe pour ces repas, aussi ces quantités dépendront-elles de la manière dont vous choisirez de servir ces mets.

Une particularité supplémentaire : nombre de ces plats, comme les tourtes et les *pasteles*, sont servis aussi bien froids que chauds. Les légumes bouillis sont généralement servis froids, assaisonnés d'huile d'olive et de jus de citron. Je dois mentionner ici les *skepakia* (p. 245) – exception qui confirme la règle – qui sont de délicieux morceaux d'agneau grillés toujours servis brûlants, dès leur sortie du four.

Mon but était de présenter la cuisine traditionnelle des Juifs de Grèce, telle qu'elle se faisait dans les années qui ont précédé la Seconde Guerre mondiale. Ce qui inclut aussi bien les menus de fête que la nourriture quotidienne du reste de l'année. À cette époque les gens saisissaient au vol tous les prétextes pour faire la fête, et ne faisaient pas la fête sans manger et boire ; vous aussi, je l'espère, trouverez beaucoup de prétextes dans tous les chapitres de ce livre pour organiser et préparer un festin. Il n'y a jamais deux résultats exactement semblables ; c'est le travail créatif du cuisinier qui, en dernier ressort, donnera un repas réussi et parfois, j'en fais le pari, sublime. Mazal Tov !

La cuisine des jours de fête

Chabbat

Le couronnement de la semaine, la reine de toutes les fêtes juives, c'est Chabbat, le jour de repos. Il est tellement saint que les rabbins ont dit que les autres jours de la semaine avaient été créés pour lui, comme le monde avait été créé pour la Tora et son accomplissement. Les lois qui régissent l'observance du Chabbat interdisent l'allumage du feu et l'exécution de tout travail de création. En dépit de ces restrictions, c'est un jour de liberté et de joie que sa différence même singularise et sacralise.

Lors du Chabbat, comme tous les jours de grandes réjouissances, on doit consommer trois repas complets. Le Chabbat débutant avant le coucher du soleil, le vendredi, et se terminant seulement lorsqu'on distingue les trois premières étoiles après le coucher du soleil le samedi, la maîtresse de maison juive se trouve confrontée à la tâche de préparer toute la nourriture avant le milieu de l'après-midi du vendredi, ce qui requiert ingéniosité et compétence.

En Grèce, les préparatifs du Chabbat commençaient le jeudi après-midi, avec la préparation du *prozymi*, ou levain des pains du Chabbat et de toute la semaine, laissé au repos pour gonfler pendant la nuit. Tôt le vendredi matin, on ajoutait la farine, l'huile et l'eau ; les miches étaient alors formées pour la deuxième levée. Au contraire de la coutume ashkénaze des *halloth* tressées ou brioches de Chabbat, il n'y avait pas de forme imposée ou de recette autre que celle dictée par l'habitude dans certaines régions. À Ioannina, par exemple, on faisait aussi bien un pain énorme pour toute la famille que des petits pains ronds individuels.

Il y a un siècle, en Grèce, les fours étaient de grandes constructions indépendantes distinctes du bâtiment d'habitation principal ; ils étaient chauffés au bois. On les chargeait tôt le vendredi matin, et on les faisait chauffer jusqu'à ce qu'ils soient brûlants. On enlevait alors les braises à la pelle et on en chargeait un four plus petit, ou on en garnissait un *kanun* après les avoir mélangées à du charbon de bois. Dans le grand four on mettait alors le pain qui cuisait rapidement à température

élevée. Après qu'on en avait sorti le pain, le four était encore suffisamment chaud pour la cuisson de quelques-uns des plats principaux – haricots et bœuf ou poulet, par exemple – pour le dîner du vendredi soir. On se servait aussi du petit four si la place ou la chaleur étaient insuffisantes. Pour finir, on enfournait les plats qui devaient rester chauds pour le samedi midi et éventuellement des œufs et une tourte au fromage ou aux légumes ; souvent, on fermait le four hermétiquement pour garder la chaleur pendant la nuit du vendredi. Le troisième four, le kanun, était un petit fourneau portable, posé sur un socle. Son couvercle était percé et son bord était ajusté au fond plat d'un *kazan* ou *siní* étamé. Dans ce kazan, les jeunes filles de la maison remuaient doucement un sütlach doré et en coupaient la surface – c'était un des mets favoris des Juifs de Salonique, pour le vendredi soir.

Le temps qui n'était pas passé à cuisiner était consacré au nettoyage de la maison pour Chabbat, et le vendredi entier jusqu'en milieu d'après-midi était réservé à ces tâches. À Ioannina, on finissait toujours le ménage en peignant au lait de chaux une ligne blanche appelée *frydi* (sourcil), qui bordait la cour de la maison. Dans les grandes communautés riches comme Salonique, c'étaient les servantes qui accomplissaient presque toutes ces tâches pendant que les femmes de la maison passaient le milieu de la journée au hammam, ou bain de vapeur collectif. Lorsqu'elles revenaient, chantant des chansons aux battements cadencés de leurs tambourins et satisfaites de leur grande séance de bavardages aux bains, elles étaient prêtes à se parer pour recevoir la reine Chabbat.

Les femmes de Salonique étaient réputées pour leur beauté et l'élégance de leurs atours et, ce qui se comprend, pour leur vanité. Leur tenue de Chabbat, portée encore dans notre siècle, consistait en une superposition de soie brochée et de moire, arrangées avec soin, abondamment garnies de dentelle et complétées, en hiver, par une veste doublée de fourrure (voir p. 165). La coiffe, appelée *kofya*, était un échafaudage particulièrement élaboré qui servait aussi, avec des rubans très serrés et à l'aide de colle, à faire disparaître les rides ou le double menton, ennemis de la fierté de mes belles dames. À Larissa et ailleurs en Grèce, les femmes portaient habituellement une *kaparella* (*yemeni*), ou foulard ; celle de Chabbat était spécialement luxueuse, maintenue en place par des *chichikitos*, épingles en forme d'étoile, étincelantes de brillants.

Lorsque les préparatifs de Chabbat étaient terminés, les hommes partaient pour le culte d'entrée de Chabbat à la synagogue. C'était le *shamash*, le gardien de la synagogue, qui annonçait à Salonique l'imminence de l'heure de Chabbat. À Ioannina et dans d'autres communautés romaniotes, c'était le *kalestís*, le crieur public. À Salonique, le shamash s'étant baigné, habillé, et portant un *tarbouch* bien brossé sur la tête, criait « Chabbat, Chabbat » tout au long de sa marche majestueuse dans les rues, battant la mesure sur les pavés avec sa grosse canne à pommeau d'argent. Dès cette annonce, tout travail cessait et les femmes allumaient les lampes de Chabbat.

Partout en Grèce, où depuis des siècles l'huile d'olive était aussi bien la source de la lumière qu'un aliment, les lampes de Chabbat étaient des mèches allumées trempant dans des coupes d'huile. À Corfou et à Zakynthos, les *kerayia*, grandes coupes de cristal au support métallique, étaient suspendues au-dessus de la table du dîner de Chabbat. La coutume voulait qu'on allumât cinq mèches pour Chabbat et sept pour les autres fêtes.

Les repas de Chabbat différaient selon la région, le budget et, en grande partie, selon l'origine séfarade ou romaniote de la famille. Toutefois, les *huevos haminados*, œufs cuits au four ou bouillis dans leur coquille, magnifiquement lustrés, étaient omniprésents sur toutes les tables. Cette spécialité est aussi répandue chez les Juifs grecs que le *gefilte fish* – abomination des abominations aux yeux des Séfarades – chez les Juifs ashkénazes.

Les prières matinales de Chabbat, ou *cha'hrith*, étaient dites très tôt. Pendant que les hommes étaient à la synagogue, les femmes préparaient le deuxième repas de Chabbat à l'extérieur, dans la cour : elles dressaient la table et y disposaient du pain, des olives, du fromage, des haminados, des concombres et des tranches de tomates. De généreuses quantités *d'ouzo* et de *raki*, alcools bus communément partout en Grèce, complétaient le repas de fête qui, étant public, devenait un moyen de fournir un repas aux pauvres de la communauté.

À midi, la famille se réunissait à la maison pour un troisième repas de Chabbat. Ce repas pouvait comporter n'importe quelle association de plats de bœuf, haricots, tourtes aux légumes et desserts présentés dans les recettes qui suivent.

L'après-midi était réservé à la promenade, à la lecture, aux visites ou même, comme à Ioannina, à un tour en bateau sur le lac. Fumer étant interdit, on consommait d'énormes quantités de *pepitas*, appelées en grec (via l'italien) *passa tempo*. Salonique est toujours réputée pour ses pepitas particulièrement croustillantes et savoureuses, qu'on préparait autrefois à la maison à partir de graines de melon.

La fin du Chabbat est fixée au moment où l'on peut distinguer trois étoiles dans le ciel du samedi soir. En Grèce, les hommes se réunissaient à la synagogue le samedi en fin de journée pour *minha*, la prière de l'après-midi. Pendant que la lumière du jour déclinait, ils chantaient des psaumes, jusqu'à ce que le shamash commençât à allumer les chandelles signalant la sortie de Chabbat. À ce moment, on lisait la prière du soir, *arvith*. Ensuite on sortait un verre de vin, une bougie rituelle et un coffret à épices pour la cérémonie de *havdala*, marquant la fin officielle de Chabbat. On allumait la bougie et on récitait trois bénédictions : l'une sur la première lumière de la semaine, la deuxième sur le vin et la dernière sur les épices, dont une boîte était passée à la ronde afin que tous les hommes puissent profiter ensemble des richesses de la terre en respirant l'arôme des clous de girofle, de la cannelle et de la cardamome.

Pendant le déroulement de ces rites à la synagogue, les femmes, à la maison, attendaient la fin du Chabbat pour préparer le repas du soir. Il n'était jamais fastueux mais on prévoyait des friandises spéciales pour les invités qui ne manqueraient pas d'arriver dans la soirée. De même que le soir de Chabbat était réservé à la famille et aux invités d'honneur, le soir du samedi était réservé, lui, aux voisins et aux amis. Sur des plats en argent brillant, garnis de leurs cuillers et de leurs verres d'eau, on servait des *dulces* ou *glyka* : écorces confites, confitures spéciales aux coings, aux pétales de rose ou aux noix... L'invité disait la bénédiction *chavoua tov* – pour que la semaine soit bonne –, mangeait une cuiller de sucrerie, prenait une gorgée d'eau et plaçait la cuiller dans le verre qu'il reposait sur le plateau. Si on servait du café, on disait la bénédiction avant de prendre une gorgée d'eau et ensuite on buvait le café. La nouvelle semaine commençait ainsi dans la douceur et la lumière.

Huevos haminados — Œufs durs onctueux

On trouve les huevos haminados, ou œufs rôtis, sur les tables juives de Grèce, aussi bien séfarades que romaniotes. On les présente toujours lors de la célébration du Chabbat, ils apparaissent aussi lors d'autres fêtes. On les prépare habituellement en grand nombre et on les sert, tout au long de la semaine, en salades et en garnitures.

Salonique et autres communautés séfarades

œufs, en nombre suffisant pour le Chabbat et la semaine
pelures d'oignons rouges ou bruns (prévoir de les garder pendant la semaine)
1 cuiller à soupe de vinaigre de vin blanc ou rouge
3 cuillers à soupe d'huile d'olive
pour colorer très fortement les œufs en brun foncé : feuilles de thé infusées ou marc de café (facultatif)

Les œufs doivent être à température ambiante. Placez-les dans un récipient profond à couvercle hermétique. Ajoutez les pelures d'oignon (et les feuilles de thé ou le marc de café), couvrez amplement d'eau. Versez l'huile et le vinaigre, amenez à petits bouillons. Baissez le feu, couvrez hermétiquement. Laissez mijoter 5 à 6 heures, en rectifiant le niveau de l'eau de temps en temps. Sortez les œufs, plongez-les immédiatement dans l'eau froide et laissez couler l'eau. Lorsqu'ils sont froids, sortez-les de l'eau. Faites-les briller délicatement avec un chiffon doux.

On présente généralement ces œufs dans une grande coupe, à la table de Chabbat, et on les mange avant ou pendant le repas.

Ioannina et autres communautés romaniotes

La recette ci-dessus est une variante de la méthode originelle qui consiste à cuire les œufs dans le *hamin* (en grec : *kamini*), ou four. Il n'est plus possible de déterminer s'il s'agissait d'une coutume propre aux romaniotes avant l'arrivée des Séfarades, bien que l'emploi du mot judéo-espagnol hamin puisse indiquer une origine séfarade. Jusqu'à une période récente, à Ioannina, les haminados étaient préparés dans ces fours ; on rassemblait les cendres et on y enfouissait les œufs qu'on recouvrait de braises. Les œufs restaient là toute la nuit et, le lendemain matin, ils étaient brun foncé et bien rôtis (voir aussi haminados pour *Pessah*, p. 82).

Supa de avikas — Soupe aux haricots

Salonique

On peut confectionner cette recette avec ou sans viande. Dans le nord de la Grèce, pour le Chabbat, on la faisait habituellement avec de la viande et c'était alors le plat principal du repas, le soir de Chabbat. Dans certaines communautés, on avait l'habitude de mettre la soupe au four tard le vendredi et, pendant que le four tiédissait, la soupe mijotait doucement toute la nuit. Cette version est adaptée pour la cuisine moderne.

225 g de haricots blancs trempés toute la nuit
450 g de bœuf à ragoût, maigre
3 cuillers à soupe d'huile d'olive
2 oignons moyens
3 belles tomates
2 cuillers à soupe de persil haché menu
sel et poivre

Mettez la viande dans une grande marmite, couvrez d'eau et amenez à ébullition. Au bout de 10 mn, écumez, couvrez hermétiquement. Laissez mijoter doucement pendant 30 mn.

Pendant que la viande mijote, égouttez les haricots et rincez-les soigneusement à l'eau froide. Mettez-les dans un deuxième récipient, recouvrez largement d'eau et amenez à ébullition à feu vif. Au bout de 10 mn, retirez les haricots, égouttez-les puis mettez-les avec la viande, mais pas avant qu'elle ait cuit au moins 30 mn. Couvrez largement d'eau, fermez bien la marmite. Laissez mijoter à petit feu.

Faites revenir doucement les oignons émincés à l'huile d'olive jusqu'à ce qu'ils deviennent transparents. Pelez et hachez finement les tomates, versez-les sur les oignons et faites réduire le mélange à feu moyen pour obtenir une sauce. Ajoutez-la aux haricots et à la viande, mélangez bien, couvrez et faites mijoter jusqu'à ce que la viande et les haricots soient tendres. Environ 10 mn avant la fin de la cuisson, ajoutez le persil haché menu, salez et poivrez à volonté. Servez avec des quartiers de citron que chacun pressera à volonté. Pour 4 personnes.

Hamin — Bœuf et boulgour

Ioannina

Les Juifs de Ioannina servent traditionnellement ce plat de Chabbat en hiver. L'ingrédient de base est le *pligouri*, une sorte de blé concassé. En Grèce, il en existe deux variétés, le gros et le fin. Pour cette recette, on utilise la grosse mouture. En France, l'équivalent le plus proche est le boulgour.

900 g de bœuf à braiser, en un seul morceau
2 tasses de boulgour
2 oignons (facultatif)
sel et poivre

Faites braiser le bœuf comme vous en avez l'habitude, dans une grande cocotte, sur la plaque de la cuisinière. Utilisez suffisamment d'eau pour obtenir 3 tasses 1/2 de jus en fin de cuisson. On peut aussi faire rôtir la viande au four en mouillant avec 3 tasses 1/2 d'eau, environ 15 mn avant la fin de la cuisson. Mettez la viande dans un plat.

Mouillez 2 tasses de boulgour avec au moins 3 tasses de jus de rôti. Mélangez à fond, couvrez bien et faites mijoter à petit feu en remuant de temps en temps. Si nécessaire, ajoutez du jus et faites cuire jusqu'à ce que le boulgour l'ait absorbé entièrement et soit très tendre, ce qui demande environ 30 mn. Assaisonnez à volonté avec du sel et du poivre. Si le résultat vous paraît fade, ajoutez 2 oignons émincés que vous aurez fait sauter à l'huile d'olive.

Coupez le rôti en gros morceaux de 7 à 8 cm et disposez-les dans un plat à four. Salez et poivrez largement. Répartissez le boulgour cuit autour de la viande et par-dessus, arrosez avec tout le restant de jus de rôti. S'il n'y en a pas, remplacez par 3 ou 4 cuillers à soupe d'huile d'olive. Mettez à four moyen, chauffé 15 mn d'avance (5 au thermostat ou 180°) pendant 30 mn environ, jusqu'à ce que le dessus soit doré. Donne 4 portions pour le repas du soir de Chabbat.

Fijones kon sevoya moradeada kon tutano — Soupe de bœuf et haricots à la moelle

Monastir via Salonique

Ce mets est un plat traditionnel du soir de Chabbat. Comme il requiert une cuisson longue et qu'il comprend de la viande, des œufs et des légumes, il convient aussi pour le déjeuner de Chabbat, le lendemain. Lorsque la recette s'appelle *fijones kon luenga buyida,* elle est faite avec de la langue à la place de la viande de bœuf.

3 tasses de petits haricots blancs mis à tremper la veille
1,8 kg de gros os à moelle de bœuf que vous aurez fait couper en tronçons de 6 à 8 cm
8 œufs
4 petits oignons
huile d'olive
sel et poivre

Rincez les haricots soigneusement et mettez-les dans une grande cocotte épaisse. Recouvrez d'eau et amenez à ébullition à feu moyen. Au bout de 10 mn, égouttez les haricots. Remettez-les dans la cocotte, couvrez-les d'eau froide. Ajoutez les œufs dans leur coquille, amenez à ébullition. Laissez cuire à feu doux.

Mettez les os dans un autre récipient, couvrez-les amplement d'eau et amenez à ébullition. Au bout de 10 mn, écumez, couvrez bien, baissez le feu et laissez mijoter 30 mn. Retirez la cocotte du feu et réservez.

Pendant que les haricots et les os mijotent, faites sauter les oignons émincés dans 3 cuillerées à soupe d'huile d'olive jusqu'à ce qu'ils deviennent transparents. Dès que les haricots commencent à être bien tendres (après environ 2 heures), ajoutez-leur les oignons en mélangeant bien. Retirez du feu. Enlevez délicatement les œufs, déposez-les dans la marmite où cuisent les os. Versez les haricots par-dessus le tout. Salez et poivrez largement, couvrez bien, laissez mijoter à feu doux jusqu'à ce que les haricots soient très tendres. Ajoutez de l'eau pendant la cuisson afin de maintenir le niveau du liquide ; niveau variable selon les goûts, certains préférant les haricots en soupe, d'autres comme légumes dans une sauce épaisse.

Avant de servir, enlevez les œufs, plongez-les dans l'eau froide et laissez couler l'eau pour les rafraîchir légèrement, écalez-les et placez-les dans une coupe. Disposez les os dans un autre plat, versez les haricots et le jus dans une soupière. Lorsque la soupe est servie, offrez les œufs, qu'on écrase et incorpore au plat, puis les os ; on peut en manger la moelle à part, ou bien l'extraire et la mélanger à la soupe. Pour 6 personnes.

Yaurtli — Oie, canard ou poulet à la casserole

Larissa

Le *yaurtli* est un plat typique de Larissa pour le repas de midi ou du soir de Chabbat. Larissa est la capitale de la Thessalie. On y trouvait des oies et des canards, chers toutefois, si bien qu'on les utilisait fréquemment pour ce plat dans les familles riches. On peut aisément les remplacer par du poulet.

1 oie ou 1 canard, petits, ou 1 poulet de 1,3 à 1,8 kg
3 ou 4 citrons
1 tasse de grosse semoule
sel, poivre

Lavez bien la volaille et buclez-la (passez-la à la flamme pour brûler tous les duvets qui pourraient rester). Si vous choisissez une oie ou un canard, n'oubliez pas d'enlever la glande à graisse près de la pointe centrale du croupion. Mettez la volaille dans une grande cocotte, couvrez d'eau. Amenez à ébullition, réduisez le feu pour faire frémir puis écumez et enlevez la graisse épaisse qui s'accumule à la surface. Lorsque le liquide est clair, poivrez à volonté. Laissez mijoter à feu doux environ 1 heure, jusqu'à ce que la volaille soit bien tendre. Retirez la volaille, enlevez la peau et détachez la chair des os en gros morceaux. Réservez.

Passez le liquide, versez-le à nouveau dans la marmite, ajoutez le jus des citrons et la semoule en tournant bien. Remettez sur le feu, faites partir à petits bouillons en remuant constamment jusqu'à consistance de crème épaisse. Retirez du feu et versez dans un grand plat de service. Disposez les morceaux de volaille sur la sauce. Servez le plat à température ambiante ou rafraîchi.

De nos jours, on présente habituellement ce plat avec des pommes de terre, quoique parfois on le serve encore accompagné de *fideïkos*. Ce sont des sortes de pâtes, courantes autrefois dans toutes les maisons juives en Grèce centrale, en Macédoine et en Thrace. Vous en trouverez la recette page 322 Pour les intégrer au yaurtli, faites bouillir les fideïkos jusqu'à ce qu'ils soient tendres, égouttez-les, et disposez-les dans le plat de service. Versez la sauce par-dessus puis placez les morceaux de volaille. Pour 4 à 6 personnes.

Tsaïzika — Feuilletés d'aubergine au fromage en spirale

Larissa, Trikala

Mets réputé, le *tsaïzika*, servi le soir et le midi de Chabbat, provient de Larissa et de Trikala. C'est une variante locale des *rodanchas*, appelées *köl böregi* en turc. Il existe des variantes particulières de rodanchas, farcies au potiron pour Roch

Hachana et Souccoth (voir p. 154). Elles procèdent de la même idée que les *mordopites* et les *frizildik,* toutes deux romaniotes, la seconde provenant aussi de Trikala. Dans cette recette, la différence porte sur la forme : on roule la pâte, farcie de garniture, en spirale ou en escargot.

Farce :
1 aubergine moyenne ou grosse
225 g de fromage (moitié *feta* ou *kezo blanko,* moitié parmesan, râpés)
1 œuf
1 cuiller à soupe d'huile d'olive
sel, poivre

Pâte :
15 à 20 feuilles de *fila* (elle peut être faite à la maison, voir p. 317, ou achetée toute prête)[1]
110 g de beurre fondu (ou d'huile d'olive si la farce contient de la viande)

Préparez l'aubergine en la faisant griller, maintenue avec deux fourchettes directement au-dessus d'une flamme. Faites-la tourner jusqu'à ce que la peau soit noire et boursouflée et la chair tendre et moelleuse. Si vous n'avez pas de flamme vous pouvez faire griller l'aubergine sous le gril. Vous pouvez aussi la faire cuire sur un réchaud à charbon de bois ou au feu de bois. En Grèce, on utilise parfois du papier journal, enroulé bien serré puis enflammé, de préférence au charbon de bois, plus onéreux.

Lorsque l'aubergine est molle et tendre, enlevez la peau noircie en l'épluchant avec un couteau. Ne vous inquiétez pas

1. Note à propos de la fila : c'est une pâte extrêmement fine. On peut la faire soi-même (voir p. 317). Fabriquée aussi industriellement, elle se trouve dans tous les magasins grecs ou de produits orientaux. Les dimensions standard du commerce sont 30 x 50 cm environ, en rouleau de 20 feuilles. Surgelée, la fila se conserve pendant des mois. Décongelez-la lentement dans son emballage et utilisez-la sur-le-champ. Les feuilles se dessèchent très vite, aussi couvrez-les d'un linge humide une fois sorties de leur emballage.

s'il reste quelques parcelles calcinées car cela donnera un goût incomparable au plat. Laissez égoutter tout le jus, il est amer. Mettez la chair dans une terrine profonde et réduisez-la en purée. Ajoutez le fromage, l'œuf battu, l'huile d'olive, salez et poivrez à volonté. Mélangez à fond.

Découpez la fila en rectangles de 25 x 30 cm, à peu près. Prenez-en un, enduisez-le bien au pinceau de beurre ou d'huile d'olive, posez une deuxième feuille par-dessus. Répétez l'opération avec deux autres feuilles. Placez le côté de 30 cm devant vous. Étalez un ruban de farce de 1,5 cm d'épaisseur le long de ce côté, à environ 2,5 cm du bord. Roulez alors la feuille sur toute sa longueur, la farce à l'intérieur. Vous obtenez un long rouleau fourré de farce à l'aubergine. Fermez-le en pinçant une de ses extrémités et roulez-le en spirale ou en escargot. Rentrez l'autre bout.

Graissez la plaque du four. Placez les escargots dessus, au fur et à mesure qu'ils sont prêts, les uns à côté des autres. Badigeonnez-les de beurre fondu. Mettez au four chaud, chauffé 15 mn d'avance (6 au thermostat ou 210 à 220°) pendant environ 30 mn, pour qu'ils dorent.

Cette recette donne de 15 à 20 pièces. Si vous les désirez plus petites, vous pouvez utiliser de la fila faite maison, coupée en disques de 20 cm de diamètre. Répartissez de la farce sur chaque disque et formez des spirales. Cette méthode vous donnera environ 35 à 40 petites pièces.

Une autre variante demande une pâte levée préparée comme suit :

1 cuiller à thé 1/2 de levure de boulanger
1 tasse d'eau tiède
2 tasses de farine
1 cuiller à soupe d'huile d'olive
sel

Émiettez la levure dans l'eau chaude. Ajoutez l'huile d'olive, la farine et une pincée de sel. Mélangez bien. Renversez sur une planche abondamment farinée et pétrissez pendant

5 mn. Formez 35 à 40 petites boules de pâte. Couvrez-les avec un torchon. Laissez reposer pendant 15 mn. Abaissez alors au rouleau chacune de ces boules en un disque aussi mince que possible, garnissez-le avec la farce, enroulez et formez des spirales, suivant les explications données ci-dessus.

Batsaria — Tourte au fromage et aux épinards

Ioannina

Traditionnellement, la *batsaria* était préparée avec du *xynolahano* ou du *xynolapata,* une herbe sauvage commune d'Épire, dans le nord de la Grèce. De nos jours, elle est quelque peu difficile à trouver et les natifs de Ioannina vivant maintenant à Athènes demandent toujours à leurs amis qui arrivent de là-bas de leur en apporter. Elle a un goût unique, assez amer, et se marie bien avec le fromage. Je n'ai pas pu en trouver un équivalent exact, mais de jeunes feuilles de pissenlit sont ce qui s'en approche le plus. La recette suivante est une adaptation qu'on trouve à Athènes dans laquelle on se sert d'épinards ou de chicorée. Vous pouvez l'essayer avec des feuilles de blettes ou tout autre légume vert de saison. On doit commencer les préparatifs pour la batsaria le jeudi soir après avoir mis à lever le prozymi pour le pain.

700 g d'épinards, lavés, égouttés et hachés
700 g de fromage : feta émiettée et parmesan râpé, moitié moitié
2 tasses de semoule
$^{1}/_{4}$ de tasse de sucre
$^{1}/_{4}$ de tasse d'huile d'olive
sel, poivre

Dans un grand récipient mélangez la semoule, le sel et le poivre, le sucre. Tout en remuant, ajoutez suffisamment d'eau pour obtenir la consistance d'une pâte à crêpe. Couvrez avec un torchon et laissez reposer toute la nuit. Le lendemain matin, ajoutez l'huile d'olive, mélangez bien et laissez reposer jusqu'au moment de vous en servir.

Préparez les épinards ou les autres légumes verts. Mélangez les deux fromages. Graissez un grand moule de 35 x 30 cm avec deux cuillers à soupe d'huile d'olive. Versez-y la moitié de la pâte. Dessus, étendez une bonne couche d'épinards, salez et poivrez, ajoutez alors une couche de fromage. Répétez l'opération jusqu'à épuisement des épinards et du fromage. Recouvrez de l'autre moitié de la pâte, arrosez largement d'huile d'olive, saupoudrez généreusement de fromage supplémentaire.

Mettez au four chauffé à feu moyen 15 mn d'avance (5-6 au thermostat ou 200°) pendant 20 à 30 mn, le gâteau doit devenir doré et croustillant. Sortez du four, laissez refroidir puis coupez en losanges ou en pavés avant de servir. Pour 24 parts de hors-d'œuvre ou 12 portions abondantes.

Babanatsa I **Gâteau simple à la semoule**
Ioannina

Comme de nombreuses recettes de Chabbat, ce plat était commencé le jeudi soir.

2 tasses de semoule fine
3 cuillers à soupe de sucre
1/2 cuiller à café de levure
1 pincée de sel
1/2 tasse environ d'eau tiède
raisins de Corinthe (facultatif)

Dans une grande terrine, mélangez la semoule avec le sucre, la levure et le sel. Ajoutez suffisamment d'eau chaude pour obtenir une pâte de la consistance d'une pâte à frire épaisse. Ajoutez alors les raisins de Corinthe, si vous le désirez. Couvrez avec un linge et laissez reposer dans un endroit chaud.

Le lendemain matin, chauffez le four à l'avance à 180° (thermostat 5). Versez la pâte dans un moule carré huilé d'environ 23 cm de côté et 7 cm de profondeur. Passez au four pendant 30 mn jusqu'à ce que le dessus du gâteau soit doré. Donne 12 belles parts ou 24 petites.

Babanatsa II — Gâteau aux noix et raisins

Kastoria

Cette recette de *babanatsa* en provenance de Kastoria est très différente de celle de Ioannina, car c'est une friandise servie traditionnellement tard le soir de Chabbat ou après Chabbat, au cours des réunions d'amis et de parents.

1 tasse de raisins de Smyrne trempés toute une nuit dans l'eau,
 ou de pruneaux dénoyautés
15 œufs, en séparant les blancs des jaunes ou bien battus entiers
1 tasse de miel
1 tasse de sucre
1 tasse $^{1}/_{2}$ d'amandes et de noix hachées
1 tasse de semoule fine
 (ou de semoule de pain azyme pendant la Pâque)

Si les raisins n'ont pas trempé, mettez-les dans une petite casserole, couvrez-les d'eau et faites cuire à feu doux pendant une demi-heure. On peut les remplacer par des pruneaux dénoyautés. Quand les fruits sont tendres, égouttez-les et réduisez-les en purée épaisse.

Si vous voulez un gâteau très léger, séparez les blancs des jaunes et battez ces derniers jusqu'à ce qu'ils blanchissent ; les blancs seront montés en neige, mais pas très ferme.

Dans une grande terrine mettez la purée de fruits secs avec le miel, les amandes et les noix hachées. Mélangez bien. Incorporez à fond les jaunes d'œuf, puis les blancs. Ou ajoutez les œufs entiers battus et mélangez bien.

Huilez ou beurrez un plat à four de 25 x 35 cm environ et de 7 cm de profondeur au moins. Remplissez-le de pâte et mettez à four moyen, chauffé 15 mn d'avance (4-5 au thermostat ou 180°) pendant environ 1 heure, ou jusqu'à ce que le dessus soit doré. Donne 12 belles parts ou 24 petites.

Sutlach — Riz au lait

Sutlach est l'un des noms d'une friandise très recherchée partout au Moyen-Orient. C'est un gâteau de riz ou de riz et semoule. Il en existe une version turque, le *mallebi,* et une version toute simple chez les Grecs chrétiens, qu'on appelle *rizogalo.* Chez les Juifs de Grèce, particulièrement les Séfarades, on en trouve de nombreuses versions, raffinées et fastueuses, dont trois sont données ci-dessous. Ainsi qu'il est écrit ci-dessus page 53, le sutlach était préparé traditionnellement dans un récipient en cuivre étamé qu'on posait en général sur un brasero. Ces récipients s'appellent kazan en turc et donnent leur nom à une variante de sutlach, courante chez les Juifs de Salonique, appelée *kazandibi.* De nombreuses personnes parmi nos anciens soutiennent qu'il est impossible de confectionner un kazandibi authentique d'une autre façon. Néanmoins, avec de la patience et du soin, on peut obtenir des résultats admirables sur les cuisinières modernes. Le sutlach doit toujours être remué et cuit à feu très doux.

Sutlach I

2 tasses 1/2 de lait
1 cuiller à soupe 1/2 de semoule fine
3 cuillers à soupe de farine de riz
1/4 de tasse de sucre
1 ou 2 cuillers à café de zeste d'orange très finement râpé,
 ou 2 cuillers à soupe d'eau de rose

Délayez la farine de riz et la semoule avec le lait très soigneusement car si le mélange n'est pas bien lisse vous obtiendrez un sutlach plein de grumeaux. Mélangez la farine de riz et la semoule dans une petite terrine. Versez un tout petit peu de lait, environ 2 cuillers à soupe, d'une main, et de l'autre, avec les doigts, incorporez-le à la semoule tout en le versant. Lorsque le lait est absorbé, versez-en encore et continuez à mélanger avec vos doigts jusqu'à obtention d'un liquide homogène et épais.

Dans une grande casserole, faites chauffer le reste du lait avec le sucre jusqu'à complète dissolution de ce dernier. Retirez du feu et, petit à petit, d'abord par cuillerées à soupe, ajoutez le lait au mélange riz-semoule, tout en remuant constamment. Aussitôt que tout le lait a été délayé, reversez le mélange dans la casserole et mettez à tout petit feu jusqu'à ce qu'il frémisse. Remuez sans arrêt jusqu'à ce que le mélange commence à épaissir sensiblement et finisse par napper la cuiller en bois. Ajoutez le zeste d'orange ou l'eau de rose, remuez bien puis versez le mélange dans de petites coupes où il refroidira.

Il existe une variante de cuisson au four, pour la dernière partie : faites-le chauffer à l'avance à 180° (thermostat 5). Graissez un moule à gâteau de 8 à 10 cm de profondeur. Quand le sutlach a épaissi, on le verse dans le moule et on le passe au four pendant 15 à 30 mn, jusqu'à ce que le dessus prenne très légèrement couleur. Pour 4 personnes.

Sutlach II

Rhodes

4 tasses de lait
1/2 tasse de farine de riz
1/2 tasse de sucre
cannelle et amandes mondées en poudre
pralines : 1/4 de tasse de sucre et 1/4 de tasse d'amandes non mondées

Commencez par confectionner les pralines : mélangez le sucre et les amandes dans une casserole épaisse et mettez à feu doux. Remuez constamment en tournant pendant que le sucre fond jusqu'à enrober uniformément les amandes. Lorsqu'elles sont tout à fait nappées par le sucre bruni, retirez immédiatement du feu et versez sur une plaque de marbre bien beurrée. Laissez refroidir. Lorsqu'elles sont refroidies, concassez les amandes caramélisées avec un maillet. Les pralines, si on les a confectionnées en grandes quantités, peuvent se conserver pratiquement sans limite de durée dans une boite fermée hermétiquement, à l'abri de l'humidité.

Mélangez la farine de riz avec un peu de lait selon les précédentes explications du sutlach I. Lorsque le mélange épaissit, versez-le dans une casserole, ajoutez le sucre en mélangeant puis le reste du lait. Mettez à tout petit feu jusqu'à ce qu'il frémisse. Laissez mijoter en tournant constamment avec une cuiller en bois, jusqu'à ce que le mélange nappe la cuiller. Retirez du feu.

Beurrez un moule de 7 à 8 cm de profondeur. Tapissez généreusement le fond avec les pralines. Recouvrez délicatement avec le mélange. Mettez à four doux chauffé 15 mn d'avance (thermostat 3 ou 140°) pour que le gâteau cuise tout doucement jusqu'à ce que le dessus soit bien doré. Cela peut demander deux heures. Sortez du four et parsemez le dessus encore chaud de cannelle et d'amandes en poudre. Servez froid ou glacé. Pour 6 personnes.

Sutlach III / Kazandibi

Salonique

4 tasses de lait
1 tasse 1/2 de sucre
1 tasse de farine de riz

Faites bouillir le lait dans une grande casserole. Ajoutez une tasse de sucre et remuez jusqu'à dissolution complète. Retirez du feu ou laissez mijoter quelques minutes supplémentaires pour faire réduire et épaissir. Laissez légèrement refroidir.

Mettez la farine de riz dans une coupe profonde. Incorporez-y l'eau avec vos doigts, comme dans le sutlach I, mais sans que le mélange devienne liquide. Versez petit à petit le lait tiédi, sans cesser de remuer jusqu'à obtention d'un liquide épais. Continuez à verser le lait en mélangeant à la cuiller en bois jusqu'à ce qu'il n'y ait plus de risque de grumeaux. Ajoutez alors le lait restant et reversez le tout dans la casserole. Faites cuire à feu moyen en remuant constamment, jusqu'à ce que le mélange épaississe, devienne crémeux et nappe la cuiller en bois. Retirez du feu.

Dans une casserole dont le fond diffuse bien la chaleur, répartissez le reste du sucre ($^{1}/_{2}$ tasse). Faites cuire à feu doux jusqu'à ce que le sucre caramélise. Retirez du feu et laissez refroidir. Versez alors sur le caramel le mélange de lait et de farine de riz – ne remuez pas – et mettez la casserole à feu vraiment très très doux. C'est à ce moment qu'apparaissent les inconvénients de la cuisine moderne. La tradition voulait qu'on plaçât la casserole sur un brasero, avec un feu quasiment éteint ; la chaleur causait une lente évaporation du liquide et, au fur et à mesure qu'une peau se formait à la surface, on la coupait doucement avec un couteau pour laisser échapper le liquide qui était dessous ; cela pouvait durer plusieurs heures, jusqu'à ce que le sutlach épaissi ait pris une belle couleur dorée. De nos jours, on peut mettre la casserole à feu très doux et remuer doucement en ne touchant jamais le fond caramélisé, jusqu'à ce que le sutlach, réduit et épaissi, nappe uniformément la cuiller en bois. Retirez du feu et laissez refroidir. On peut parsemer le sutlach de pralines avant de servir. Pour 6 personnes.

Les fêtes de famille

Les Juifs de Grèce, aussi bien séfarades que romaniotes, sont sociables, comme leurs voisins chrétiens, et saisissent toutes les occasions pour faire la fête. Certaines personnes âgées, à Salonique, se souviennent encore très bien de ces moments où une chanson judéo-espagnole inaugurait une longue après-midi de chants et de danses, chacun se stimulant par des quantités généreuses d'*ouzo*, de *raki*, ou de *tsipouro*, trois alcools grecs typiques. Même le bain était un événement social. À Salonique et dans les plus anciennes communautés juives, on passait toutes les semaines quatre ou cinq heures au hammam, ou bains publics, le vendredi en général : heures de chants et de bavardages ou de ragots. Vers la fin du siècle dernier, on pouvait encore voir des groupes de dames en route vers le hammam, portant chacune ses serviettes et ses *tassia* (cuvettes de métal pour le rinçage), parfois accompagnées d'une servante ou deux. Elles emportaient diverses friandises, enveloppées dans des tissus brodés ou *bohcha* : des *kourabiyedes* par exemple, et de la *halva*, puis des bouteilles d'eau de rose, et tout le nécessaire de toilette d'une dame. Si elles accompagnaient une jeune femme au *mikve* (bain rituel) le jour de son mariage, le cortège était égayé de chants au son des tambourins.

Dans les communautés juives de Grèce, aux racines remontant jusqu'en Aragon, en Castille, en Catalogne, au Portugal, en Sicile, en Afrique du Nord, aussi bien qu'en Grèce byzantine et prébyzantine, les usages étaient complexes et souvent singuliers. À Salonique, avant le grand incendie de 1917, il y avait plus de 32 synagogues qui maintenaient très fidèlement les coutumes et les traditions du passé. Parmi les facteurs qui ont causé la perte d'un grand nombre de ces traditions, on peut souligner les changements brutaux entraînés par l'évolution de la Grèce au XIXe siècle et, au XXe, la catastrophe que fut la Seconde Guerre mondiale ; aussi est-il difficile maintenant de reconstituer la structure des fêtes de famille.

Cependant, Ioannina, communauté romaniote, a pu préserver nombre de ses traditions et, jusqu'à la veille de la

Seconde Guerre mondiale, les anciennes pratiques étaient encore à l'honneur dans maints foyers. Même de nos jours, à Athènes, où vit une communauté naniote considérable, les fêtes sont marquées par des mets et des friandises traditionnels. Je vais faire ici une esquisse de la plupart des fêtes majeures.

Il n'y a pas si longtemps, le mariage était encore considéré, dans les familles juives aussi bien que chrétiennes, à Ioannina, comme un arrangement familial plus que comme une union amoureuse. Si deux familles estimaient qu'il y avait compatibilité d'une part entre leurs statuts économiques respectifs et d'autre part entre leurs enfants devenus grands, elles arrangeaient la *proxenia*, accord préalable de mariage, ou fiançailles, qui n'avait pas à être accepté par les futurs mariés. La proxenia reposait sur l'examen des *ketoubot* (contrats de mariage) des parents et son objet était d'éviter des unions interdites, puisqu'à Ioannina vivaient de nombreux Cohen et Lévy, avec leurs règles strictes.

Ce pacte était suivi par l'*anevasi*, présentation officielle de la famille du jeune homme à celle de la jeune fille. Pour cette visite, la mère de la fiancée préparait de nombreuses friandises : *panaspana*, *karydaki*, confitures de coings et de pétales de roses, servies dans des cuillers d'argent. On terminait la cérémonie en buvant de petites tasses de café turc ou des verres d'ouzo. Si cette entrevue satisfaisait les deux familles, elle était suivie d'une rencontre officielle entre les fiancés : par tradition, une promenade en public. Comme les Juifs de Ioannina vivaient entre eux, les jeunes gens, embarrassés, tout raides dans leurs vêtements neufs, pouvaient vivre ce moment comme une torture, exposés qu'ils étaient aux apostrophes et aux moqueries de leurs voisins et amis.

Les préparatifs officiels débutaient deux mois avant la noce, avec les *mallia* : la promise, avec sa mère, ses sœurs et ses amies, achetait la laine qui devait servir à bourrer le matelas des noces, la transportait jusqu'au lac pour la laver, la sécher et la faire gonfler. C'était l'affaire d'une journée entière, ces mallia, comme un pique-nique où l'on chantait et mangeait des quantités énormes de nourriture tout en travaillant.

Au cours des semaines suivantes, la fiancée s'occupait de meubler son nouveau foyer, de coudre des draps et des taies d'oreiller et de préparer quelques-uns des cadeaux traditionnels à offrir à son mari. Par exemple, elle pouvait lui tisser un nouveau *taleth* (châle de prières) et broder une jolie pochette où le ranger. Si la famille était riche, elle commandait un nouveau livre de prières (*sidour*), ou un ensemble de *mahzorim*, les livres de prières des fêtes qui provenaient des presses de Vienne ou de Livourne, en belles éditions conformes au minhag des Juifs des Balkans.

On poursuivait la préparation officielle avec le *psalidi*, installation de la couturière dans la maison de la mariée. Cette réunion, réservée aux femmes, avait lieu environ vingt jours avant le mariage, et jouait un rôle important en créant l'atmosphère dans laquelle la couturière allait travailler. Celle-ci s'activait pendant plusieurs jours, coupant et ourlant des couvertures et du linge de maison, puis on célébrait une deuxième fête. C'était vraiment une « réunion entre filles » appelée *koritsomazoma*, au cours de laquelle la robe de la mariée était conçue et coupée. On lançait des souverains d'or aux pieds de la couturière, la bourse familiale s'ouvrait pour lui assurer le vin et la nourriture car de son travail dépendait la réussite de la robe et des accessoires de la mariée, donc, pour une grande part, le succès public de la noce.

Le crieur public annonçait alors officiellement le mariage ; il déambulait dans le quartier en criant, par exemple, « Compliments des familles Matsa et Gani. Vous êtes invités au mariage de leurs enfants le... » La nouvelle n'était un secret pour personne, mais elle inaugurait les deux dernières semaines d'activité quasi frénétique précédant le jour de la cérémonie.

Le dernier mercredi avant le mariage, la famille du fiancé se rendait chez la fiancée pour inspecter le trousseau et mettre au point les derniers détails de l'accord concernant la dot. Le mariage, contrat économique autant que légal, impliquait, avec la dot, le transfert de biens et de sommes d'argent considérables. De sérieuses disputes survenaient parfois, mais elles dépassaient rarement une soirée de discussions passionnées.

Le lendemain, le *viola*, on emportait le trousseau chez le futur marié. Dans la maison de la fiancée c'était tout un remue-ménage pour répartir le trousseau entre des chameaux, des ânes, des charrettes de location, des porteurs. Enfin, on s'ébranlait, en un étalage théâtral qui se déplaçait à travers les rues étroites, au son des violons, des chansons et des plaisanteries, jusque tard le soir.

Immédiatement après Chabbat, dans la soirée du samedi, on faisait le lit des mariés. On installait le matelas, on ornait la chambre de fleurs et de guirlandes préparées par la mariée. On juchait sur le lit un petit garçon de trois ou quatre ans, le *serko*, avec mission d'y sauter tant et plus, pour procurer bonne chance et, bien sûr, un enfant mâle au jeune couple.

Pendant que le serko faisait des bonds sur le lit et que la famille de la mariée en était aux ultimes préparatifs, le fiancé passait sa dernière soirée de célibataire avec ses amis. Dans tout le Proche-Orient, la boutique du barbier et les cafés étaient des domaines masculins et l'enterrement de la vie de garçon se passait cette nuit-là chez le barbier. Pendant que ce dernier rasait le promis, lui coupait les cheveux et lui pommadait les moustaches, l'assistance jetait aux pieds de l'officiant des pièces dont le tintement l'encourageait à accomplir un travail élégantissime.

À midi, le dimanche, jour de la noce, les amies de la mariée la préparaient. Ici, à Ioannina, la mariée s'acquittait généralement du traditionnel *mikve* (bain rituel) dans une citerne de sa maison ou d'une maison voisine puis on l'habillait et elle attendait l'arrivée du marié.

On célébrait le mariage tard dans l'après-midi au domicile de la mariée. Jusqu'à la fin du XIXe siècle, les mariages avaient lieu à la synagogue, mais ensuite les familles les plus pauvres devinrent les seules à s'y rendre. Pour expliquer ce changement, on raconte, entre autres, qu'une mariée tomba et se cassa la jambe sur le chemin de la synagogue, si bien que son fiancé refusa de l'épouser.

La cérémonie était très courte. À la fin, on conduisait le couple chez le marié où sa mère attendait à la porte, une grande coupe de *fnaro* doré entre les mains. Elle en donnait à chacun une bouchée avec une seule et même cuiller, avant son entrée dans la maison. Venaient alors le banquet, les danses et les chants, jusqu'à ce que, bien après minuit, le jeune couple fût conduit à sa chambre et, enfin, laissé seul. Le lendemain matin, on ajoutait un paragraphe spécial au contrat de mariage, attestant la virginité de la jeune épouse ; cet *addendum* se trouvait seulement sur les ketoubot de Ioannina.

La semaine qui suivait le mariage était remplie de fêtes et de visites destinées à *tharepsi* les mariés, à leur donner du courage. La jeune mariée préparait toutes sortes de friandises pour montrer ses talents culinaires et faisait connaissance peu à peu avec les amis de sa nouvelle famille. Cette semaine-là, le jeudi soir, la belle-mère donnait une fête spéciale pour sa bru, à l'occasion de la préparation du pain de Chabbat. On glissait des souverains d'or dans la pâte pendant que la mariée regardait ailleurs, puis on mettait la pâte dans le pétrin où elle levait toute la nuit. Le lendemain matin, on cuisait les pains et les plats de Chabbat préparés par la jeune épouse et sa nouvelle famille. Pour son premier Chabbat en couple, le marié était appelé à la Tora – pour lire les Écritures à la synagogue – ce qui marquait le début de sa première année de mariage.

Des cérémonies continuaient à ponctuer le déroulement de cette année. À Pourim, la mariée offrait à son mari une nouvelle *meguilla,* un rouleau du livre d'Esther écrit à la main glissé à l'intérieur d'un des étuis en argent qui faisaient la célébrité de Ioannina. À Souccoth, le nouveau marié était désigné pour officier comme *Hatan Tora,* ou lecteur de la Tora, pour l'année suivante. Sur le chemin du retour depuis la synagogue, on avait décoré les maisons bordant la rue avec de beaux tapis et tentures, coutume suivie également à Zakynthos et à Corfou. Les nouveaux mariés apprenaient ainsi à se connaître dans le cadre de réunions communautaires et familiales ce qui les soutenait pendant cette période de transition de leurs vies.

Dans la liste des célébrations familiales d'importance venait ensuite bien sûr la naissance d'un enfant qui était accueillie avec une grande joie. Si c'était un enfant mâle on commençait tout de suite les préparatifs de la circoncision (*Brith Mila*).

À Ioannina, on créait des amulettes réservées à cette occasion, gravées aux noms de Lilith et des anges (Sanvai, Sansnvai et Samanglof) qui pareraient à ses tentatives d'étrangler la mère et l'enfant, ainsi qu'à ceux d'Élie, Adam et Ève. Pendant quarante jours, on considérait la mère comme une *lahona*[1] et on la protégeait en suspendant autour de son lit des guirlandes de corail et des souverains d'or. Les nourritures spéciales de circoncision étaient les *patsas* et bien sûr le *fnaro* ainsi que diverses douceurs apportées par les voisins à cette occasion.

Une coutume bizarre et même unique des Naniotes et autres Juifs romaniotes était la fête qui célébrait la confection du linceul. Habituellement, les hommes arrivés à l'âge mûr prenaient des dispositions pour leurs funérailles en commandant un métrage de soie tissée à la main à cet effet et en faisaient faire leur linceul. Ce linceul avait la même forme qu'un dalmatique de l'Antiquité, mais ne comportait pas d'ouverture pour la tête. La nuit où il était terminé, on donnait une fête. On servait des gâteaux comme le *koubeta*, les *baklavades* et le *ravani*, tout en buvant de l'ouzo en quantité considérable. Le vêtement pour l'éternité, fini, était exposé bien en vue et souvent son propriétaire l'enfilait pour le faire admirer, non sans panache.

Les recettes suivantes étaient et sont toujours servies au gré de chacun lors de la plupart des fêtes de famille. Les variantes reflètent les différences entre les communautés juives.

1. La mère est considérée comme impure et en danger pendant les quarante jours suivant l'accouchement. NDT.

Patsas | Ragoût d'agneau

Ioannina

Cette version locale des patsas est très différente du plat servi d'habitude sous ce nom en Grèce. Il est fait, en général, avec de la panse et des tripes d'agneau, de chevreau ou de veau, souvent aussi avec les pieds. C'est une soupe nourrissante, très fortifiante surtout en hiver (voir p. 214, 215). On la mange au petit déjeuner dans certaines régions. Cette variante, faite avec de l'agneau, était servie traditionnellement à Ioannina le soir avant la Brith Mila et dans les festins de noce.

une épaule ou un gigot d'agneau de 900 g
2 tasses d'eau
8 cuillers à soupe de semoule
3 cuillers à soupe de vinaigre de vin
4 cuillers à soupe d'huile d'olive ou de jus du rôti
8 œufs
sel, poivre

Faites rôtir l'agneau au four (thermostat 5 ou 180°, chauffé à l'avance), gardez le four à même température après en avoir sorti le rôti. Séparez la chair des os et coupez-la en petits morceaux.

Faites bouillir 2 tasses d'eau dans une grande cocotte. Mettez la semoule dans un saladier et ajoutez-lui suffisamment d'eau froide, tout en mélangeant, pour obtenir une pâte épaisse. Quand l'eau de la cocotte bout, retirez-la du feu et ajoutez-en des cuillerées à la semoule en remuant constamment. Lorsque le mélange est très liquide et homogène, ajoutez le reste de l'eau, mélangez, versez dans la cocotte et remettez sur le feu. Laissez cuire à feu doux jusqu'à épaississement. Retirez du feu puis versez le vinaigre et l'huile d'olive ou le jus de cuisson de l'agneau. Mélangez bien et laissez refroidir.

Battez bien les œufs. Salez et poivrez à volonté. Mélangez à la semoule refroidie en tournant. Remettez à feu doux en remuant constamment à tout petits bouillons jusqu'à ce que cette garniture épaississe sensiblement.

Disposez les morceaux d'agneau dans un plat à feu profond d'au moins 8 cm. Recouvrez-les de garniture. Mettez à four moyen (thermostat 5 ou 180°) pendant 30 mn ou plus. Le dessus doit être bien doré. Pour 4 à 6 personnes.

Fnaro

Le *fnaro* est une friandise servie traditionnellement par les Juifs, aussi bien romaniotes que séfarades, lors des circoncisions et des mariages, ainsi qu'à Pessah. À Monastir, il était réservé essentiellement à la Brith Mila. À Ioannina une noce n'était pas une noce sans la cuillerée de fnaro offerte au nouveau couple après le mariage.

Les recettes suivantes demandent toutes trois les mêmes ingrédients. La recette de Monastir convient pour une réunion de famille. La seconde, de Ioannina, suppose une grande fête. Dans les deux cas, on consomme le fnaro en petites quantités. On le présente traditionnellement sur un plat d'argent, accompagné d'une cuiller et d'un verre d'eau pour chaque personne servie. Ce n'est jamais un dessert, tout au moins en Grèce.

Chez les Juifs de Ioannina, on raconte toujours l'histoire d'une dame ashkénaze à qui son hôtesse séfarade offrait du fnaro. Conformément à la manière traditionnelle, l'hôtesse présentait un grand plateau d'argent sur lequel reposaient le plat de fnaro, les cuillers placées sur le bord et les verres d'eau fraîche. Normalement, l'invité prenait une cuiller qu'il plongeait dans la friandise, disait une bénédiction, mangeait le fnaro puis, tenant toujours la cuiller, prenait un verre d'eau, buvait, mettait la cuiller dans le verre qu'il reposait sur le plateau. Cette fois-là, cependant, alors que l'hôtesse attendait, la dame ashkénaze trouva le fnaro délicieux et crut qu'elle pouvait en manger autant qu'elle voulait. À l'effarement des autres invités, elle continua et mangea la moitié de la part commune.

Fnaro I

Monastir

10 œufs
700 g de miel
1 tasse de sucre
1 tasse d'amandes mondées et hachées
2 pincées de safran (facultatif)

Battez les œufs en omelette. Dans une grande casserole, faites chauffer le miel, ajoutez le sucre et mélangez bien à petit feu jusqu'à ce que le sucre soit entièrement fondu. Dès qu'il est dissous, montez le feu pour amener le liquide à très petits bouillons. Ajoutez progressivement les œufs battus, cuillerée par cuillerée, tout en remuant avec une cuiller en bois. Si vous le désirez, ajoutez alors le safran. Retirez la casserole du feu et plongez-la dans un récipient d'eau froide pour la rafraîchir le plus rapidement possible. La consistance devra être celle d'œufs brouillés, épais et bien lisses. Lorsqu'elle est bien refroidie, partagez la masse en fragments réguliers que vous présentez en dôme sur le plat de service. Parsemez avec les amandes hachées et servez. Pour 20 à 30 cuillerées environ.

Fnaro II

Ioannina

Cette recette diffère seulement par les quantités et les proportions d'œufs et de miel. Pour la préparation, suivre les indications données pour le fnaro I. Donne 30 à 40 cuillerées.

30 œufs
700 g de miel
2 tasses de sucre
1 tasse d'amandes, mondées et hachées

Fnaro III

Ioannina

La recette suivante est de proportions plus modestes que les deux précédentes. Elle est excellente et peut être servie en dessert lors d'un repas selon la description ci-dessous.

6 jaunes d'œufs
10 cuillers à soupe de sucre
1 cuiller à soupe de miel diluée dans un verre à vin d'eau, soit environ 100 g
1/4 de tasse d'amandes grillées, hachées menu
1 pincée de safran (facultatif)
crème fouettée (facultatif)

Battez les jaunes d'œufs en crème avec le sucre et mettez le mélange au bain-marie chaud. Relevez le feu à chaleur moyenne et versez le miel délayé dans l'eau tout en remuant constamment avec une cuiller en bois. Faites mijoter à feu doux en remuant le mélange jusqu'à ce qu'il commence à prendre et épaissir et nappe la cuiller en bois. Ajoutez une pincée de safran si vous le désirez, retirez du feu, mettez à refroidir dans une grande coupe. Fractionnez le fnaro refroidi à la fourchette, disposez sur un grand plat de service et parsemez d'amandes hachées.

Pour le servir en dessert, versez directement le fnaro dans des coupes individuelles. Ne le fractionnez pas. Lorsqu'il est refroidi, mettez dessus crème fouettée et amandes hachées. Pour 4 à 6 personnes.

Asuplados — Meringues

Rhodes et autres communautés séfarades

5 blancs d'œufs
$^1/_4$ de tasse de sucre
25 à 30 amandes, mondées et partagées par moitiés

Fouettez les blancs en neige très ferme avec un batteur. Ajoutez le sucre et battez pour le dissoudre et l'incorporer parfaitement aux blancs. Vous pouvez aussi battre ensemble les blancs d'œufs et le sucre dès le début.

À l'aide d'une cuiller déposez la préparation en petits tas sur la plaque à pâtisserie beurrée. Appliquez une moitié d'amande au centre de chaque tas. Mettez à four doux, chauffé 15 mn d'avance (3-4 au thermostat ou 140 à 160°). Ne laissez surtout pas dorer, les *asuplados* doivent à peine prendre couleur ce qui demande environ 20 mn. Pour 25 à 30 pièces.

Koulourikos de Brith — Anneaux de circoncision aux amandes

Larissa, Trikala

3 tasses d'amandes mondées, réduites en poudre fine
5 tasses de sucre glace
eau, selon besoin
extrait d'amande ou de vanille, à volonté
1 blanc d'œuf

Mélangez les amandes et le sucre dans un grand saladier et ajoutez l'eau nécessaire pour obtenir une pâte épaisse. Ajoutez quelques gouttes d'extrait d'amande ou de vanille, à votre convenance, renversez la préparation sur une planche et pétrissez vigoureusement pendant quelques minutes. Ajoutez le blanc d'œuf en neige très ferme et continuez à pétrir. Vous devez obtenir une pâte très élastique. Si elle est difficile à travailler, ajoutez un peu d'eau. La quantité d'eau dépend du degré d'humidité ou de sécheresse des amandes et ne peut donc pas être mesurée. Prenez des morceaux de pâte de la taille d'un œuf de poulette à peu près et roulez-les entre les paumes de vos mains en forme de bâtonnets de 12 cm de long gros comme des crayons. Ne vous servez pas de vos doigts, vous obtiendriez des épaisseurs inégales. Tordez chaque tronçon en forme de huit et placez-le sur la plaque du four huilée ou beurrée. Mettez à four moyen, chauffé 15 mn d'avance (5 au thermostat ou 180°) pendant 10 à 15 mn jusqu'à très légère coloration. Retirez du four et laissez refroidir sur la plaque puis disposez les *koulourikos* en pyramide sur un grand plat. Parfois on saupoudre le tas entier avec du sucre glace parfumé à l'eau de rose. Pour 35 à 40 gâteaux environ.

Martsapades / Amygdalota — Massepain I

Ioannina

2 tasses $^{2}/_{3}$ d'amandes
1 tasse de sucre
1 cuiller à café d'extrait d'amande ou d'orange, ou eau de rose
2 œufs
1 blanc d'œuf

Voici une variante locale de la méthode de préparation romaniote.

Mondez les amandes à l'eau bouillante jusqu'à ce que les peaux se détachent aisément. Séchez-les bien et réduisez-les en poudre fine. Gardez quelques amandes entières pour décorer.

Dans un grand saladier, mélangez la poudre d'amande avec le sucre et le parfum. Battez 2 jaunes d'œufs jusqu'à ce qu'ils blanchissent et ajoutez-les au mélange d'amandes et de sucre, en mélangeant à fond à la cuiller en bois. Montez 2 blancs en neige très ferme et incorporez-les au mélange. Une par une prélevez des cuillerées de la préparation et, sur la plaque graissée, disposez-les en petits tas légèrement aplatis. Mettez à four doux, chauffé 15 mn d'avance (3-4 au thermostat ou 150 à 170°) pendant 10 à 15 mn, les massepains doivent prendre à peine couleur. Retirez du four et laissez refroidir sur la plaque. Lorsque les massepains sont froids détachez-les de la plaque, appliquez sur chacun une touche du blanc d'œuf restant et décorez d'un morceau d'amande effilée. Pour 35 à 40 pièces.

Mazapana — Massepain II

Komotini

2 tasses de sucre
1 tasse d'eau
2 tasses 2/3 d'amandes mondées, réduites en poudre fine
quelques gouttes d'extrait d'amande
sucre glace
1 cuiller à soupe d'eau de rose

Voici une variante locale de la version séfarade.

Faites bouillir l'eau dans une grande casserole épaisse. Faites fondre le sucre dans l'eau bouillante, laissez bouillir jusqu'à ce que le sirop nappe la cuiller en bois. Retirez du feu, ajoutez les amandes et laissez refroidir. Sortez alors le mélange de la casserole, ajoutez l'extrait d'amande et pétrissez pendant quelques minutes, pour obtenir une pâte malléable. Abaissez-la sur 1,5 cm d'épaisseur et découpez de petites pièces triangulaires. Roulez chaque massepain dans le sucre glace parfumé à l'eau de rose. Donne 35 à 40 gâteaux.

Travados — Chaussons aux amandes

Toutes les communautés séfarades et romaniotes de Grèce

Les *travados* sont un délice servi lors de presque toutes les fêtes. On les fourre avec toutes sortes de garnitures ; trois d'entre elles sont données ici.

Garnitures :

1. 1 tasse de sucre glace
   1 tasse d'amandes, mondées et moulues
   extrait d'anis, d'amande ou d'orange
   1 cuiller à soupe 1/2 d'eau
2. 1 tasse de sucre glace
   1/2 tasse de riz cuit à l'eau
   1/2 tasse d'amandes mondées et moulues
   eau de rose, en quantité suffisante pour lier les ingrédients
3. 1 tasse de sucre glace
   1 tasse d'amandes mondées et moulues
   1/2 tasse de raisins de Corinthe
   3 cuillers à soupe de cognac ou autre liqueur
   3 cuillers à soupe d'eau
   cannelle et clous de girofle moulus, à volonté

Pâte :

2 tasses de farine
3/4 de tasse de sucre glace
1 cuiller à soupe de sucre cristallisé
1/2 tasse de beurre fondu
extrait d'amande
3/4 de tasse de vin doux (le vin grec *Mavrodaphne*, si possible)
sucre glace supplémentaire

Dans une grande terrine mélangez intimement le sucre et la farine. Tout en remuant, versez lentement le beurre fondu puis l'extrait d'amande. Versez alors le vin, mélangez bien à la cuiller en bois. Renversez la pâte sur une planche farinée. Pétrissez. Ajoutez de la farine si besoin est pour obtenir une pâte souple que vous continuez à pétrir. Au bout de 5 mn étendez-la au rouleau sur 8 mm d'épaisseur et découpez-la en disques de 6 à 7 cm de diamètre. Placez une cuillerée de garniture au centre de chaque disque, rabattez la pâte en chausson, pincez bien les bords. Placez les chaussons sur la plaque bien huilée. Mettez à four moyen, chauffé 15 mn d'avance (5 au thermostat ou 180°) pendant environ 30 mn jusqu'à ce qu'ils soient légèrement dorés. Sortez les chaussons du four, laissez-les refroidir puis disposez-les sur un grand plat. Saupoudrez généreusement de sucre glace. Donne 25 à 30 chaussons.

Kourabiyedes — Sablés

Les *kourabiyedes* sont des sortes de sablés mangés à l'occasion des fêtes par les Grecs, juifs et chrétiens, aussi bien que par les Turcs. Les deux recettes suivantes sont propres aux Juifs. Elles représentent la communauté romaniote de Volos et la communauté séfarade d'Izmir vivant à Athènes.

Kourabiyedes I

Volos

450 g de beurre à température ambiante
1 tasse de sucre semoule
1/2 tasse d'amandes hachées menu
2 tasses de farine
2 tasses de sucre glace

Dans une grande terrine, travaillez le beurre en pommade jusqu'à ce qu'il blanchisse. Ajoutez le sucre peu à peu, tout en battant et continuez jusqu'à ce que le mélange soit très lisse. Ajoutez les amandes.

Versez la farine, travaillez alors avec vos doigts pour l'incorporer à la préparation afin d'obtenir une pâte légère. Abaissez sur 1 à 2 cm d'épaisseur sur une planche bien farinée. Découpez des disques de pâte avec un petit emporte-pièce ou un verre à vin. Disposez-les sur la plaque à pâtisserie beurrée. Mettez à four moyen, chauffé 15 mn d'avance (5 au thermostat ou 180°) pendant 20 mn au moins ou jusqu'à très légère coloration. Enlevez-les de la plaque et laissez-les refroidir. Lorsqu'ils sont froids, roulez chaque *kourabiye* dans un grand saladier rempli de sucre glace. Disposez-les dans un grand plat. Vous pouvez asperger le sucre glace d'eau de rose, ce qui donne une touche supplémentaire de raffinement. Pour 25 à 30 gâteaux environ.

Kourabiyedes II

Izmir, Athènes

450 g de beurre à température ambiante
8 tasses de farine, ou bien 4 tasses de farine et 4 tasses d'amandes mondées et moulues
1 tasse $^3/_4$ de sucre glace

Battez le beurre en pommade, ajoutez alors la farine ou le mélange de farine et de poudre d'amande. Travaillez la pâte du bout des doigts aussi rapidement que possible et faites-en une grosse boule. S'il fait très chaud, rafraîchissez-la au réfrigérateur pendant quelques heures, elle sera plus facile à mettre en forme. Prenez des morceaux de pâte de la taille d'un œuf de poulette et donnez-leur une forme allongée. Aplatissez légèrement en losange et disposez sur une plaque largement beurrée.

Mettez à four moyen, chauffé 15 mn d'avance (5 au thermostat ou 180°) pendant 20 mn au moins. Ne laissez pas prendre couleur. Ôtez les kourabiyedes de la plaque pour les laisser refroidir. Lorsqu'ils sont froids, roulez-les dans le sucre glace, comme dans la recette précédente. Pour 20 gâteaux ou plus, selon la taille que vous leur donnerez.

Pan d'Espanna
Génoise

Appelée *pan despanya* par les Séfarades et *panaspana* par les Romaniotes, cette génoise est omniprésente en Grèce, servie lors de presque toutes les fêtes sauf Pessah. La première recette provient de Salonique et la seconde d'Arta, par Ioannina. On faisait couramment cette même recette de base à Preveza avant la Seconde Guerre mondiale, quand une communauté juive y vivait.

Pan d'Espanya I
Génoise I

Salonique

3 œufs
1 tasse de sucre
$^1/_2$ tasse de farine
le jus et le zeste râpé d'une orange
$^1/_4$ de cuiller à café d'extrait d'amande
$^1/_2$ tasse de beurre fondu

Séparez les blancs des jaunes. Battez bien les jaunes jusqu'à ce qu'ils blanchissent. Ajoutez $^1/_2$ tasse de sucre et continuez à battre jusqu'à épaississement. Versez la farine, battez jusqu'à ce que le mélange forme ruban quand on soulève la cuiller. Ajoutez le jus d'orange, le zeste et l'extrait d'amande. Battez jusqu'à ce que le mélange soit mousseux. Mélangez le beurre fondu à la préparation. Montez les blancs d'œufs avec le reste du sucre en neige très ferme puis incorporez-les.

Versez dans un moule de 20 cm de diamètre à fond amovible huilé ou beurré soigneusement. Mettez à four moyen, chauffé 15 mn d'avance (5 au thermostat ou 180°) pendant 30 mn environ. Le gâteau est cuit lorsqu'il est élastique sous le doigt. Laissez refroidir avant de démouler.

Panaspana — Génoise II

Arta, Ioannina

9 œufs
1 tasse 1/2 de farine
1/2 cuiller à café de levure chimique
1/4 de tasse de jus d'orange
1 tasse de sucre
1/4 de tasse de beurre fondu
1/2 cuiller à café d'extrait de vanille

Fouettez les jaunes jusqu'à ce qu'ils blanchissent. Tout en tournant, ajoutez les autres ingrédients. Dans un autre saladier, montez les blancs en neige et incorporez-les au mélange en soulevant la masse avec précaution. Versez dans un moule de 25 cm de diamètre à fond amovible bien beurré et fariné. Mettez à four moyen, chauffé 15 mn d'avance (5 au thermostat ou 180°) pendant 45 mn environ. Laissez refroidir avant de démouler.

Ravani — Gâteau de semoule au sirop

Salonique

On trouve de nombreuses variantes de ravani chez tous les Grecs aussi bien que chez les Turcs. C'est dans son principe un gâteau imbibé de sirop et servi froid. Il est meilleur mangé le lendemain de la préparation et délicieux surmonté de crème fouettée ou épaisse. On le sert souvent au moment de Chavouoth. Le sirop doit être préparé à l'avance et rafraîchi.

3 tasses de sucre
3 tasses d'eau
1 cuiller à soupe de zeste de citron râpé très fin

Pour faire le sirop : mélangez le sucre avec l'eau et le zeste de citron dans une casserole épaisse. Amenez à ébullition. Baissez le feu pour que le liquide frémisse juste et laissez cuire jusqu'à ce que le sirop nappe uniformément la cuiller en bois. Retirez du feu et mettez au frais.

1 tasse $^1/_4$ de semoule moyenne
2 cuillers à soupe de farine
10 œufs
1 cuiller à soupe de zeste de citron râpé
1 tasse de sucre
4 cuillers à soupe de beurre fondu

Mélangez la semoule et la farine. Fouettez les jaunes d'œufs avec le sucre et le zeste de citron jusqu'à ce que le mélange blanchisse. D'autre part, montez les blancs en neige très ferme, incorporez-les à la préparation. Versez la farine et la semoule, mélangez. Lorsque le tout est homogène, incorporez le beurre fondu. Versez la pâte dans un moule beurré d'environ 23 x 30 cm et profond d'au moins 7,5 cm. Mettez à four moyen, chauffé 15 mn d'avance (5 au thermostat ou 180°) pendant $^3/_4$ d'heure à 1 heure, jusqu'à ce que le dessus soit doré.

Les fêtes de pèlerinage

Lorsque le Temple se dressait dans toute sa gloire à Jérusalem, il était le cœur des trois pèlerinages annuels que chaque Juif entreprenait vers la Cité sainte, lors des Fêtes de Pèlerinage : Pâque ou Pessah ; Chavouoth, la Fête des Semaines ou Pentecôte ; et Souccoth, la fête des Tabernacles ou des Cabanes. Chacune de ces fêtes a une double dimension : historique, en commémorant l'un des événements principaux qui jalonnent l'histoire de la libération d'Israël de son esclavage ; agricole, par une cérémonie d'actions de grâce.

Pessah

Pessah commémore la Sortie d'Égypte et célèbre la fin de l'hiver et l'arrivée du printemps. À l'époque du Temple, les Juifs sacrifiaient des agneaux et les mangeaient là, au cours de grands banquets communautaires et familiaux. Pendant les huit jours de la fête, qu'on appelait aussi Fête des Azymes, seule la *matsa*, prononcé aussi *massa*, pain fait sans aucune levure, était autorisée.

Après la destruction du Second Temple, en 71 de l'ère chrétienne, quand les sacrifices ne furent plus possibles, les rabbins décrétèrent que la maison deviendrait le Temple et divisèrent le banquet en deux parties : la première consistait en un repas rituel, ou *Seder*, au cours duquel des aliments symboliques étaient présentés et goûtés. On lisait en même temps la *Haggadah*, histoire de la Sortie d'Égypte, qui contient les commentaires et les explications de la fête. On consommait, au cours du Seder, un œuf rôti, symbole du sacrifice et de l'espoir ; l'os d'un jarret d'agneau, évoquant l'agneau pascal sacrifié dans le Temple ; des herbes amères, trempées dans l'eau salée ou le vinaigre qui représentaient l'amertume de l'esclavage ; le *haroset*, mélange de différents fruits, symbole du mortier utilisé pour les travaux de construction, pendant l'esclavage en Égypte ; et la matsa, le « pain de misère ».

Après le Seder, on célébrait la seconde partie du banquet. C'était un vrai festin, suivi par des actions de grâce et les ultimes bénédictions de la Haggadah.

Pessah était la fête attendue avec le plus de joie par tous les Juifs de Grèce. On nettoyait les maisons, on vidait les offices, l'hiver lui-même semblait s'en aller avec le *hametzitika*, ensemble des ustensiles utilisés pendant l'année pour préparer les plats de tous les jours. Une fois ceux-ci rangés, on sortait de leurs coffres la porcelaine fine, les cocottes et les casseroles rutilantes de Pessah ou *paskalitika*. Les maîtresses de maison commençaient à relire les vieilles recettes évitant toute utilisation de levain, mises au point avec Pessah en tête. En fait, on engageait ces préparatifs de Pessah bien avant la fête ; le grand ménage commençait à Pourim, le 14 du mois d'Adar, pour devenir, la semaine précédant Pessah, une traque méticuleuse aux ultimes impuretés.

L'autre tâche principale, et qui demandait aussi beaucoup de temps, consistait à préparer le pain azyme. Dans la plupart des petites communautés de Grèce, on le cuisait sur place. À Hania (en Crète), à Halkis (en Eubée), à Zakynthos et à Komotini, des fours spéciaux se trouvaient dans la cour de l'une des synagogues ou de l'école. À Ioannina, plusieurs fours communaux étaient réservés à cet usage et, dans les communautés les plus grandes et les plus riches, on importait le pain azyme de Marseille. De nos jours, où la matsa est produite industriellement, il est difficile d'imaginer le travail qu'elle nécessitait, travail organisé en fonction d'un seul et unique but : éviter l'introduction du moindre agent de fermentation pouvant causer la levée de la pâte. Il fallait se procurer une farine spéciale, la nettoyer, la laver et la sécher. Il fallait protéger de la lumière et des courants d'air, susceptibles de provoquer la fermentation, les pièces dans lesquelles la farine était conservée puis transformée en pâte. On n'avait guère de temps pour s'amuser ; il fallait avoir prévu chaque action et l'accomplir vivement. Une fois l'eau mélangée à la farine, on pétrissait la pâte rapidement, on l'abaissait au rouleau, fine comme du papier, puis on y enfonçait légèrement les ongles ; ces piqûres empêchaient la fermentation ; ou bien, pour les *hallels*, le pain azyme réservé au Seder, on pratiquait une, deux ou trois estafilades en diagonale au couteau. La pâte tout juste prête, on la portait précipitamment – toujours afin de réduire les risques de fermentation – dans les fours littéralement incandescents où, en quelques minutes, elle devenait croustillante. On rangeait avec soin le pain azyme refroidi dans des boîtes réservées à cet effet. Il revenait à la maîtresse de maison de faire en sorte que sa provision de pain azyme soit suffisante pour les repas des huit jours mais aussi pour ce qu'on utilisait, moulu, dans les mets réservés à Pessah. C'était un rude travail et chaque stade de cette fabrication de pain azyme en grande quantité demandait une attention extrême. Évidemment, toute cette activité dans le quartier juif, aux abords d'une maison entièrement close et dont la cheminée crachait de la fumée, ne pouvait qu'inspirer aux voisins chrétiens des fantasmes sur les sombres actes perpétrés à l'intérieur. À l'inverse, il se trouve encore des Chrétiens pour se souvenir avec plaisir des quartiers juifs de Hania et de Halkis et de leurs rues où flottait le parfum du pain azyme frais pendant la semaine avant Pessah.

La récitation de la Haggadah, le premier et le second soir de Pessah, se passait en famille. Quand les hommes revenaient de la synagogue, ils trouvaient sur la table des lampes à huile allumées pour la célébration de la fête et le plateau de cuivre rutilant – le sini – sur lequel étaient présentées les nourritures symboliques du Seder. Pendant la récitation, on soulevait le sini pour le passer au-dessus de la tête de chacun afin que tous se pénètrent de la grandeur de l'histoire. Pour être sérieuse, la récitation n'en était pas moins bon enfant, ponctuée de chants et même de plaisanteries.

Puis on dressait la table pour la deuxième partie de la fête avec les spécialités qu'on n'avait pas goûtées depuis un an et qu'on attendait impatiemment. En Grèce, pour Pessah, on mangeait un agneau, et on le mangeait quasiment entier, comme à l'époque du Temple. Il y avait donc des plats spéciaux – soupes, tourtes, ragoûts – de fressure d'agneau. Le repas comportait aussi une salade printanière de romaine, qui tenait lieu d'herbe amère dans le Seder grec. Parmi les douceurs, on offrait des spécialités variées à base de semoule de pain azyme, d'œufs, d'amandes en poudre et d'autres fruits secs. Les huit jours de la fête étaient une succession ininterrompue de ces plats de Pessah, jusqu'au dernier jour où ils disparaissaient, avec la paskalitika, pour être remplacés par les nourritures et la vaisselle de la vie de tous les jours.

En Grèce, on célébrait généralement le dernier jour de Pessah par un pique-nique à la campagne. Puis on rapportait chez soi de belles gerbes de blé de printemps, tout frais, afin de décorer la table de cette verdure éclatante pour le repas du soir. Ce repas, le premier après Pessah, comportait toujours le premier *hametz*, ou pain au levain. C'étaient des femmes, Grecques chrétiennes, Turques ou Albanaises, qui en fournissaient la levure, attendant près de la synagogue pour la vendre, à l'issue du service du soir. On le façonnait en petits pains ronds, piquetés de raisins de Corinthe, dont on faisait une grande consommation.

Les recettes de plats de Pessah grecs sont innombrables. Il se pratiquait dans les familles aussi bien que dans les communautés des recettes d'exception qui n'apparaissaient qu'une fois l'an. On a choisi ici les recettes les meilleures et les plus typiques.

Haminados de Pessah

On sert ces œufs dans de petites coupes d'eau salée, symbole des larmes répandues sur la perte du Temple.

œufs en nombre suffisant pour chaque invité lors des deux premiers soirs de Pessah
pelures d'oignons rouges
vinaigre
huile d'olive
1 cuiller à café de curcuma ou, mieux, 2 pincées de safran

Mettez les pelures d'oignons avec les œufs dans une marmite suffisamment vaste pour les contenir, couvrez d'eau.

Versez le vinaigre et l'huile d'olive : la surface de l'eau doit être recouverte entièrement afin de gêner l'évaporation. Amenez à ébullition, couvrez et laissez frémir pendant 8 à 10 heures.

Sortez les œufs, plongez-les immédiatement dans l'eau courante bien froide jusqu'à ce qu'on puisse les manipuler sans difficulté. Cassez les coquilles avec précaution et écalez.

Faites bouillir suffisamment d'eau dans la marmite pour pouvoir y plonger tous les œufs. Ajoutez curcuma ou safran. Déposez les œufs, faites mijoter 10 à 15 mn. Sortez, laissez refroidir.

Haroset

Le *haroset* symbolise le mortier dont les Israélites devaient se servir pour la construction des monuments du Pharaon, au temps de leur esclavage en Égypte. En Grèce, nombreuses sont les formes et recettes de haroset, chacune d'elles reflétant les origines d'une communauté particulière avec sa tradition spécifique. Dans la plupart des cas, bien qu'à première vue il ressemble à du mortier ou à de la boue, il est sucré. Cependant, à Zakynthos et dans certains foyers de Crète, non seulement on ajoutait au haroset du vinaigre de préférence au vin doux pour le rendre amer, mais aussi du poivre et de la brique pilée ! Il est peu probable que qui que ce soit veuille obtenir avec cette recette spéciale (Haroset V) plus d'une bouchée symbolique pour le Seder, aussi en ai-je donné les proportions pour une petite quantité seulement. Mais généralement, en Grèce, le haroset était délicieux (il l'est toujours), comme avec les quatre recettes qui suivent. On le mange, étalé en couche épaisse sur le pain azyme, à toute heure après les deux premières soirées de Pessah. Comme il contient du vin et divers fruits, il s'adoucit et devient meilleur au fur et à mesure que les jours passent.

Haroset I

Komotini

1 tasse de raisins de Corinthe hachés menu
1 tasse de raisins de Smyrne hachés menu
1 tasse de dattes hachées menu et écrasées
vin doux, rouge (on utilise communément le Mavrodaphne en Grèce, quoique, d'un point de vue strict, il ne soit pas casher)

Hachez tous les ingrédients le plus fin possible. Réduisez-les en purée dans un mortier, humectez de vin rouge. Vous obtiendrez 3 tasses.

Haroset II

Ioannina

1 tasse de raisins de Corinthe hachés menu
1 tasse de raisins de Smyrne hachés menu
1 tasse d'amandes hachées menu
1/2 tasse de noix hachées menu
1/2 tasse de pignons
cannelle et clous de girofle moulus, à volonté
vin doux (rouge)

Hachez les raisins secs. Réduisez-les en purée dans un mortier. Incorporez à cette purée les noix, les amandes, les pignons entiers. Ajoutez cannelle et clous de girofle à volonté. Mouillez bien avec le vin pour obtenir une purée épaisse. Donne 3 tasses.

Haroset III

Hania

1 tasse 1/4 de dattes hachées menu
3/4 de tasse de raisins de Corinthe hachés menu
3/4 de tasse de raisins de Smyrne hachés menu

1/2 tasse d'amandes hachées menu
1/2 tasse de noix hachées menu
3 cuillers à soupe de miel
vin doux (rouge)

La veille, dans un grand saladier, recouvrez d'eau les dattes et les raisins hachés. Laissez tremper toute la nuit. Le lendemain, dans l'eau de trempage, faites cuire les fruits à feu doux jusqu'à ce qu'ils deviennent très tendres. Retirez du feu, égouttez en conservant le liquide de cuisson. Dans un grand saladier, écrasez les fruits à la fourchette contre les bords. Mouillez par petites quantités avec le liquide de cuisson, ou mieux, du vin doux (rouge). Versez alors le miel, ajoutez le hachis d'amandes et de noix. Mélangez à fond. Mettez au frais. À Hania, on prépare ce haroset une semaine avant Pessah. Il bonifie en vieillissant. Donne 6 à 8 tasses.

Haroset IV

Rhodes

1 tasse 1/4 de dattes hachées menu
1 grosse orange
1/2 tasse de miel ou de sucre
cannelle et clous de girofle moulus, à volonté
1/2 tasse d'amandes et de noix hachées menu
20 cl environ de vin doux (rouge)

Pelez l'orange et coupez-la en quartiers. Ôtez les pépins, ajoutez le hachis de dattes. Réduisez le tout en purée.

Mettez cette pâte avec le miel au bain-marie (l'eau doit à peine frémir). Remuez constamment avec une cuiller en bois pendant 20 mn environ, la pâte doit devenir très épaisse. Ajoutez les clous de girofle, la cannelle et le vin. Faites cuire à feu doux jusqu'à épaississement marqué. Retirez du feu. Ajoutez les fruits secs hachés. Mélangez. Versez dans une grande coupe et laissez refroidir. Donne 3 tasses.

Haroset V

Zakynthos

$^1/_4$ de tasse d'amandes en poudre
$^1/_4$ de tasse de raisins de Smyrne, écrasés dans du vinaigre
une grosse pincée de poivre
une grosse pincée de brique en poudre fine

Mélangez tous les ingrédients et servez. Donne $^1/_2$ tasse.

Salada verde de Pessah — Salade verte de Pâque

Traditionnellement, en Grèce, l'herbe amère mangée pendant la récitation de la Haggadah est la romaine ou laitue de Kos. Au repas suivant la Haggadah, on sert généralement de la romaine en salade avec des oignons nouveaux et de l'aneth frais. Cette présence redoublée des nourritures symboliques de Pessah – l'œuf dur, l'herbe amère, l'os d'agneau, etc.- sous forme de plats complets servis lors du repas est une coutume propre aux Juifs de Grèce.

2 belles romaines
4 gros oignons nouveaux, avec une bonne partie de leurs feuilles vertes
5 jolis brins d'aneth frais
3 cuillers à soupe d'huile d'olive
3 cuillers à soupe de vinaigre de vin
sel, poivre

Lavez la salade soigneusement. Débarrassez-la de toutes les parties brunes ou flétries. Serrez les feuilles en botte dans une main, avec l'aneth et les oignons. De l'autre main, avec un couteau bien aiguisé, coupez-les en lanières de moins de 6 mm de large. Mettez-les dans un saladier, arrosez-les d'huile d'olive et de vinaigre. Salez et poivrez. Mélangez bien avant de servir. Pour 6 personnes.

Note sur le pain azyme

La matsa (pluriel : matsoth) est le pain sans levain de Pessah, le pain azyme. On l'appelle aussi le Pain d'Affliction ou Pain de Misère. Avant notre siècle, dans la plupart des communautés juives grecques, romaniotes ou séfarades, la tradition voulait que le pain azyme soit préparé dans des fours communs réservés uniquement à cet usage. Dans les petites communautés, la maîtresse de maison était souvent obligée de faire elle-même son pain azyme, auquel cas elle prenait des mesures spéciales afin d'éviter toute fermentation de la pâte. Le pain azyme fait à la main est complètement différent de l'actuel pain azyme du commerce : il est rond, très dur, cassant et très savoureux. Comme la farine et les céréales sensibles à l'action de la levure sont interdites pendant la semaine de Pessah, le pain azyme est le substitut de base du pain et entre dans de nombreuses recettes créées par les maîtresses de maison ingénieuses. Souvent, il faut le faire tremper avant de l'employer dans une recette. Après le trempage, on doit le tapoter doucement entre deux serviettes pour éliminer l'excès d'humidité. Parfois, une recette requiert.de la semoule de pain azyme. On la prépare simplement en pilant plusieurs galettes de pain azyme dans un mortier, ou en les passant à la moulinette. Si on prépare une grande quantité de semoule, il faut la conserver dans un récipient hermétique. Le pain azyme du commerce se présente en général sous forme de plaques de 16 x 18 cm environ ou de galettes rondes.

Massa al kaldo — Potage de poulet au pain azyme

Salonique

1 poulet de 1,3 à 1,8 kg
2 cuillers à soupe d'huile d'olive
3 citrons
2 pains azymes entiers
3 œufs
2 cuillers à soupe de persil haché menu
sel, poivre

Après avoir bien nettoyé votre poulet, mettez-le dans une cocotte épaisse. Couvrez d'eau. Amenez à ébullition. Au bout de 10 mn, écumez, baissez le feu, versez l'huile d'olive, salez et poivrez. Faites mijoter pendant une heure au moins selon la volaille, qui doit devenir très tendre (si vous voulez une viande plus tendre, mais qui sera peut-être plus fade, ne salez pas avant la cuisson, vous pourrez le faire ensuite). Enlevez le poulet lorsqu'il est cuit, dressez-le sur le plat de service, arrosez avec un jus de citron. On sert le poulet en plat principal du repas à la suite du potage.

Pour la soupe, amenez le bouillon de poulet à ébullition et retirez-le du feu. Brisez le pain azyme en tout petits morceaux que vous jetez dans le bouillon. Cassez les œufs, réservez les blancs, battez les jaunes jusqu'à ce qu'ils blanchissent puis mélangez au fouet avec le jus de deux citrons. Progressivement, en remuant sans cesse, ajoutez des cuillerées de bouillon chaud dans le mélange œuf-citron jusqu'à ce qu'il atteigne approximativement la température du bouillon. Reversez le tout dans le potage et remuez bien.

Dans un autre saladier, fouettez les blancs pour les rendre mousseux, mais sans les monter en neige ferme. Versez dans le potage, mélangez bien et ajoutez le persil. Servez ce consommé en entrée, suivi du poulet bouilli. Pour 4 personnes.

Lorsque cette soupe ne contient pas de pain azyme, on l'appelle *gaïna en salsa kon huevos y limon.* Suivez les indications ci-dessus en ajoutant 2 oignons au bouillon. D'habitude, on sert ce potage tiède.

Soupa paskalini eshkenazitiki — Potage ashkénaze de Pessah

Cette recette de potage ashkénaze, comme son nom l'indique, est probablement apparue à Ioannina depuis peu. Sans doute possible, il y a eu des Juifs ashkénazes en Grèce. Ils furent nombreux à arriver pendant les persécutions de Pologne et d'autres pays européens au XVIIe siècle, s'installant à Salonique, dans certaines îles et à Edirne. Au XVIIe siècle, Patras abritait de nombreuses familles au nom ashkénaze. Il n'y en avait pas à Ioannina, excepté, peut-être, les Roussos. Quoi qu'il en soit, la survivance d'une recette ashkénaze est rare, puisque presque tous les Juifs d'Europe qui s'installèrent dans l'Empire ottoman, relativement calme et stable, adoptèrent très vite le rituel religieux (minhag) des Séfarades, aussi bien que leurs costumes et leurs coutumes.

2 œufs
1/2 tasse de semoule de pain azyme
sel, poivre
4 tasses de bouillon de poulet
2 cuillers à soupe de persil
2 cuillers à soupe de d'huile d'olive

Battez les œufs en mousse avec l'huile d'olive. Ajoutez la semoule de pain azyme, salez, poivrez. Mettez au bain-marie frémissant. Laissez cuire 30 mn, jusqu'à ce que le mélange prenne la consistance d'une pâte moyennement épaisse, en remuant de temps en temps. Retirez du feu et laissez refroidir.

Dans un faitout, mettez le bouillon à frémir doucement. Prenez des morceaux de pâte refroidie, à peu près de la taille d'un œuf de poulette, et donnez-leur la forme de petites boules que vous jetez au fur et à mesure dans le bouillon frémissant. Lorsque toutes sont faites, laissez mijoter à couvert pendant 30 mn environ, à feu très doux. Juste avant de servir, retirez du feu et garnissez de persil haché.

Ce potage doit être servi immédiatement, car les boulettes de pain azyme ont tendance à se désagréger si on les fait attendre. Pour 4 personnes.

Endjinares — Artichauts au citron

Drama

En Grèce, l'artichaut est un légume de saison qui apparaît à la fin de l'hiver et au printemps. On le trouve très couramment sur la table à Pessah.

8 artichauts
3 beaux citrons
2 cuillers à soupe de miel
1/4 de tasse d'huile d'olive
1 tasse 1/2 d'eau
sel, poivre
aneth frais, haché (facultatif)

Retirez avec précaution les feuilles de chaque artichaut jusqu'au cœur. Laissez environ 5 cm de tige. Enlevez le foin et coupez les cœurs en deux. Placez les artichauts dans un grand plat, les cœurs en dessous, et arrosez-les du jus d'un citron. Laissez macérer pendant 10 mn environ. Disposez les artichauts dans une grande cocotte, les tiges en l'air. Versez l'eau en prenant soin de ne pas les déplacer. Ajoutez ensuite le miel, le jus des citrons restants, l'huile d'olive, salez et poivrez à volonté. Dans certains foyers, on ajoute aussi de l'aneth. À couvert, faites mijoter les artichauts pendant une heure environ sur feu très doux, jusqu'à ce qu'ils soient tendres. Cuisinés ainsi ils sont traditionnellement servis froids. Pour 4 personnes.

Dans une variante de Salonique, on accommode les artichauts de la même manière mais sans les effeuiller jusqu'au cœur. Les feuilles intérieures sont coupées aux ciseaux, ce qui reste est donc entièrement comestible et tendre. Lorsqu'on procède ainsi, on compte un artichaut par personne.

Peshe en saltsa I — Poisson en sauce à la rhubarbe

Rhodes

Un petit conseil de prudence. Certaines autorités rabbiniques interdisent de consommer l'espadon puisqu'il n'a pas d'écailles. D'autres, toutefois, l'autorisent car il possède des écailles pendant les six premiers mois de sa vie. Si vous avez des doutes à ce sujet consultez votre rabbin. Le saumon ou toute autre darne de grand poisson peut remplacer l'espadon.

900 g de darnes d'espadon
450 g de rhubarbe
3 tasses d'eau
900 g de tomates
1 tasse de vin rouge
2 cuillers à soupe d'huile d'olive
1 cuiller à soupe de miel
2 citrons
sel, poivre

Lavez la rhubarbe, débarrassez-la de ses filaments filandreux et coupez-la en tronçons de 2,5 cm. Faites frémir 3 tasses d'eau, plongez la rhubarbe dedans et faites cuire à feu doux jusqu'à ce qu'elle soit tendre.

Pelez et écrasez les tomates. Dans une poêle, faites-les fondre dans 2 cuillers à soupe d'huile d'olive, laissez réduire en sauce épaisse. Ajoutez le vin rouge, délayez dedans le miel et un filet d'huile d'olive, salez et poivrez. Versez cette sauce dans la rhubarbe et mélangez bien. Laissez mijoter à feu doux pour obtenir une sauce onctueuse nappant la cuiller en bois, ce qui demande 20 à 30 mn.

Faites chauffer un peu d'huile d'olive dans une poêle. Posez les darnes de poisson, faites-les dorer légèrement des deux côtés. Recouvrez avec la sauce. Couvrez hermétiquement. Laissez mijoter pendant 15 à 20 mn. Retirez les darnes avec précaution et déposez-les sur le plat de service. Nappez de sauce, arrosez avec le jus des 2 citrons. Traditionnellement, on sert ce plat froid. Pour 4 à 6 personnes.

Peshe en saltsa II — Filets de poisson à la sauce aux noix

Salonique

Cette recette, de même que la suivante, faisait jadis le délice quotidien des Juifs de Salonique, pendant Pessah. On préférait pour ce plat le *sazan* ou carpe ; on la pêchait dans un lac tout proche, connu chez les Juifs sous le nom de *Goyvasidi*. Ce nom est intéressant : il n'avait pas de rapport avec les *goïm*, ou gentils, mais c'était une déformation en judéo-espagnol d'*Agios Vasilios*, ou Saint-Basile, nom grec du lac. Si vous ne pouvez vous procurer de carpe, substituez-lui de beaux filets d'un autre poisson

6 beaux filets de poisson
2 œufs
1 tasse 1/2 de semoule de pain azyme
(une moitié pour paner le poisson, l'autre pour la sauce)
1/2 tasse de vinaigre de vin
1/4 de tasse d'eau
1 tasse de noix hachées menu
4 cuillers à soupe d'huile d'olive
sel, poivre

Plongez chaque filet dans l'œuf battu puis enrobez-le de semoule de pain azyme, que vous aurez salée et poivrée. Faites bien dorer sur chaque face dans 3 cuillers à soupe d'huile d'olive. Réservez le poisson.

Versez le vinaigre et l'eau dans la poêle ainsi que le reste de semoule de pain azyme avec 1 cuiller à soupe d'huile d'olive. Faites cuire à petit feu pendant 10 à 15 mn, pour obtenir une sauce légère. Déposez délicatement les filets dans la sauce. Couvrez hermétiquement. Faites mijoter pendant 15 mn. Disposez les filets sur le plat de service. Nappez de sauce, parsemez généreusement de noix hachées. Pour 6 personnes

Peshe en saltsa III — Croquettes de poisson, sauce aux noix

Salonique

On réalisait cette recette aussi avec le sazan ou carpe. Si ce n'est pas possible, le bar (ou loup), l'églefin ou le cabillaud peuvent la remplacer. La sauce ressemble beaucoup à la précédente. On trouve une sauce très différente pour la carpe, également aux noix, dans la recette du *sazan en saltsa*, p. 238.

900 g de poisson
semoule de pain azyme pour paner le poisson
1 œuf
1/2 tasse de vinaigre de vin, ou de vin blanc (ou d'eau)
1/2 tasse de semoule de pain azyme
1/2 tasse de noix hachées menu
sel, poivre
huile d'olive pour la friture
noix supplémentaires pour la garniture

Débarrassez soigneusement le poisson de ses arêtes, coupez-le en gros morceaux. Écrasez-les avec une fourchette, enlevez autant d'eau que possible. Prenez de petites portions de poisson, compressez-le en croquettes de 5 cm de diamètre environ. Roulez-les dans la semoule de pain azyme puis dans l'œuf battu. Faites chauffer 5 cm d'huile d'olive dans une grande poêle profonde. Au fur et à mesure que les croquettes sont prêtes, jetez-les dans l'huile très chaude et faites-les dorer. Retirez et égouttez.

Dans une casserole suffisamment grande pour contenir toutes les croquettes, amenez à ébullition le vinaigre (ou le vin, ou l'eau), la semoule de pain azyme et les noix, sel et poivre. Baissez le feu, pour que la sauce soit juste frémissante. Immergez alors délicatement les croquettes dans la sauce et faites mijoter environ 15 mn. Mettez-les dans un grand plat de service, nappez de sauce et parsemez généreusement de noix hachées. Servez chaud ou froid. Pour 20 croquettes, environ.

Megina — Bœuf en casserole au pain azyme

Rhodes

1 gros oignon
900 g de bœuf ou de veau haché
1 tasse d'aneth et de persil frais, hachés
10 œufs
10 plaques entières de pain azyme
2 cuillers à soupe d'huile d'olive
sel, poivre

Faites revenir l'oignon haché menu dans une cuillerée à soupe d'huile d'olive jusqu'à ce qu'il soit transparent. Ajoutez le bœuf haché. Faites-le revenir à petit feu en remuant de temps en temps afin de désagréger la viande. Lorsqu'elle est bien dorée, ajoutez l'aneth et le persil. Retirez du feu immédiatement. Battez 5 œufs, incorporez-les à la préparation de viande.

Faites tremper les pains azymes dans l'eau jusqu'à ce qu'ils soient tendres et flexibles sans être gorgés d'eau. Séchez-les entre deux torchons. Battez les 5 œufs restants et versez-les dans une grande assiette. Huilez abondamment un moule à gâteau de 25 x 35 cm assez profond. Chemisez-en le fond avec les 5 pains azymes que vous aurez plongés avec précaution dans les œufs battus. Puis, toujours délicatement, versez l'appareil viande-œufs battus sur les pains azymes. Salez et poivrez largement. Ajoutez 2 cuillers à soupe d'huile d'olive dans les œufs battus restant. Plongez-y 5 pains azymes et recouvrez-en la viande. Nappez du reste des œufs.

Mettez à four chaud, chauffé 15 mn d'avance (6 au thermostat ou 210 à 220°) pendant 30 à 40 mn, jusqu'à ce qu'une belle croûte dorée se forme. Donne environ 12 parts.

Nugada — Croquettes de viande sauce au vin

Komotini

À la base de cette recette, une petite boulette de viande appelée *kiftika* en judéo-espagnol, nom qui provient du turc *köfte*. En Grèce on les appelle *keftes*. Dans tous les cas, la viande est mélangée avec des ingrédients différents, ce qui donne de nombreuses variantes. Les unes sont simplement frites tandis que d'autres sont cuites en sauce. Voir aussi le chapitre viandes et volailles, p. 241.

450 g de veau ou de bœuf haché
1/4 de tasse de semoule de pain azyme
1 oignon moyen, haché très fin
1 œuf
1/2 tasse de persil
sel, poivre
4 cuillers à soupe d'huile d'olive
1/2 tasse de vin rouge
1/2 tasse de noix hachées menu
1 cuiller à soupe supplémentaire de semoule de pain azyme

Dans un grand saladier, mettez la viande, la semoule de pain azyme, l'oignon, l'œuf, 1/4 de tasse de persil, le sel et le poivre. Pétrissez à la main jusqu'à ce que le mélange soit parfait. Prenez-en de petites portions auxquelles vous donnez la forme de croquettes allongées de la taille d'un œuf. Aplatissez-les légèrement.

Faites chauffer l'huile d'olive dans une grande poêle. Saisissez les croquettes à feu relativement vif. Dès qu'elles sont bien dorées, réduisez le feu et versez le vin. Toujours à tout petit feu, ajoutez les noix, la cuiller à soupe supplémentaire de semoule de pain azyme, l'autre quart de tasse de persil. Rectifiez l'assaisonnement à votre goût. Couvrez bien. Faites mijoter à tout petit feu (la sauce doit juste frémir) en remuant de temps à autre, jusqu'à ce que la sauce soit épaisse et veloutée. Donne une quinzaine de kiftikas en sauce.

Pikantinio — Fritada à la viande

Corfou

La recette suivante, de même que plusieurs autres recettes de Chavouoth, sont généralement appelées *fritadas* en judéo-espagnol. En fait, ces mets ne sont ni de véritables soufflés ni de vraies fritadas. Les soufflés sont beaucoup plus légers et les fritadas sont traditionnellement cuites dans deux casseroles, d'abord frites dans l'une puis retournées dans la seconde où l'autre côté cuit. Voir aussi le chapitre des fritadas, p. 295.

700 g de bœuf, veau ou mouton, haché
1 tasse d'huile d'olive
1/2 tasse de pignons
1 cuiller à soupe de semoule de pain azyme
12 œufs
sel, poivre

Faites chauffer l'huile d'olive dans un grand faitout profond. Mettez la viande hachée, salez et poivrez. Faites revenir à feu moyen jusqu'à ce que la viande soit bien dorée. Ajoutez les pignons et laissez cuire encore 5 mn. Hors du feu, ajoutez la semoule de pain azyme et mélangez.

Battez les jaunes jusqu'à ce qu'ils blanchissent. Montez les blancs en neige pas très ferme. Incorporez les blancs aux jaunes puis le tout à la viande, en mélangeant bien. Versez dans un moule profond largement huilé. Mettez à four bien chaud, chauffé 15 mn d'avance (7 au thermostat ou 230°) pendant 5 mn. Réduisez alors la chaleur à 170° (4-5 au thermostat). Laissez cuire pendant 30 à 45 mn, jusqu'à ce que le dessus soit bien doré et croustillant. On sert ce plat chaud ou froid. Pour 6 personnes.

Mina de kodrero — Tourte à l'agneau et à la laitue

Izmir, Athènes

900 g d'épaule d'agneau
1/2 tasse de semoule de pain azyme
2 romaines hachées
5 oignons nouveaux, avec une grande partie de leurs feuilles vertes, le tout haché
3 œufs
1/4 de tasse d'aneth frais, haché menu
8 pains azymes
sel, poivre

Découpez la viande en morceaux plutôt gros, os inclus. Mettez-les dans une grande terrine épaisse à couvercle, en terre cuite de préférence. Mélangez la semoule de pain azyme et un peu d'eau afin d'obtenir une pâte très collante. Collez cette pâte tout autour du bord de la terrine, posez le couvercle par-dessus pour le sceller. Mettez à four moyen, chauffé 15 mn d'avance (5 au thermostat ou 180°) pendant 2 heures.

Sortez la terrine du four et, en vous gardant de la vapeur brûlante qui s'échappe, descellez le couvercle en ôtant le cordon de pâte. La viande doit être très tendre et il doit y avoir un jus abondant dans la marmite. Réservez-le.

Détachez la viande des os. Mélangez-la intimement avec le hachis d'oignons et de laitue, l'aneth et à peu près les 2/3 des œufs battus. Salez et poivrez à volonté.

Faites tremper les 8 pains azymes dans l'eau jusqu'à ce qu'ils soient tendres et souples. Séchez-les entre deux torchons. Chemisez le fond d'une tourtière bien huilée avec 4 pains azymes. Versez dessus la mixture de viande et d'œufs. Posez par-dessus les 4 pains azymes qui restent. Arrosez avec le jus de cuisson de la viande, et, en filet mince, faites couler le reste des œufs battus. Mettez à four bien chaud, chauffé 15 mn d'avance (6-7 au thermostat ou 200 à 220°) pendant 10 mn. Réduisez ensuite à 180° (thermostat 5). Laissez cuire jusqu'à ce que le dessus soit bien doré, environ 30 mn. Servez aussi bien chaud que froid. Pour 4 à 6 personnes.

Lahan — Terrine d'agneau aux épinards

Ioannina

De même que, dans la recette précédente de *mina*, l'ingrédient de base du *lahan* est l'agneau rôti. Traditionnellement, le légume utilisé était le xynolahano, comme dans la recette de Chabbat du batsaria, p. 50, provenant elle aussi de Ioannina. Les épinards, la chicorée ou tout autre légume vert légèrement amer peuvent servir de substitut.

4 tasses d'agneau rôti, en morceaux
700 g d'épinards lavés, égouttés et hachés
10 cuillers à soupe de semoule de pain azyme
5 œufs
1/2 tasse de jus de cuisson du rôti
sel, poivre

Huilez le fond d'un plat à four profond. Dans un grand saladier, humectez la semoule de pain azyme avec un peu d'eau. Ajoutez les épinards hachés et les œufs battus, mélangez bien. Salez et poivrez à volonté.

Versez cet appareil dans le plat à four. Enfoncez-y les morceaux d'agneau. Arrosez avec le jus du rôti. Mettez à four moyen, chauffé 15 mn d'avance (5-6 au thermostat ou 180 à 200°) pendant 30 mn environ pour que le dessus dore joliment. Pour 4 à 6 parts.

Pastel de Pessah — Tourte à la fressure d'agneau

Trikala

Cette recette ainsi que les recettes de viande suivantes sont extrêmement caractéristiques de la cuisine juive grecque de Pessah, tant elles répondent à l'injonction de la Tora :

> Et l'on en mangera la chair cette même nuit ; on la mangera rôtie au feu, et accompagnée d'azymes et d'herbes amères.
> Ne mangez rien qui soit à demi cuit, ou bouilli dans l'eau, mais seulement rôti au feu, la tête avec les jarrets et les entrailles.
> Vous ne laisserez rien pour le matin.
>
> Exode 12, 8-11.

Chez les Chrétiens grecs, cette règle est appliquée à la lettre, si bien que l'agneau entier est rôti, tête comprise, lors des Pâques chrétiennes. Les viscères sont servis d'abord, sous forme de soupe substantielle, pour rompre le jeûne de Carême. En Grèce, les agneaux de Pessah ou de Pâques sont très jeunes et encore nourris au lait, aussi les intestins ne contiennent-ils presque rien de repoussant et se nettoient-ils facilement.

la fressure et les rognons d'un agneau de lait
2 oignons moyens, hachés menu
1/2 tasse de câpres
1/2 tasse d'aneth frais, haché menu
10 œufs
sel, poivre
8 à 10 matsoth
huile d'olive

Ôtez toute la graisse des abats. Coupez le cœur pour l'ouvrir. Lavez l'intérieur à fond. Piquez le foie. Passez-le directement à la flamme ou bien faites-le frire à la poêle avec un peu d'huile d'olive. Passez la viande et les oignons à la moulinette à gros trous. Mettez le tout dans un grand saladier, ajoutez les câpres, l'aneth, salez et poivrez.

Séparez les blancs des jaunes. Battez les jaunes en crème et les blancs en neige plutôt ferme. Ajoutez les jaunes à la viande et mélangez bien. Incorporez les blancs.

Mettez plusieurs matsoth à tremper dans l'eau jusqu'à ce qu'elles soient souples. Enduisez soigneusement d'huile 3 ou 4 d'entre elles au pinceau. Garnissez-en le fond d'un grand plat à four d'environ 25 x 35 cm. Les matsoth du commerce mesurent environ 16 x 18 cm. Pour tapisser entièrement le fond de votre moule, cassez des matsoth supplémentaires si nécessaire et disposez-les de manière à avoir 2 (ou mieux 3) couches. Versez le mélange de viande sur la dernière couche de matsoth. Arrosez d'un filet d'huile d'olive et recouvrez de 2 couches de matsoth. Au pinceau, enduisez soigneusement d'huile d'olive. Mettez à four moyen, chauffé 15 mn d'avance (5 au thermostat ou 180°) pendant 45 mn à 1 heure, jusqu'à ce que le dessus soit bien doré. Pour 6 personnes.

Pita paskalini — Tourte de Pessah à l'agneau

Ioannina

Cette recette est la version naniote (de Ioannina) de la précédente.

- la fressure, les rognons et les tripes d'un agneau de lait
- 1 tasse d'huile d'olive
- 1 tasse d'eau
- 1 tasse 1/2 ou plus de semoule de pain azyme
- 2 œufs battus
- 2 huevos haminados, hachés menu (voir p. 42)
- sel, poivre
- 3/4 de tasse d'oignons nouveaux et d'aneth frais, hachés menu (facultatif)

Nettoyez la fressure, les rognons et les tripes minutieusement. On doit laver l'extérieur des tripes, les retourner et les laver à nouveau. Pour les retourner sans peine, glissez un crayon dans l'ouverture et enroulez l'intestin en arrière sur le crayon. Vous pouvez aussi le couper sur toute sa longueur à l'aide de ciseaux avant de le laver.

Hachez la fressure, les rognons et les tripes en tout petits morceaux que vous faites revenir dans un peu d'huile d'olive. Si vous aimez l'aneth et l'oignon, ajoutez-les vers la fin de la cuisson. Assaisonnez de haut goût. Réservez.

Pour la pâte, mettez l'huile d'olive et l'eau à bouillir dans une grande casserole. Retirez du feu, ajoutez immédiatement la semoule de pain azyme, les œufs battus, sel et poivre. Mélangez bien à la cuiller en bois jusqu'à obtention d'une pâte molle. Disposez-la sur une planche que vous aurez largement saupoudrée de semoule de pain azyme.

Pétrissez pendant 4 à 5 mn. Faites deux parts de cette pâte, l'une légèrement plus grosse que l'autre. Abaissez chacune d'elles au rouleau sur 6 mm d'épaisseur environ. Prenez un moule à tourte de 30 cm, ou un moule à gâteau. Garnissez le fond avec la plus grande de ces abaisses. Elle doit dépasser du moule. Versez le mélange de viande sur ce fond et parsemez le dessus avec le hachis de huevos haminados. Recouvrez avec la petite abaisse et pincez fortement les bords pour fermer hermétiquement.

Badigeonnez le dessus d'huile d'olive et, à l'aide d'un couteau, tracez deux ou trois entailles en diagonale.

Mettez à four moyen, chauffé 15 mn d'avance (5 au thermostat ou 180°) pendant 45 mn, la tourte doit prendre une belle couleur dorée. On sert ce plat aussi bien froid que chaud. Pour 4 à 6 personnes.

Sfongato

Ragoût de fressure d'agneau aux épinards et au pain azyme

Hania

la fressure et les rognons d'un agneau de lait
350 g de bœuf ou d'agneau haché
4 cuillers à soupe d'huile d'olive
10 oignons nouveaux et la plus grande partie de leurs feuilles vertes, le tout haché

225 g d'épinards, lavés et hachés menu
3 cuillers à soupe d'aneth et de persil frais, hachés menu
3 cuillers à soupe de semoule de pain azyme
8 œufs
sel, poivre
semoule de pain azyme supplémentaire
3 citrons
3 huevos haminados, hachés menu (voir p. 42)

Nettoyez le cœur soigneusement. Piquez le foie avec un couteau et faites-le frire à la poêle avec le cœur et un peu d'huile d'olive. Hachez tous les abats en très petits morceaux. Mélangez-les intimement à la viande hachée. Dans une grande poêle faites sauter les oignons avec un peu d'huile d'olive jusqu'à ce qu'ils soient transparents. Ajoutez les épinards, remuez pendant 2 ou 3 mn. Mettez alors le persil et l'aneth, la semoule de pain azyme, salez et poivrez. Mélangez à fond et ajoutez les œufs entiers, l'un après l'autre. Retirez du feu immédiatement après avoir incorporé tous les œufs.

Huilez le fond d'un grand plat à four de 25 x 35 cm, tapissez-le de semoule de pain azyme sur un bon centimètre et arrosez généreusement d'huile d'olive. Versez avec précaution le mélange de viande dans le plat, arrosez d'huile d'olive. Mettez à four moyen, chauffé 15 mn d'avance (5 au thermostat ou 180°) pendant 45 mn environ jusqu'à ce que le *sfongato* soit bien doré. Sortez-le du four, arrosez-le avec le jus des 3 citrons et parsemez avec les haminados hachés. On sert ce sfongato chaud ou froid. Pour 6 personnes.

Bunikitas — Croquettes de fressure d'agneau

Salonique

la fressure, les rognons et les tripes d'un agneau de lait
3 citrons
4 cuillers à soupe d'huile d'olive
$^1/_2$ tasse de noix hachées
3 cuillers à soupe d'aneth frais, haché menu
sel, poivre

Nettoyez la fressure à fond. Réservez les tripes. Ouvrez le cœur, piquez le foie puis saisissez-les dans un peu d'huile d'olive. Passez toutes les viandes au moulin à gros trous. Salez, poivrez et mélangez.

Pour nettoyer les tripes, suivez les indications de la tourte à l'agneau de Pessah données ci-dessus. Ouvrir l'intestin en l'incisant en facilite le nettoyage et l'utilisation dans cette recette. Traditionnellement, on ne commence pas par couper l'intestin. On le retourne, on le lave, on le retourne à nouveau, la peau lisse de l'extérieur visible. Lorsqu'il est nettoyé, coupez-le en morceaux de 35 cm de long.

Prenez une cuiller à soupe de mélange de viandes et donnez à ce mélange 8 cm de longueur. Avec précaution, enveloppez la viande dans un morceau de tripe en vous assurant que vous fermez bien les extrémités. Placez les rouleaux les uns contre les autres dans un poêlon en terre. Lorsque le fond est recouvert, commencez une nouvelle couche.

Dans un grand saladier, battez l'huile avec les 3 jus de citron. Ajoutez les noix, l'aneth, le sel, le poivre et suffisamment d'eau pour alléger la sauce (certaines personnes ajoutent du vinaigre de vin à la place de l'eau). Versez délicatement la sauce sur la viande (s'il n'y en a pas assez, ajoutez de l'eau juste pour couvrir la viande). Faites mijoter à feu doux, bien couvert, pendant 45 mn environ, jusqu'à ce que tout le liquide ait été absorbé. Servir froid ou chaud.

Donne une vingtaine de croquettes environ.

Armiko — Fressure d'agneau à l'oignon

Larissa

la fressure et les rognons d'un agneau de lait
4 cuillers à soupe d'huile d'olive
450 g d'oignons nouveaux avec leurs tiges vertes, hachés menu
$^1/_2$ tasse de persil et d'aneth frais, hachés menu
sel, poivre
$^1/_2$ tasse de noix, hachées menu ou $^1/_2$ tasse de semoule de pain azyme

Piquez le foie avec un couteau, ouvrez le cœur et faites-les raidir ensemble dans un peu d'huile d'olive chaude pendant quelques minutes. Hachez-les avec les poumons et les rognons en vous servant d'un hachoir à gros trous.

Faites chauffer 4 cuillers à soupe d'huile d'olive dans une grande cocotte épaisse et faites revenir les oignons jusqu'à ce qu'ils soient transparents. Ajoutez la viande, l'aneth, le persil, salez et poivrez. Remuez bien et laissez revenir doucement pendant 15 mn. Mouillez alors avec un peu d'eau. Laissez cuire jusqu'à ce que la viande soit très tendre. Retirez du feu, disposez dans le plat de service et parsemez de noix hachées. On sert ce plat chaud ou froid. Pour 4 à 6 personnes.

Pour varier cette recette, nettoyez et faites cuire la viande comme ci-dessus. Enduisez le fond d'un plat à four assez profond avec de l'huile d'olive et parsemez-le de noix et de semoule de pain azyme. Versez le mélange de viandes par-dessus, parsemez de noix hachées (1/2 tasse supplémentaire). Arrosez généreusement d'huile d'olive. Mettez à four moyen, chauffé 15 mn d'avance (5 au thermostat ou 180°) pendant 45 mn environ, jusqu'à obtention d'une belle couleur dorée. Servir très chaud ou froid.

Pasteli — Tourte de fressure d'agneau aux œufs

Komotini

- 2 foies, le cœur, les poumons, les rognons et les ris d'un jeune agneau
- 2 tasses de viande d'agneau bouillie, coupée en morceaux
- 1 tasse de bouillon d'agneau
- 2 à 3 cuillers à soupe de semoule de pain azyme
- 3 ou 4 pains azymes
- 13 œufs
- 3 cuillers à soupe d'huile d'olive
- sel, poivre

Lavez bien le cœur, les poumons et les rognons. Ouvrez le cœur, piquez le foie avec un couteau. Faites-les raidir ensemble à feu vif pendant quelques minutes. Hachez très fin toutes les viandes et mettez-les dans un grand bol avec l'agneau bouilli et le bouillon. Assaisonnez de haut goût. Battez 10 œufs et incorporez-les au mélange à l'aide d'une cuiller en bois.

Huilez le fond et les côtés d'un moule profond de 25 x 35 cm. Mettez-le à feu vif jusqu'à ce qu'il soit très chaud. Retirez du feu et répartissez immédiatement la semoule de pain azyme de façon à garnir entièrement les côtés et le fond du moule. Laissez refroidir. Ensuite, avec précaution, versez le hachis de viande et œufs. Placez dessus les matsoth imbibées d'eau puis les 3 œufs restants, battus en crème. Salez et poivrez. Mettez à four moyen, chauffé 15 mn d'avance (5 au thermostat ou 180°) pendant 45 mn jusqu'à ce que le dessus soit doré. Pour 8 personnes.

Poyo en saltsa blanko — Poulet à la sauce œuf-citron

Salonique

1 poulet de 1,3 à 1,8 kg environ
2 oignons moyens
3 pains azymes
2 œufs
1 cuiller à soupe de semoule de pain azyme
2 citrons
2 gousses d'ail
1 cuiller à soupe de vinaigre de vin
1 cuiller à soupe de persil haché
sel, poivre

Dans une grande cocotte, couvrez tout juste d'eau le poulet et amenez à ébullition. Baissez le feu, laissez cuire 10 mn. Écumez. Ajoutez les oignons, hachés menu. Salez et poivrez. Faites mijoter bien couvert pendant environ une heure, ou jusqu'à ce que le poulet soit très tendre. Retirez alors le poulet, enlevez délicatement la peau et détachez la viande des os en gros morceaux.

Placez les matsoth dans un grand plat de service. Arrosez-les avec suffisamment de bouillon pour les mouiller et les rendre bien moelleuses. Lorsqu'elles ont absorbé tout le liquide, disposez les morceaux de poulet dessus.

Placez les œufs au bain-marie frémissant et battez-les en crème. Ajoutez la semoule de pain azyme, les jus de citron, l'ail écrasé, le vinaigre. Salez et poivrez. Remettez sur le feu sans cesser de tourner. Le liquide réduit et devient une crème plutôt épaisse. Ajoutez suffisamment de bouillon de poulet pour l'allonger et obtenir la consistance d'une sauce crémeuse. Versez-la sur le poulet. Parsemez de persil. Se sert froid ou très chaud. Pour 4 à 6 personnes.

Kotopoulo psito — Poulet farci rôti

Ioannina

1 gros poulet à rôtir
1 tasse de semoule de pain azyme
vin blanc
3 œufs
2 cuillers à soupe de noix, hachées menu
2 tasses de raisins de Corinthe
2 cuillers à soupe d'huile d'olive
1 jus de citron
sel, poivre
1/2 tasse d'amandes mondées, hachées menu

Nettoyez bien le poulet. Réservez le foie, le gésier et le cœur. Saisissez le foie quelques minutes dans une poêle avec un peu d'huile d'olive. Hachez le foie, le gésier et le cœur en tout petits morceaux. Coupez le cou en prenant soin de ne pas crever la peau.

Mélangez la semoule de pain azyme avec un peu de vin blanc, ajoutez alors les œufs battus, les noix, les raisins de Corinthe et le hachis. Mélangez bien, salez et poivrez à volonté. Incorporez 2 cuillers à soupe d'huile d'olive.

Fourrez de cette farce, avec soin, le cou et le corps du poulet. Cousez les ouvertures. Frottez-le d'huile d'olive, ajoutez du jus de citron, salez, poivrez. Mettez le poulet dans un plat à rôtir avec $1/4$ de tasse de vin blanc. Réservez le restant de farce.

Mettez à four moyen, chauffé 15 mn d'avance (4-5 au thermostat ou 170°) pendant environ 1 heure 30, en arrosant de temps en temps. Lorsque le poulet est tendre, remontez la température du four à 180°, thermostat 5-6. Disposez le reste de la farce autour de la volaille et versez encore un peu de vin dans le plat (arrosez aussi le poulet). Remettez au four et laissez cuire jusqu'à ce qu'il soit doré. Avant de servir, parsemez d'amandes hachées. On peut aussi ajouter les amandes pendant la deuxième cuisson pour qu'elles dorent avec le poulet. Pour 4 à 6 personnes.

Kiftikas de poyo — Croquettes de poulet

Salonique

4 beaux blancs de poulet
1 oignon moyen, haché menu
225 g de bœuf haché
$1/2$ tasse de semoule de pain azyme
3 œufs
2 cuillers à soupe d'aneth frais, haché menu
2 cuillers à soupe d'huile d'olive
sel, poivre

Faites pocher les blancs dans très peu d'eau jusqu'à ce que la viande soit très tendre. Hachez la viande et l'oignon au moulin à gros trous puis mélangez avec le bœuf, la semoule de pain azyme, les œufs et l'aneth dans un grand saladier. Salez et poivrez.

Prélevez dans ce mélange des croquettes de la taille d'un œuf. Donnez-leur une forme ronde, un peu aplatie. Faites-les revenir sans hâte à l'huile d'olive pour qu'elles dorent de tous les côtés. Servez chaud ou froid. Pour 15 à 20 croquettes.

Tyropita — Tourte au fromage et à l'aneth

Hania

Cette recette et la suivante, *pastel de kezo,* en provenance de Salonique, sont très proches. À Salonique, les graines de sésame remplacent l'aneth et la menthe. En Crète, la tourte était confectionnée avec la *mezithra,* un fromage de chèvre sans sel, un des fleurons de l'île. Si on n'a pas de mezithra, on utilise en général un mélange à parts égales de *feta* et de parmesan râpé. On peut aussi utiliser du fromage frais doux sans sel.

450 g de mezithra, ou 225 g de feta écrasée et 225 g de parmesan râpé
1/4 de tasse d'huile d'olive
1/2 tasse d'aneth frais, haché menu et / ou
4 cuillers à soupe de menthe fraîche hachée menu
5 œufs
des matsoth, humectées à l'avance (voir p. 108), en nombre suffisant pour garnir un moule sur 4 couches
sel, poivre

Mélangez les fromages dans un grand saladier. Ajoutez l'huile d'olive, l'aneth et/ou la menthe. Battez les jaunes d'œufs en crème. Montez les blancs en neige plutôt ferme. Mélangez les jaunes au fromage, salez et poivrez, incorporez ensuite les blancs.

Garnissez le fond d'un plat à four de 25 x 35 cm, profond, avec une couche de matsoth, arrosez d'huile d'olive avant de placer une seconde couche. Répandez le mélange de fromages sur cette dernière, recouvrez de deux autres couches de matsoth en arrosant chacune d'huile d'olive. Mettez à four chaud, chauffé 15 mn d'avance (5-6 au thermostat ou 200°) pendant 30 à 45 mn jusqu'à ce que la tourte soit bien dorée. Servez chaud ou froid. Pour 4 à 6 personnes.

Pastel de kezo

Tourte de fromage frais au sésame

Salonique

matsoth
5 œufs
700 g de fromage frais
$^1/_2$ tasse de beurre doux, fondu
2 cuillers à soupe de graines de sésame
sel, poivre

Faites tremper les matsoth dans le lait jusqu'à ce qu'elles deviennent souples.

Battez les œufs en omelette crémeuse et mélangez-les bien au fromage. Salez et poivrez à volonté. Montez et faites cuire la tourte selon les indications de la recette précédente de *tyropita,* en enduisant les pains azymes de beurre à la place d'huile d'olive. Parsemez de graines de sésame avant de passer au four. Pour 4 à 6 personnes.

Spanakopita yia Pessah

Tourte aux épinards de Pessah

Zakynthos

La recette suivante est identique à celles des communautés romaniotes de Hania en Crète, de Corfou et de Lefkada. Ce n'est pas pour nous surprendre, ces communautés ayant été unies sous la houlette des Vénitiens pendant leur occupation de la Grèce de l'Ouest, jusqu'à la fin du XVIIe siècle. Même après, les Juifs de Zakynthos restèrent associés si étroitement à ceux de Crète qu'on trouvait à Zakynthos une synagogue à l'usage des Juifs de Hania, et une à Hania pour les Juifs de Zakynthos.

1,3 kg d'épinards frais
aneth frais, un beau bouquet soit 225 g environ
4 oignons nouveaux avec leurs feuilles vertes
$^1/_2$ tasse d'huile d'olive
6 tasses de semoule de pain azyme

15 œufs
2 citrons
sel, poivre
matsoth supplémentaires, brisées en petits morceaux

Nettoyez bien les épinards et passez-les, avec l'aneth et les oignons, au moulin à gros trous. Vous pouvez aussi hacher le tout finement. Dans une poêle épaisse faites chauffer l'huile jusqu'à ce qu'elle soit chaude mais non fumante. Versez le mélange d'épinards. Remuez pour qu'il se dessèche tout en s'imprégnant bien d'huile. Versez la semoule de pain azyme. Mélangez. Assaisonnez à volonté. Retirez du feu et versez dans un grand saladier. Battez les œufs avec les jus de citron pour les rendre mousseux, versez dans les épinards. Mélangez bien (en Crète, on séparait les blancs des jaunes, on battait les jaunes avant de les ajouter, puis on incorporait les blancs, montés en neige ferme).

Huilez le fond d'un grand moule profond (25 x 35 cm environ). Émiettez 2 ou 3 matsoth, arrosez d'huile d'olive. Versez avec précaution le mélange d'œufs et d'épinards. Mettez à four moyen, chauffé 15 mn d'avance (5 au thermostat ou 180°) pendant 45 mn environ jusqu'à ce que le dessus soit doré. On sert ce plat aussi bien chaud que froid. Pour 6 à 8 personnes.

Bourekakia — Chaussons au fromage et pain azyme

Hania

Autrefois, en Crète, quand on faisait les matsoth à la main, elles étaient rondes et dures comme de la pierre. Si bien que les *bourekakia* décrites ci-dessous avaient un tout autre aspect. Les matsoth trempaient bien plus longuement qu'il n'est nécessaire de nos jours. Après les avoir assouplies, on déposait en leur centre une bonne cuiller à soupe de farce, puis on pliait le disque en deux et on collait les bords en les pinçant. Sous cette forme, les bourekakia s'apparentaient beaucoup plus au *kalzone* séfarade traditionnel ou à la *skaltsounia* grecque. De nos jours, où l'on se sert des matsoth du commerce, rectangulaires, les bourekakia font plutôt penser à une enveloppe fourrée et aplatie. (Voir dans d'autres recettes à base de fila ou de pâte faite à la maison la composition de diverses garnitures p. 306.)

Dans certaines recettes on met du fromage avec des oignons, ou bien du fromage avec des piments rouges hachés menu ou même de la viande. Une recette délicieuse est faite à la fressure d'agneau (on peut utiliser la farce de la *pita paskalini*, p. 100). Si c'est une farce à la viande, les matsoth doivent tremper dans l'eau, non dans le lait.

6 matsoth
225 g de fromage sans sel, genre fromage frais
1/4 de tasse de yaourt, très frais ; celui fait à la maison est le meilleur
1/4 de tasse de menthe fraîche, hachée menu
sel, poivre
3 œufs
huile d'olive, pour la friture

Dans un grand saladier, battez le fromage et le yaourt en un mélange lisse. Ajoutez la menthe, salez et poivrez, mélangez à fond.

Trempez les matsoth dans du lait, jusqu'à ce qu'elles soient souples mais non pâteuses.

Séchez-les entre deux torchons puis coupez-les en quatre. Déposez une cuillerée du mélange de fromages au centre de chaque morceau et rabattez le pain azyme. Faites fortement chauffer 2 à 3 cm d'huile d'olive dans une poêle à frire. Plongez les pains azymes dans les œufs battus, déposez-les délicatement dans l'huile chaude et faites-les frire jusqu'à ce que les 2 côtés soient bien dorés. Pour 24 chaussons.

Polpettes me spanaki — Feuilles d'épinards farcies

Corfou

450 g d'épinards frais à grandes feuilles
225 g de viande hachée (agneau ou bœuf)
225 g d'oignons nouveaux, hachés menu
3 cuillers à soupe d'aneth frais, haché menu
$^{1}/_{2}$ tasse de riz à grain rond
$^{1}/_{2}$ tasse d'huile d'olive
sel, poivre
amandes mondées, grillées, puis hachées menu

Lavez bien les épinards et débarrassez-les de leurs queues. Vous pouvez faire mijoter ces dernières à part dans un peu d'eau jusqu'à ce qu'elles soient tendres puis les servir froides, arrosées d'huile d'olive et d'un filet de citron.

Mettez les feuilles d'épinards quelques minutes dans un saladier d'eau très chaude pour les ramollir. Égouttez à fond.

Dans un grand saladier, mélangez la viande hachée avec les oignons, l'aneth, le riz. Salez et poivrez. Déposez une cuillerée du mélange au centre de chaque feuille d'épinard. Emprisonnez la farce en repliant, et en roulant la feuille, rentrez ses extrémités pour former un petit paquet bien serré. Au fur et à mesure que vous les faites, disposez-les, fermeture en dessous, dans une grande cocotte. Serrez-les les unes contre les autres. Posez dessus une assiette pouvant aller au four, remplissez-la d'eau à ras bord. Ajoutez l'huile d'olive et couvrez la cocotte. Laissez mijoter à feu doux jusqu'à ce que tout le liquide soit absorbé, il faut 30 à 45 mn. Parsemez les *polpettes* d'amandes hachées et servez aussi bien chaud que froid. Pour 4 personnes.

Kiftikas de prassa **Croquettes de poireaux**

Rhodes, Salonique, et la plupart des communautés séfarades

2 beaux poireaux
1 tasse de viande de bœuf hachée
2 œufs
1 huevo hamirado (voir p. 42), ou 1 œuf dur
1 cuiller à soupe de semoule de pain azyme
1/2 tasse d'aneth frais, haché menu
sel, poivre
huile d'olive pour la friture

Lavez les poireaux minutieusement. Hachez-les bien fin avec une bonne partie des feuilles vertes. Laissez fondre dans une casserole, juste couvert d'eau, pendant 20 mn.

Lorsque les poireaux sont tendres, égouttez-les. Mettez-les dans un grand bol, ajoutez la viande, les œufs battus, l'œuf haminado, la semoule de pain azyme et l'aneth. Salez et poivrez, mélangez bien.

Prenez à peu près gros comme un œuf de ce mélange, formez des croquettes aplaties. Jetez dans 2 à 3 cm d'huile d'olive très chaude. Faites bien dorer les deux faces. On sert ces croquettes chaudes ou froides. Pour 4 personnes.

Ravani yia Pessah **Gâteau de Pessah aux amandes**

Ioannina

Les trois gâteaux qui suivent sont des variantes du ravani décrit au chapitre des fêtes de famille, p. 76. Imbibés de sirop, servis froids, ils sont tous plus savoureux après s'être imprégnés pendant 24 heures. Ici, on les a adaptés pour Pessah de manière astucieuse en se servant de fruits secs hachés et de semoule de pain azyme.

10 œufs
7 cuillers à soupe de sucre
1/2 tasse d'amandes mondées et moulues

4 cuillers à soupe de semoule de pain azyme
1 citron
sirop glacé, voir ci-dessous

Préparez d'abord le sirop :

1/2 tasse d'eau, 1/2 tasse de sucre
1/2 cuiller à café de cannelle

Faites bouillir ensemble tous les ingrédients dans une casserole jusqu'à ce que le sirop nappe la cuiller en bois. Laissez bien refroidir.

Pour le gâteau : séparez les blancs des jaunes, battez les jaunes en crème lisse avec le sucre. Incorporez les amandes. Battez les blancs en neige très ferme, incorporez-les au mélange. Ajoutez la semoule de pain azyme et le jus de citron, mélangez progressivement jusqu'à un mélange parfait. Versez dans un moule à gâteau bien huilé ou beurré, de 25 x 35 x 7 cm. Mettez à four moyen, chauffé 15 mn d'avance (5 au thermostat ou 180°) pendant 30 mn. Vérifiez la cuisson avant de retirer le gâteau du four. Le gâteau est cuit lorsque la lame ressort propre et sèche.

Pendant que le ravani est encore bouillant, arrosez-le de sirop refroidi. Pour servir, coupez-le en carrés ou en losanges.

Melachrini — Gâteau brun de Pessah

Ioannina

Ici, l'ordre des opérations est inversé : ce n'est pas le gâteau chaud qui est arrosé de sirop froid mais le gâteau refroidi qu'on imbibe de sirop bouillant. Le résultat est le même, c'est la différence de température entre les deux qui importe, elle permet au gâteau de s'imbiber au maximum de sirop.

8 œufs
7 cuillers à soupe de sucre
1/2 cuiller à café de cannelle
5 cuillers à soupe de semoule de pain azyme
8 cuillers à soupe de noix moulues

1 cuiller à café 1/2 de levure chimique
4 cuillers à soupe de beurre fondu
sirop bouillant, voir ci-dessous

Battez longuement les œufs dans un grand saladier jusqu'à ce qu'ils soient mousseux, puis incorporez le sucre et la cannelle. Dans un autre saladier, mélangez la semoule de pain azyme avec les noix moulues et la levure chimique. Ajoutez les œufs et incorporez-les à fond.

Beurrez le fond et les côtés d'un grand moule à gâteau de 25 x 35 x 8 cm. Garnissez le fond d'une feuille de papier sulfurisé beurrée. Versez la pâte dans le moule. Mettez à four chaud, chauffé 15 mn d'avance (6 au thermostat ou 210 à 220°) pendant 30 mn environ. Avant de sortir le gâteau du four, vérifiez la cuisson comme dans la recette précédente.

Enlevez le gâteau du four, posez-le dans son moule sur une grille. Lorsque le gâteau est froid, retournez le moule et tapotez-le pour démouler. Ôtez le papier sulfurisé et remettez le gâteau dans son moule, à l'envers.

Préparation du sirop :
2 tasses de sucre
1 tasse d'eau
2 jus de citron

Mettez tous les ingrédients à cuire jusqu'à ce que le sirop nappe la cuiller en bois. Retirez du feu et, dès que l'ébullition prend fin, arrosez le gâteau. Laissez reposer une journée, il deviendra moelleux. Coupez en losanges ou en carrés pour servir.

Karydato — Gâteau de Pessah aux noix

Ioannina

10 œufs
7 cuillers à soupe bombées de semoule de pain azyme
7 cuillers à soupe de sucre
1/2 tasse de noix hachées menu
1 cuiller à café de cannelle
1/2 cuiller à café de clous de girofle moulus
1 petit verre de cognac, environ 6 cl
sirop glacé (voir le précédent gâteau)

Séparez les blancs des jaunes. Battez les jaunes jusqu'à ce qu'ils soient mousseux. Montez les blancs en neige très ferme. Dans un grand saladier, mélangez la semoule de pain azyme avec le sucre, les noix, la cannelle et les clous de girofle. Ajoutez les jaunes et le cognac. Mélangez à fond. Incorporez les blancs en neige.

Remplissez un moule à gâteau bien beurré de 25 x 35 x 8 cm. Mettez à four moyen, chauffé 15 mn d'avance (5 au thermostat ou 180°). Le gâteau doit bien dorer. Vérifiez la cuisson avec une lame de couteau fine, comme dans les recettes ci-dessus.

Retirez du four. Arrosez immédiatement avec un sirop glacé (confectionné selon les explications de l'une ou l'autre des recettes ci-dessus). Laissez reposer 24 heures, le gâteau deviendra moelleux. Coupez en losanges ou en carrés pour servir.

Baklavas paskalini — Baklavas de Pessah

Hania

15 à 20 matsoth
2 tasses de vin doux rouge
1/2 tasse de noix et 1/2 tasse d'amandes, hachées
1/4 de tasse de pignons
1/2 tasse de sucre

1/2 cuiller à café de poudre de clous de girofle et de poudre de cannelle à parts égales
1/2 tasse de beurre fondu
sirop glacé, voir ci-dessous

Préparez d'abord le sirop :

1 tasse de sucre
1/4 de tasse de miel
1/2 tasse d'eau
2 citrons

Mettez tous les ingrédients à bouillir ensemble jusqu'à ce que le sirop nappe la cuiller en bois. Bien refroidir.

Pour le gâteau, faites tremper les matsoth dans le vin jusqu'à ce qu'elles soient tendres et malléables. Pour la garniture, rassemblez tous les autres ingrédients. Mélangez à fond, vous obtenez une pâte épaisse.

Beurrez le fond d'un moule à gâteau de 25 x 35 x 8 cm, chemisez avec trois couches de matsoth que vous beurrez une par une au pinceau. Étalez la farce par-dessus. Recouvrez avec deux couches supplémentaires de matsoth, en enduisant chacune de beurre comme précédemment.

Mettez à four chaud, chauffé 15 mn d'avance (6 au thermostat ou 200°) pendant 15 mn. Baissez alors le four, thermostat 4-5. Laissez cuire encore 45 mn, ou jusqu'à ce que le gâteau soit doré. Vérifiez qu'il ne se dessèche pas trop et ajoutez si nécessaire du vin rouge doux en quantité suffisante pour lui garder son moelleux.

Dès qu'il est cuit, sortez-le du four et arrosez-le immédiatement de sirop glacé. Laissez-le refroidir avant de le couper en parts hexagonales. Le nombre de parts dépend, comme pour tous ces gâteaux, de la taille que vous leur donnerez. J'adore la *baklava* et j'estime ne pas pouvoir servir plus de 10 invités aussi gourmands que moi, mais cette quantité conviendra peut-être à une douzaine (ou même plus) d'invités bien élevés.

Maronchinos — Massepains de Pessah

La plupart des communautés juives de Grèce

1 tasse d'amandes mondées en poudre
1 tasse de sucre glace
$^1/_4$ à $^1/_2$ cuiller à café de d'extrait d'amande, à volonté
eau froide

Mélangez les amandes en poudre et le sucre dans un grand saladier. Versez de l'eau froide, cuillerée à cuillerée, jusqu'à obtenir une pâte épaisse. Ajoutez l'extrait d'amande, renversez le tout sur une planche. Pétrissez énergiquement pendant 5 mn environ.

Prenez de petits morceaux de pâte. Roulez-les entre les paumes de vos mains et donnez-leur la forme de petites boules que vous aplatissez à peine. Roulez chaque massepain dans du sucre glace supplémentaire, enrobez-les bien. Disposez-les dans un grand plat, laissez-les reposer pendant un jour avant de les offrir, ils deviendront moelleux. On peut les conserver dans une boite hermétique. Donne environ 20 massepains.

Manzapades — Massepains au citron

Volos

Les massepains au citron, dont on raffole à Pessah, peuvent être confectionnés en quantités importantes et servis à tout moment de l'année. En Grèce, où le citron est constamment utilisé, les maîtresses de maison en conservent les écorces avant de confectionner ces friandises.

les écorces de 10 citrons, ou plus
1 tasse d'amandes mondées et moulues en poudre fine
2 tasses de sucre
1 tasse de sucre glace

Mettez toutes les écorces de citron dans un grand saladier. Couvrez d'eau. Pendant 2 jours changez l'eau toutes les 3 ou 4 heures. Le 3e jour, rincez bien les écorces et mettez-les dans une grande casserole, couvertes d'eau. Faites mijoter à tout petit feu jusqu'à ce qu'elles soient tendres. Retirez du feu et égouttez, puis écrasez en purée fine.

Dans une grande casserole, mettez la purée de citron, les amandes et le sucre, dans les proportions suivantes : pour une tasse de purée de citron, il faut une tasse d'amandes en poudre et 2 tasses de sucre. Mélangez intimement et faites cuire à tout petit feu en remuant constamment à la cuiller en bois. Lorsque le mélange devient épais et se détache des bords de la casserole, retirez du feu et versez sur une plaque de marbre ou de verre. Une fois le mélange refroidi, pétrissez-le quelques minutes. Prenez de petits morceaux que vous roulez en boules. Au fur et à mesure qu'elles sont prêtes, roulez-les dans le sucre glace et déposez-les dans un grand plat. Lorsque tous les massepains sont faits, saupoudrez-les encore de sucre glace. Laissez-les reposer dans un endroit frais pendant 24 heures au moins avant de les offrir. Si on les présente plus tard, on peut les conserver au réfrigérateur dans un bocal bien fermé. Pour 20 massepains environ.

Martsapades — Massepains à l'eau de rose

Hania

- 1 tasse de sucre
- 1 tasse 1/2 d'eau
- 450 g d'amandes mondées en poudre
- 6 blancs d'œuf
- eau de rose ou extrait d'amande
- sucre glace

Dans une grande casserole, mélangez le sucre et l'eau. Faites frémir à tout petit feu jusqu'à ce que le sucre soit entièrement dissous. Ajoutez progressivement les amandes en poudre en remuant avec une cuiller en bois. Continuez à tourner pendant que le mélange frémit jusqu'à ce qu'il se détache des bords de la casserole. Retirez du feu et versez dans un grand saladier. Laissez refroidir.

Lorsque vous ne risquez plus de vous brûler, ajoutez les blancs d'œufs un à un à la pâte d'amande en malaxant le tout. Pétrissez jusqu'à ce que le mélange soit très lisse puis renversez sur une plaque de marbre ou une vitre. Pétrissez encore 5 mn. De temps en temps, humectez vos mains à l'eau de rose, tout en pétrissant ce qui, à la fois, assouplira la pâte d'amande et la parfumera. Si vous parfumez le massepain à l'extrait d'amande, ajoutez-le directement à la pâte et ne vous servez que d'eau pour humidifier vos mains.

Quand la pâte est tout à fait lisse et souple, prenez-en de petits morceaux et en mettant votre imagination à contribution, confectionnez toutes sortes de fruits, de légumes, ou même de formes abstraites. Posez-les sur la plaque bien beurrée. Mettez à four chaud, chauffé 15 mn d'avance (5 au thermostat ou 180°) pendant 15 à 20 mn, jusqu'à ce que les massepains soient à peine colorés. Sortez-les du four et laissez refroidir.

Pour l'enrobage : dans un grand saladier, versez une tasse d'eau, 4 cuillers à soupe de sucre glace et quelques gouttes d'eau de rose. Mélangez bien. Plongez rapidement chaque massepain refroidi dans ce liquide, puis, immédiatement, roulez-le dans le sucre glace. Disposez les massepains sur un grand plat et saupoudrez-les de tout le sucre glace qui reste. Ces friandises se conservent dans une boîte à l'abri de l'air. Pour 20 à 30 pièces.

Maretsini

Petits gâteaux secs de Pessah aux amandes

Ioannina, Arta, Preveza

450 g d'amandes mondées, en poudre très fine
le zeste d'une orange
2 tasses de sucre
1 jaune d'œuf
4 blancs d'œuf

Dans un grand saladier, mélangez la poudre d'amandes et le zeste d'orange râpé avec le sucre et le jaune d'œuf. Lorsque le mélange est parfait, versez-le dans une grande casserole. Faites cuire à feu doux en remuant constamment Quand l'œuf est complètement incorporé et que le mélange est lisse, retirez du feu et laissez reposer 24 heures.

Le lendemain, pétrissez le mélange pendant quelques minutes. Battez les 4 blancs en neige très ferme, incorporez-les au mélange d'amandes et de sucre. Vous devez obtenir une pâte qui tombe facilement de la cuiller sur la plaque à pâtisserie. Si elle est trop épaisse, ajoutez un autre blanc d'œuf, si elle est trop molle, ajoutez de la poudre d'amande ou de la semoule de pain azyme. La quantité de liquide nécessaire dépend du degré d'humidité des amandes.

Huilez ou beurrez la plaque du four. À l'aide d'une cuiller à soupe, faites tomber la pâte en petits tas sur la plaque. Mettez à four moyen, chauffé 15 mn d'avance (5 au thermostat ou 180°) pendant 20 à 30 mn. Le dessus des gâteaux doit être doré. Sortez du four, laissez refroidir sur la plaque. Pour 20 à 30 gâteaux.

Karydoglyko — Bouchées aux noix

Volos, Athènes

2 tasses de noix en poudre
4 cuillers à soupe de chocolat en poudre ou râpé
4 cuillers à soupe de sucre
cognac, ouzo ou rhum, environ 2 cuillers à soupe
sucre cristallisé pour la couverture

Dans un grand saladier, mélangez ensemble tous les ingrédients avec suffisamment de cognac, d'ouzo ou de rhum pour obtenir une pâte épaisse. Renversez-la sur une plaque de marbre ou de verre, pétrissez-la à la main jusqu'à ce qu'elle soit bien homogène. Prenez-en de petits morceaux que vous roulez en boulettes entre les paumes de vos mains. Roulez-les dans du sucre cristallisé. Laissez reposer pendant 24 heures au moins, les bouchées deviendront moelleuses. On peut doubler les proportions pour les faire en grand nombre. Conservez-les dans une boîte à l'abri de l'air. Pour 20 bouchées environ.

Amygdala me zahari — Caramels aux amandes

Volos

1 tasse 1/4 de sucre
1 tasse 1/2 d'amandes mondées
extrait de vanille, à volonté
le jus et l'écorce d'une orange ou d'un citron

Dans une casserole à fond épais, faites cuire le sucre à feu doux, en remuant de temps à autre, jusqu'à ce qu'il fonde et se transforme en un beau caramel. Retirez du feu, incorporez l'extrait de vanille puis les amandes sans attendre, en les enrobant soigneusement de caramel. Versez le jus d'une orange ou d'un citron sur une grande plaque de marbre ou de verre, juste avant de retirer du feu les amandes caramélisées. Renversez-les sur la plaque. À l'aide de l'écorce d'orange ou de citron, appuyez sur la masse pour l'étaler en couche épaisse de

2,5 cm environ. Laissez légèrement refroidir, coupez en carrés à l'aide d'un couteau pointu. Enlevez les carrés de la plaque, laissez-les refroidir sur une surface sèche. Conservez à l'abri de l'air. Pour une vingtaine de caramels.

Matsah tiganita — Beignets de pain azyme

Hania

À l'époque de Pessah, quel plaisir que ce délicieux petit déjeuner !

8 matsoth
du lait pour faire tremper les matsoth
4 œufs
1/4 à 1/2 tasse de yaourt
(il en faut moins si le yaourt est liquide, plus s'il est épais)
huile d'olive pour la friture
miel et noix hachées, ou sucre et jus de citron

Faites tremper les matsoth dans le lait jusqu'à ce qu'elles soient ramollies. Battez les œufs avec le yaourt. Gardez les matsoth entières ou fractionnez-les, puis plongez-les dans le mélange. Faites frire immédiatement dans 2 à 3 cm d'huile d'olive bien chaude. Faites dorer des deux côtés.

Servez très chaud, avec du miel et des noix hachées, ou bien avec du sucre et un filet de citron. Pour 8 beignets, ou plus.

Tiganites — Crêpes à la semoule de pain azyme

Zakynthos, Hania

1 tasse de semoule de pain azyme
1/2 cuiller à café de sel
2 œufs
lait
huile d'olive pour la friture
jus de citron et sucre, ou miel et noix hachées menu

Mélangez la semoule de pain azyme et le sel dans un grand saladier. Pesez les œufs et leur poids de lait. Mélangez œufs et lait et fouettez le tout. Versez dans la semoule de pain azyme. Délayez bien. La pâte doit être plutôt fluide. Laissez reposer pendant 20 mn.

Dans une grande poêle à frire, faites chauffer $^{1}/_{2}$ cm d'huile d'olive. Lorsqu'elle est très chaude, versez suffisamment de pâte pour obtenir une crêpe de 15 cm de diamètre. Faites bien cuire les deux côtés qui doivent être joliment dorés. Retirez la crêpe de la poêle. Au fur et à mesure que vous les faites, sucrez et arrosez chaque crêpe d'un filet de citron. Vous pouvez aussi les sucrer au miel et les farcir de noix hachées menu. On les sert parfois roulées ; d'habitude on les déguste une par une, et on ne les empile jamais. Pour 15 crêpes, à peu près.

Bumuelos I — Beignets de Pessah

Rhodes

Traditionnellement, on faisait frire les *bumuelos* dans une poêle spéciale semblable à une pocheuse à œufs. Chaque creux était à demi rempli d'huile qu'on faisait chauffer. Ensuite, on laissait tomber la pâte par cuillerées et on faisait frire.

6 matsoth
lait pour faire tremper les matsoth
3 œufs
1 pincée de sel
3 tasses d'huile d'olive pour la friture
1 sirop glacé, voir p. 325
amandes ou noix et cannelle

La veille au soir, dans un saladier, recouvrez les pains azymes de lait. Laissez-les tremper toute la nuit. Le lendemain, fractionnez les pains azymes et pressez les morceaux entre vos mains pour en exprimer le plus de lait possible. Mettez la pâte obtenue dans une grande terrine et malaxez-la jusqu'à ce qu'elle devienne à peu près lisse. Battez les œufs. Incorporez-les à la pâte avec une pincée de sel. Mélangez jusqu'à ce que la préparation soit lisse. Laissez reposer pendant que l'huile chauffe.

Dans une sauteuse à fond épais faites chauffer 3 tasses d'huile d'olive. Servez-vous d'une cuiller pour prendre la pâte que vous faites tomber dans l'huile chaude, juste avant qu'elle ne fume, en poussant avec votre doigt. Faites dorer les deux côtés des bumuelos.

Au fur et à mesure qu'ils sont cuits, faites tomber les bumuelos un par un dans le sirop, laissez-les tremper quelques minutes puis déposez-les dans un grand plat. Parsemez d'amandes hachées ou de noix et de cannelle avant de servir. Donne 20 à 30 beignets.

Bumuelos II — Beignets de Pessah II

Salonique

Dans cette variante, la pâte ressemble à la pâte à choux.

- 1/2 tasse d'huile d'olive
- 2 tasses d'eau
- 1 tasse de semoule de pain azyme
- 10 œufs
- 2 à 3 tasses d'huile d'olive pour la friture
- 1 sirop bien rafraîchi, voir p. 142 (dans la recette de *kousmeri*)
- cannelle et noix hachées

Dans une grande casserole faites bouillir l'eau avec l'huile d'olive. Retirez du feu dès que l'ébullition commence et ajoutez rapidement à la semoule de pain azyme tout en tournant. Mélangez à fond à la cuiller en bois jusqu'à ce que la pâte soit lisse. Laissez reposer 10 mn afin que la pâte tiédisse légèrement. Tout en remuant à la cuiller en bois, ajoutez les œufs un à un en mélangeant bien chaque fois. Lorsque tous les œufs sont incorporés et que le mélange est très homogène, remettez à très petit feu jusqu'à très léger frémissement ; remuez constamment jusqu'à ce que la pâte soit épaisse et élastique. La pâte est prête lorsqu'elle forme un ruban en tombant de la cuiller en bois. Retirez du feu.

Faites chauffer l'huile d'olive dans une sauteuse à fond épais. Pour la cuisson, procédez exactement comme pour la précédente recette de bumuelos. Donne 20 à 30 beignets.

Hametz pour la sortie de Pessah

Petits pains aux raisins de Corinthe

Ioannina

Autrefois, une maison sans levain était semblable à une maison sans feu. Dans de nombreuses communautés, le problème de la réintroduction du hametz, ou nourriture fermentée, dans le foyer à l'issue de Pessah était résolu par les femmes chrétiennes ou musulmanes. Elles se tenaient à l'extérieur de la synagogue lors du dernier service de la fête. La levure qu'elles vendaient était alors immédiatement rapportée à la maison où elle servait à la confection d'une pâte à fermentation rapide. Traditionnellement, à Ioannina, on faisait avec cette pâte des petits pains aux raisins de Corinthe.

Toute recette de pâte à pain légère et à levée rapide peut être utilisée. Ajoutez un mélange de raisins de Corinthe et de noix hachées, une tasse environ en tout. Pétrissez bien cette pâte, laissez-la lever, couverte, dans un endroit tiède, à peu près 1 heure. Remettez-la sur la table. Pétrissez de nouveau pendant 10 mn. Etendez la pâte au rouleau sur 2,5 cm d'épaisseur. Coupez des disques de 5 à 8 cm de diamètre. Placez au centre un cerneau de noix et quelques raisins en les enfonçant un peu. Posez sur la plaque à four, laissez lever 10 mn. Mettez cuire à four moyen, chauffé 15 mn d'avance (5 au thermostat ou 180°), jusqu'à ce que les petits pains soient bien dorés.

Chavouoth

Chavouoth (littéralement : semaines), qu'on appelle aussi la Fête des semaines, est célébrée quarante-neuf jours après Pessah. Historiquement, elle commémore le don de la Loi aux Israélites sur le mont Sinaï. Ainsi, en toute logique, par la célébration de la Loi et de sa révélation, Chavouoth met le point final à Pessah dans sa dimension historique : l'épopée du peuple hébreu, esclave en Égypte et se libérant de ses chaînes. Lorsque les Israélites s'établirent en Canaan et devinrent un peuple de cultivateurs, la fête devint aussi la célébration de la récolte de printemps. On présentait à Dieu les *shtei ha-lehem*, les deux miches de pain faites avec le premier blé de la moisson, en les balançant devant le Saint des Saints. Comme à Pessah et à Souccoth, chaque Juif se devait d'assister aux rites d'actions de grâce, au temple de Jérusalem. C'est Rabbi Eliezer qui, le premier, au IIIe siècle dans le Talmud, lie Chavouoth à Pessah. Il est vraisemblable que les aspects tant historique que rédempteur de la fête ne furent soulignés qu'après la destruction du Second Temple, en 71 de l'ère chrétienne.

En Grèce, particulièrement dans les régions agricoles, le lien entre la fête et la récolte de printemps était évident. On égayait les maisons de fleurs à profusion ; quant aux synagogues, elles étaient décorées de gerbes de blé et de couronnes de fleurs. On confectionnait même un coffrage spécial sur les *tikkim*, les grands casiers de bois où sont rangés les rouleaux de la Tora, pour pouvoir y fixer un décor de fleurs et de blé.

À cette période de fin du printemps, les brebis et les chèvres allaitent encore leurs petits, aussi les produits laitiers sont-ils abondants. La Loi étant comparée au lait, les recettes de Chavouoth ne pouvaient que contenir des fromages frais et autres produits laitiers. Comme plat principal on servait en général du poisson ou bien des gâteaux au fromage et aux légumes primeurs tout frais, comme les poireaux et les épinards. Les communautés séfarades consommaient beaucoup de plats préparés avec des œufs, comme les fritadas. Il y avait

N.S.

aussi les *bougatses*, *kassates*, et autres délices à base de fromage, œufs et lait frais, et de yaourt.

Les fromages utilisés couramment dans ces recettes sont la *mezithra* ou *anthotyri*, deux fromages de chèvre de Crète ; la *staka*, une crème épaisse tirée du lait de brebis ; la *graviera* ; le *kachkaval* ; et de nombreux autres fromages qu'on ne trouve que dans certaines régions de Grèce. On consomme la feta dans toute la Grèce, mais ce n'est ni le plus traditionnel ni forcément le meilleur des fromages grecs. On la remplace avantageusement par des fromages frais sans sel, du parmesan, du gruyère, du cheddar et autres fromages du pays où l'on se trouve. En fait, de nos jours, la feta est produite dans de nombreux pays d'Europe et dans certaines régions des États-Unis. En Grèce, on utilise couramment un mélange de feta et de parmesan de bonne qualité en proportions variables.

Los siete cielos — Pain de Chavouoth

Komotini et autres communautés séfarades

Nombreuses étaient les communautés parlant judéo-espagnol où l'on célébrait Chavouoth en confectionnant des pains spéciaux. L'un des plus curieux de ces pains s'appelait *los siete cielos*, les sept ciels. De quel septième ciel parle-t-on exactement, nous l'ignorons, mais les symboles façonnés sur le pain sont en relation évidente avec le don de la Tora et certains des miracles dont les Israélites furent témoins dans le désert du Sinaï.

Les recettes de pâte diffèrent légèrement selon les lieux, la pâte de « fête » la plus facile à confectionner est celle des *folarikos* (voir p. 197) ou du *tsoureki* (voir p. 320). C'est pour confectionner et placer les symboles sur le pain avant la cuisson qu'il faut vraiment avoir le « coup de main ». L'illustration en tête de ce chapitre montre le résultat correspondant aux explications ci-dessous.

Une fois la pâte pétrie, partagez-la en trois parts inégales. Faites deux des parts avec les trois quarts de la pâte, le quart restant servira pour la troisième part. Les deux grosses boules de pâte serviront à faire le « Mont-Sinaï » ; avec la plus petite on fera les symboles de Chavouoth. Prenez une des grosses boules de pâte et donnez-lui la forme d'un monticule ovale. C'est la « montagne ». Avec un couteau entaillez le dessus de façon à tracer des hexagones. Placez le pain sur la plaque à pâtisserie bien graissée. Partagez la deuxième grosse boule de pâte en 7 petites boules. Une par une, roulez-les en cylindres de 2,5 cm de diamètre, suffisamment longs pour faire à peu près le tour de la « montagne ». Ne vous servez pas de vos doigts mais plutôt de la paume de vos mains pour rouler la pâte sinon vous obtiendriez des rouleaux fragiles. Au fur et à mesure, placez les rouleaux autour de la montagne en appuyant fermement pour les faire adhérer. Répétez l'opération jusqu'à ce que les sept cylindres soient à leur place. Il s'agit là probablement du symbole des nuages qui couronnent le mont Sinaï. Sur l'illustration, ils sont en fer à cheval ; c'était leur forme traditionnelle à Komotini. À Larissa et dans d'autres communautés, les rouleaux encerclaient complètement la « montagne ».

Avec la petite boule de pâte, confectionnez maintenant les symboles suivants, en vous inspirant de l'illustration : 1. les Tables de la Loi ; 2. un rouleau de la Tora, avec un petit Yad ou main de lecture ; 3. l'échelle de Jacob ; 4. le puits dans le désert ; 5. le serpent qui guérit les Israélites.

Si vous avez un reste de pâte, vous pouvez confectionner des petits oiseaux, comme sur le dessin. Faites des cylindres de 15 cm de long et 5 cm de diamètre. Allongez une des extrémités en pointe, entaillez l'autre à l'aide d'un couteau pointu, de manière à faire une queue fourchue. Pour finir, enroulez chaque cylindre sur lui-même de telle sorte que la queue soit dessous, juste visible et que le bec soit posé au sommet.

Couvrez le tout avec un torchon humide, mettez dans un endroit tiède. La pâte doit lever une heure. Retirez le linge, badigeonnez le pain à l'œuf battu, parsemez de graines de sésame. Mettez à four moyen, chauffé 15 mn d'avance (5 au thermostat ou 180°) pendant environ 45 mn. Si vous le désirez, vous pouvez varier le goût en ajoutant un arôme. Par exemple un mélange de *mastiha* (alcool provenant de la résine de l'arbre à pain de Chios) et de coriandre donne au pain une saveur inhabituelle.

Kassates

Timbales au fromage

Ioannina

Pour la pâte :

$^{3}/_{4}$ de tasse d'huile d'olive
4 tasses de farine
1 cuiller à café de sel

Mélangez la farine et le sel dans un grand saladier. Creusez une fontaine au centre, versez l'huile d'olive. Remuez à la cuiller en bois pour incorporer parfaitement les ingrédients. Renversez sur une planche farinée. Pétrissez jusqu'à ce que la pâte soit souple. Elle doit être légèrement feuilletée une fois étalée.

Confectionnez les timbales pour les gâteaux avec cette pâte : prenez des morceaux de pâte de la taille d'un œuf. Avec vos doigts formez de petites timbales de 3 à 5 cm de profondeur et de 6 mm d'épaisseur, ou même moins si possible. Une autre méthode consiste, après avoir abaissé la pâte sur 6 mm ou moins, à couper des disques à l'aide d'une roulette à pâtisserie ou d'un verre et à en garnir des moules à tartelettes.

Pour la farce :

500 g de fromage blanc non salé ou de fromage frais ou de feta peu salée
3 œufs
sel à volonté
parmesan râpé

Dans un grand saladier, mélangez parfaitement le fromage et les œufs. Salez. Déposez une cuillerée de cet appareil dans chaque timbale puis pincez les bords en les rabattant légèrement vers l'intérieur. Saupoudrez chaque gâteau de parmesan. Mettez à four moyen, chauffé 15 mn d'avance (5 au thermostat ou 180°) jusqu'à ce que le dessus soit doré, ce qui demande 30 mn environ. Pour 15 à 20 timbales.

Kassata — Tarte au fromage

Salonique

Préparez la pâte comme dans la recette des *kassates* ci-dessus en réduisant les proportions de moitié. Abaissez sur 6 mm d'épaisseur maximum. Garnissez 2 moules à manqué de 20 x 25 cm en faisant un peu dépasser la pâte. Remplissez les moules avec le mélange suivant :

500 g de kezo blanko (feta) émietté
  et de parmesan râpé mélangés
3 œufs
3 cuillers à soupe d'aneth et de persil frais, hachés menu
sel, poivre
parmesan râpé supplémentaire ou graines de sésame

Battez les jaunes en crème ; montez les blancs en neige ferme. Mélangez les fromages, incorporez les jaunes à fond. Ajoutez le persil et l'aneth, salez et poivrez. Incorporez les blancs en neige. Versez dans les moules garnis, saupoudrez de parmesan ou de graines de sésame. Torsadez les bords des gâteaux en les rabattant légèrement vers l'intérieur. Mettez à four moyen, chauffé 15 mn d'avance (5 au thermostat ou 180°) pendant 30 mn jusqu'à ce que les gâteaux soient dorés. Pour 2 tartes.

Pastelikos / Borekitas de massa fina — Chaussons au fromage et à la pomme de terre

Komotini

Pour la pâte :

½ tasse d'huile d'olive
½ tasse d'eau
1 tasse ¾ de farine ou plus
½ cuiller à café de sel

Dans une casserole, mettez l'eau à bouillir avec l'huile. À peine l'ébullition atteinte, retirez du feu, versez dans une grande jatte. Versez la farine et le sel. Mélangez à fond à la cuiller en bois. Renversez sur une planche farinée. Pétrissez. Ajoutez de la farine si la pâte est trop molle. Continuez à pétrir pendant 10 mn. Rassemblez la pâte en une grosse boule. Enduisez vos mains d'huile d'olive, enrobez d'huile la boule de pâte. Laissez reposer. Faites chauffer le four à 180° (thermostat 5).

Pour la garniture :

2 grosses pommes de terre cuites à l'eau
3 œufs
½ tasse de fromage salé dur comme le *kefalotyri* ou le parmesan, râpé
3 cuillers à soupe de beurre fondu
sel
du yaourt, éventuellement

Réduisez les pommes de terre en purée. Incorporez les œufs battus, le fromage, le beurre. Salez à volonté. Si le mélange vous paraît trop sec, mouillez avec un peu de yaourt.

Abaissez la pâte sur une planche bien farinée sur 6 mm d'épaisseur. À l'aide d'une roulette à pâtisserie, découpez des disques de 10 cm de diamètre, placez au centre de chacun d'eux une cuillerée de garniture. Emprisonnez cette farce en repliant la pâte en demi-lune. Pincez fermement les bords. Disposez les chaussons sur la plaque à pâtisserie bien huilée.

Enfournez. Les gâteaux sont cuits lorsqu'ils sont dorés, ce qui demande 45 mn. Pour 25 à 30 chaussons.

On peut aussi les cuire en les faisant frire dans 1,5 cm d'huile d'olive à peu près.

Murdopites / Mordopites Frizildik — Roulés au fromage

Il existe de nombreuses variantes de ce délicieux gâteau romaniote tout simple. On les confectionne plutôt au printemps lorsque les ingrédients principaux, le fromage et l'aneth sont abondants. J'ai rassemblé ces variantes ici, au chapitre de Chavouoth, mais on les déguste tout au long du printemps et on sert aussi ces gâteaux à Pessah, en substituant la semoule de pain azyme à la farine. Comme on peut les servir à température ambiante, ou juste légèrement réchauffés, ils constituent un en-cas apprécié pour Chabbat, à n'importe quel moment de la journée.

La variante appelée *anthopita* était un gros gâteau dégusté dans les communautés romaniotes jumelles de Crète et de Zakynthos

La *murdopita* de Ioannina et le *frizildik*, de Trikala, sont très proches : on saupoudre largement de parmesan ou de kefalotyri et d'aneth frais, haché, une pâte très fine badigeonnée de beurre fondu. On roule l'abaisse en tube et on passe au four. C'est la pâte qui fait la différence : de nombreuses personnes utilisent la fila du commerce pour gagner du temps. Quoique le résultat soit différent, il est délicieux aussi.

Pour faire quatre tubes longs qui donneront 16 petits gâteaux, il faut :

- $^{3}/_{4}$ à 1 tasse de parmesan ou de kefalotyri, râpés
- $^{1}/_{2}$ à $^{3}/_{4}$ de tasse d'aneth frais, haché
- $^{1}/_{2}$ tasse ou plus de beurre fondu ou d'huile d'olive
- sel, poivre (si le fromage est très salé, vous ne salerez pas)
- 8 feuilles de fila du commerce (voir p. 318)
- graines de sésame (facultatif)

Étalez une feuille de fila, badigeonnez-la de beurre fondu en vous servant d'un pinceau. Recouvrez-la d'une autre feuille que vous enduisez de beurre puis parsemez de fromage et d'aneth haché. Salez et poivrez. Enroulez avec précaution de manière à former un long tube.

Placez le tube sur une plaque à pâtisserie de 30 x 45 cm bien graissée. Répétez l'opération jusqu'à ce que 4 tubes soient prêts. Coupez-les en biseau de manière à obtenir des morceaux de 10 cm de long. Badigeonnez-les de beurre et parsemez-les de graines de sésame. Mettez à four moyen, chauffé 15 mn d'avance (5 au thermostat ou 180°) pendant 30 mn environ. Ils doivent être dorés et croustillants.

Si vous désirez faire vous-même la pâte, procédez comme suit :

2 tasses de farine, ou plus
$^1/_2$ tasse d'eau
3 cuillers à soupe d'huile d'olive
sel

Dans une grande terrine, mélangez le sel avec la farine. Mouillez progressivement avec l'eau tout en remuant à la cuiller en bois. Une fois le mélange réalisé à fond, incorporez l'huile d'olive. Renversez sur une planche bien farinée. Pétrissez pendant 5 mn. La pâte doit être très souple et humide. Faites-en quatre boules d'égal volume que vous couvrez avec un linge humide. Étalez une des boules au rouleau en une abaisse aussi grande et fine que vous pouvez. Continuez la recette comme celle qui précède où on se sert de fila du commerce.

Pour la *mordopita,* en provenance de Ioannina aussi, utilisez deux fromages : 225 g de parmesan râpé et 225 g de feta émiettée. Ajoutez une tasse d'aneth. Salez et poivrez. Abaissez la pâte en rectangles de 15 x 25 cm. Garnissez-la, roulez et coupez en biseau en deux ou trois morceaux. Passez au four comme ci-dessus. Vous pouvez utiliser l'huile d'olive à la place du beurre et remplacer la pâte faite à la maison par la fila du commerce.

Spanakopita — Petits gâteaux aux épinards

Ioannina

Pour la garniture de ces petits gâteaux de Ioannina, il faut :

225 g d'épinards frais hachés très fin
225 g de feta émiettée
4 œufs
1/2 tasse d'aneth frais, haché menu
sel, poivre

Avec les queues des épinards, confectionnez des *yaprakitos de spinaka* (p. 281), ou faites-les cuire à part et servez-les arrosées d'huile d'olive et d'un filet de citron. Pour les petits gâteaux, procédez comme pour la recette précédente après avoir mélangé tous les autres ingrédients.

Komotinea Makaronia kon leche — Macaronis au fromage

Komotini

Comme son nom l'indique, cette recette était une spécialité de Komotini, en Thrace. La cuisson peut être menée sur un fourneau ou bien, si vous désirez le servir en gratin, terminée au four.

450 g de macaronis (les macaronis authentiques doivent être longs et épais ; toutefois, on peut leur substituer des pâtes moins grosses)
1 tasse de lait
4 cuillers à soupe (au moins) de feta finement émiettée
4 cuillers à soupe (au moins) de parmesan râpé
sel, poivre

Faites bouillir de l'eau dans un grand faitout à fond épais. Jetez-y les macaronis. Remuez bien et laissez cuire pendant 25 mn environ. Égouttez les pâtes lorsqu'elles sont à peine cuites, réservez.

Faites chauffer le lait dans le faitout. Lorsqu'il commence à bouillir, jetez-y le fromage et baissez le feu, le mélange doit juste frémir. Incorporez les macaronis, faites mijoter jusqu'à ce que tout le liquide soit absorbé, les macaronis doivent devenir tendres. Salez et poivrez à volonté, servez.

Si vous voulez un gratin, faites cuire les macaronis comme ci-dessus puis versez-les dans un plat à gratin beurré. Parsemez d'un supplément de parmesan râpé. Mettez à four moyen, chauffé 15 mn d'avance (5 au thermostat ou 180°) jusqu'à ce que le dessus soit doré, ce qui demande 20 à 30 mn. Pour 4 à 6 personnes.

Peshe kon huevos y limon — Filets de sole à la sauce aigre (œuf-citron)

Salonique

De nos jours, cette recette est faite avec de la sole même si, autrefois, on utilisait traditionnellement le sazan ou carpe (en filets).

700 g de filets de sole
2 tasses d'eau
3 œufs entiers et un jaune
2 citrons
1 cuiller à soupe de beurre ou d'huile d'olive
2 cuillers à soupe de persil haché menu
sel, poivre

Amenez l'eau à tout petits bouillons dans une sauteuse. Etendez les filets et faites-les pocher 15 à 20 mn. Retirez délicatement le poisson, égouttez, disposez sur le plat de service. Réservez le jus de cuisson.

Hors du feu mais au bain-marie chaud, battez les 4 jaunes d'œufs avec le beurre fondu ou l'huile d'olive jusqu'à ce qu'ils soient crémeux. Remettez à tout petit feu, versez les trois blancs dans les jaunes, battez au fouet jusqu'à ce que le mélange épaississe. Tout en remuant à la cuiller en bois mouillez lentement avec un peu de jus de cuisson du poisson et le jus de citron. Faites cuire sans cesser de remuer jusqu'à ce que la sauce soit épaisse. Retirez du feu, salez et poivrez. Versez la sauce sur les filets. Parsemez de persil haché et servez chaud ou froid. Pour 4 à 6 personnes.

Kiftikas de peshe — Croquettes de poisson

Salonique

225 g de poisson blanc genre carpe, églefin ou cabillaud
4 cuillers à soupe de semoule de pain azyme
2 œufs
2 cuillers à soupe de persil haché
2 petits oignons
3 citrons
huile d'olive pour la friture
sel, poivre

Débarrassez le poisson bouilli de toutes ses arêtes. Mettez-le dans un grand saladier avec la semoule de pain azyme, un œuf battu, les oignons hachés menu, le persil, le jus d'un citron et demi. Salez, poivrez. Mélangez à fond à la cuiller en bois ou avec vos mains et faites des croquettes légèrement aplaties. Battez l'œuf restant. Au fur et à mesure que les croquettes sont faites, passez-les à l'œuf puis roulez-les dans la semoule de pain azyme. Faites-les frire sans attendre dans deux doigts d'huile d'olive chaude jusqu'à ce que les deux côtés soient dorés. Retirez les croquettes de l'huile, égouttez. Arrosez du jus de citron restant et garnissez de persil haché. On sert ces croquettes aussi bien chaudes que froides. Pour 10 croquettes environ.

Frikasse — Fricassée d'agneau de lait

Partout en Grèce

Ce plat est populaire sous diverses variantes parmi les Juifs, les Chrétiens et les Musulmans des Balkans. C'est un plat de saison, il est donc, pour les Juifs, lié à Pessah et Chavouoth, époque des agneaux de lait et de la salade nouvelle. Si on le prépare pour Pessah, on devra remplacer la farine par la semoule fine de pain azyme.

900 g d'agneau de lait (ou de veau ou encore de poulet)
4 à 5 romaines
3 citrons
3 œufs
1 cuiller à soupe de farine
1 cuiller à soupe d'huile d'olive
sel, poivre

Coupez la viande en morceaux d'une dimension convenant à des portions individuelles. Si vous faites du poulet, débarrassez-vous du dos, partagez les blancs et séparez les cuisses des hauts de cuisse. Mettez les morceaux dans une grande cocotte. Couvrez d'eau. Amenez à ébullition. Écumez au bout de 10 mn. Baissez le feu, le liquide doit juste frémir. Laissez mijoter jusqu'à ce que la viande soit tendre. Il faut 45 mn à 1 heure pour de l'agneau de lait ou du poulet.

Lorsque la viande est cuite, préparez la sauce : versez l'huile d'olive dans une casserole avec le jus de citron, fouettez vigoureusement. L'émulsion doit être parfaite. Dans un plat peu profond, mettez la farine, mouillez d'une petite quantité du mélange huile-citron. Mélangez à fond pour obtenir une pâte. Mouillez petit à petit avec le reste de l'émulsion et remuez jusqu'à ce que la pâte soit lisse. Reversez dans la casserole, mettez à petit feu, mouillez avec une tasse de bouillon de viande, toujours en remuant. Retirez du feu lorsque le mélange est parfait.

Battez les jaunes en crème et les blancs en mousse (sans atteindre la neige ferme). Incorporez les jaunes à la sauce au citron, mettez à tout petit feu jusqu'à ce que le mélange soit bien chaud. Incorporez les blancs, salez et poivrez à volonté. Continuez à remuer sur feu très doux pendant 5 mn.

Lavez les romaines, coupez-les en fines lanières. Plongez-les dans la sauce, mélangez à fond. Mouillez graduellement avec le reste du bouillon, ajoutez la viande. Faites mijoter pendant 15 mn. Pour 4 à 5 personnes.

Fritada de merenzena

Soufflé d'aubergine au fromage

Salonique

2 grosses aubergines
1 tasse 1/2 de kezo blanko (feta) émietté et de parmesan râpé
2 œufs
huile d'olive
sel, poivre

Faites griller les aubergines à la flamme ou au four sous le gril jusqu'à ce que leur peau soit noire et boursouflée, leur chair molle et tendre. Avec un couteau pointu, épluchez soigneusement les aubergines (s'il subsiste quelques morceaux de peau grillée, le goût n'en sera que meilleur). Dans un grand saladier, écrasez soigneusement la chair des aubergines. Laissez refroidir 15 mn.

Séparez les blancs des jaunes. Battez les jaunes en crème et les blancs en neige ferme. Incorporez à fond les jaunes aux aubergines, puis le fromage. Salez et poivrez. Incorporez les blancs sans les casser, versez cet appareil dans un moule profond huilé ou beurré. Mettez à four moyen, chauffé 15 mn d'avance (5 au thermostat ou 180°) pendant 30 mn environ. Le soufflé est cuit lorsqu'il présente une belle croûte dorée. Pour 4 personnes.

Fritada de prassa — Omelette soufflée aux poireaux et aux pommes de terre

Salonique

2 tasses de poireaux cuits hachés
5 œufs
1 tasse de pommes de terre cuites réduites en purée
1/2 tasse de parmesan râpé
4 cuillers à soupe d'huile d'olive
2 cuillers à soupe d'aneth frais, haché menu
sel, poivre

Lavez les poireaux. Hachez-les avec une bonne partie du vert. Faites-les bouillir dans un peu d'eau. Retirez-les lorsqu'ils sont tendres. Égouttez bien. Faites cuire les pommes de terre à l'eau bouillante. Réduisez-les en purée. Battez les jaunes en crème, montez les blancs en neige ferme. Dans un grand saladier, rassemblez les poireaux, les jaunes d'œufs, la purée de pomme de terre, le fromage, l'huile d'olive, l'aneth. Mélangez bien, salez et poivrez. Incorporez les blancs en neige. Versez dans un moule à soufflé profond beurré. Saupoudrez de parmesan râpé supplémentaire. Mettez à four moyen, chauffé 15 mn d'avance (5 au thermostat ou 180°) pendant 45 mn environ, le dessus doit être doré. Pour 4 à 6 personnes.

Sfongatiko — Soufflé d'aubergine et de courgette

Salonique

On sert parfois ce soufflé froid, arrosé de miel.

450 g de petites courgettes
2 petites aubergines
2 œufs
110 g de kezo blanko (feta) émietté ou de parmesan râpé
1/4 de tasse de semoule de pain azyme
huile d'olive
sel, poivre

Préparez les aubergines comme ci-dessus, selon la recette du soufflé d'aubergine au fromage. Faites cuire les courgettes dans un peu d'eau bouillante jusqu'à ce qu'elles soient bien tendres. Égouttez à fond. Écrasez avec la pulpe des aubergines. Ajoutez les œufs, le fromage, la semoule de pain azyme, salez et poivrez. Mélangez à fond. Versez dans un moule huilé de 22 x 22 cm environ. Mettez à four doux, chauffé 15 mn d'avance (4 au thermostat ou 140 à 160°) pendant 30 à 45 mn. Le dessus doit être doré. Sortez du four et laissez refroidir. Coupez des parts carrées. Pour 4 personnes.

Kousmeri — Gâteau au fromage

Ioannina

900 g de fromage blanc doux ou de feta peu salée
4 œufs
3/4 de tasse de sucre
1 tasse 1/2 de farine
6 cuillers à soupe de beurre fondu
sirop très froid, voir ci-dessous

Préparez le sirop à l'avance :

1 tasse d'eau
1/4 de tasse de miel
1/2 tasse de sucre
1 citron (facultatif)

Faites bouillir tous les ingrédients. La cuisson est terminée lorsque le sirop nappe la cuiller en bois. Si vous le désirez, vous pouvez allonger d'un jus de citron, juste avant de retirer le sirop du feu. Mettez au froid.

Dans un grand saladier, écrasez le fromage en pâte crémeuse. S'il est trop épais, délayez avec un peu de yaourt. Ajoutez les œufs, le sucre, la farine. Battez énergiquement. Incorporez à fond le beurre fondu. Versez dans un moule beurré de 22 x 30 cm. Mettez à four moyen, chauffé 15 mn d'avance (5 au thermostat ou 180°) pendant 30 mn à peu près. Le gâteau est cuit lorsqu'il est doré. Sortez le gâteau du four, arrosez immédiatement de sirop glacé. Servez froid, coupé en parts carrées.

Bougatsa / Staka — Gâteau à la crème

Ioannina

Suivant la tradition, la *bougatsa* était préparée avec ce qu'on appelle en grec la staka. C'est une crème épaisse, grasse, obtenue à partir du lait de bufflesse des marais ou de brebis. Autrefois, en Thrace, dans toute la Grèce du Nord et en Turquie, il y avait beaucoup de buffles des marais et c'est avec leur lait qu'on obtenait la meilleure staka. Ensuite, les buffles sont devenus rares et la staka fut remplacée par la crème de lait de brebis, quoique même celle-ci soit difficile à trouver maintenant. En Crète, on continue à la préparer lorsque les brebis nourrissent leurs petits. À cette époque de l'année, on cuit au four une préparation spéciale à base d'œufs et de staka ; c'est un mets somptueux et très délicat.

Pour cette recette, il faut un fromage blanc, doux et crémeux, très gras. Avant de mettre le plat au four, on pourra l'enrichir en ajoutant de généreuses quantités de beurre fondu.

8 feuilles de fila du commerce
450 g de fromage blanc doux très gras
    par exemple du fromage frais crémeux,
    ou un fromage fermier très gras
1 tasse $^{1}/_{2}$ de sucre
6 œufs
$^{1}/_{2}$ tasse de beurre fondu
sucre glace ou sirop glacé, voir recette précédente

Mettez le fromage, le sucre et les œufs dans un grand saladier. Battez longuement à la cuiller en bois pour obtenir un mélange crémeux.

Badigeonnez de beurre fondu le fond d'un grand moule d'au moins 25 x 30 cm puis étalez une feuille de fila. Enduisez-la de beurre au pinceau, répétez l'opération pour 5 couches de fila en tout. Enduisez largement de beurre la feuille du dessus avant de la recouvrir de garniture. Aspergez généreusement de beurre. Recouvrez avec les trois dernières feuilles de fila en les enduisant de beurre une à une. Tracez des parts en diamant ou en losange. Mettez à four chaud, chauffé 15 mn d'avance (6 au thermostat ou 210 à 220°) pendant 45 mn, le gâteau doit être doré.

Retirez du four et arrosez de sirop glacé. Ou alors laissez refroidir puis saupoudrez-le de sucre glace. Avant de servir, découpez les parts de gâteau suivant les lignes que vous avez tracées. Pour 10 à 12 parts.

Bougatsokouloura — Petits biscuits à la crème

Ces biscuits sont confectionnés avec la fila et la garniture qui restent après qu'on a fait la bougatsa. Les proportions sont sans importance ; les biscuits sont chaque fois différents et très bons, aussi faites en sorte de garder de la fila et de la garniture pour en faire.

Dans un grand saladier, mélangez le reste de garniture avec de la fila ou de la farine jusqu'à ce que vous obteniez une pâte très souple. Pétrissez sur une planche bien farinée pendant 5 mn. Roulez en forme de crayons fins longs de 15 cm avec les paumes de vos mains (et non avec les doigts). Faites des anneaux, pincez fort les deux bouts ensemble. Disposez sur une plaque à pâtisserie et enfournez avec la bougatsa. Ils doivent prendre couleur, ce qui demande 10 à 15 mn. Vous pouvez parsemer de graines de sésame avant de passer au four.

Galaktopita zarka — Flan à la crème au four

Ioannina

Zarka, dans le dialecte de Ioannina, signifie nu et s'applique ici à un flan à la crème sans croûte. Comme la racine *galakto* l'indique, ce gâteau était fait autrefois avec une crème épaisse, peut-être plus nourrissante qu'on ne le souhaite de nos jours.

Pour parvenir à un compromis acceptable, on peut compter une tasse de lait pour une tasse de crème épaisse.

3 œufs
2 tasses de crème (ou 1 de lait et 1 de crème épaisse)
1/4 de tasse de sucre
extrait de vanille à volonté
sucre et cannelle supplémentaires

Battez les œufs en omelette très mousseuse. Délayez le lait, versez le sucre et la vanille, mélangez bien. Versez dans un moule profond de 22 x 22 cm environ et bien graissé. Mettez à four doux, chauffé 15 mn d'avance (2-3 au thermostat ou 120 à 130°), pendant 45 mn à 1 heure.

Retirez du four et laissez refroidir. Mettez ensuite au réfrigérateur. Saupoudrez largement de sucre et de cannelle avant de servir. Pour 4 à 6 personnes.

Loukoumades galaktes — Beignets au sirop

Ioannina

2 tasses de lait
1 cuiller à soupe de beurre
1 cuiller à café de zeste de citron râpé
2 tasses de semoule fine
6 œufs
sel
2 tasses d'huile d'olive pour la friture
sirop glacé (voir le sirop pour le *kousmeri*, p. 142)

Dans une grande casserole, amenez le lait et le beurre à ébullition avec le zeste de citron. Retirez immédiatement du feu, incorporez la semoule, salez. Le mélange doit être bien épais. Faites cuire à tout petit feu en remuant constamment. Lorsque la masse devient compacte et se détache des parois de la casserole, retirez du feu. Laissez refroidir 5 mn. Incorporez alors les œufs un à un, en fouettant énergiquement.

Faites chauffer 2 tasses d'huile d'olive dans une grande casserole à fond épais. Lorsqu'elle est sur le point de fumer faites tomber la pâte par cuillerées à soupe, comme suit : d'une main, prenez la pâte dans une cuiller, de l'autre poussez la pâte dans l'huile. Les beignets sont cuits lorsqu'ils sont dorés. Sortez-les au fur et à mesure, trempez-les immédiatement dans le sirop glacé pendant une à deux minutes. Disposez les beignets sur un grand plateau, parsemez de noix hachées et de cannelle. Pour 15 à 20 beignets.

Halva I

Salonique

- 1/2 tasse d'amandes mondées en poudre
- 6 cuillers à soupe de beurre
- 1 tasse de grosse semoule
- 1tasse 1/2 de lait
- 1 tasse de sucre
- extrait de vanille à volonté

Faites fondre le beurre dans une grande marmite épaisse, ajoutez les amandes. Faites cuire, tout en remuant, jusqu'à ce que les amandes deviennent bien dorées. Incorporez alors la semoule. Baissez le feu. Remuez sur feu très doux pendant 30 mn.

Amenez le lait à ébullition dans une autre casserole. Ajoutez le sucre et l'extrait de vanille. Une fois le sucre dissous, versez le lait sucré dans le mélange d'amandes et de semoule. Remettez sur le feu. Réduisez la chaleur au minimum, couvrez hermétiquement. Laissez cuire environ 30 mn, jusqu'à ce que tout le liquide soit absorbé.

Tassez la halva dans un grand moule décoré ou dans de petits moules individuels. Avant de servir, démoulez et saupoudrez de sucre et de cannelle. Pour 4 à 6 portions.

Halva II

Volos

1 tasse $^{3}/_{4}$ de grosse semoule
150 g de beurre à température ambiante
1 tasse $^{1}/_{2}$ de sucre
4 œufs
1 cuiller à café de cannelle
3 cuillers à soupe de cognac
$^{3}/_{4}$ de tasse d'amandes mondées en poudre
sirop glacé (voir p. 142)

Mélangez le beurre amolli avec la semoule dans un grand saladier. Ajoutez le sucre, la cannelle, le cognac et les amandes. Mélangez bien. Ajoutez les jaunes d'œufs battus. Mélangez à fond puis incorporez les blancs montés en neige ferme.

Beurrez un moule de 22 x 30 cm environ. Emplissez-le de pâte. Mettez à four moyen, chauffé 15 mn d'avance (5 au thermostat ou 180°) pendant 30 à 40 mn, la halva doit dorer.

Sortez du four et arrosez la halva avec le sirop glacé. Laissez refroidir et coupez en parts carrées. Pour 6 à 8 portions.

Souccoth

Souccoth, la dernière des fêtes « de pèlerinage », suit immédiatement Yom Kippour (le jour du Grand Pardon). Son nom provient de l'injonction faite aux Juifs de vivre pendant ces huit jours dans leur *soucca* (souccoth au pluriel), cabanes aux murs de fortune et au toit de branchages suffisamment ouvert vers le ciel pour que les étoiles soient visibles. Là, l'homme est forcé de prendre conscience de son entière subordination à Dieu ainsi que de la fragilité de sa vie matérielle. Le thème qui sous-tend toutes les cérémonies associées à Souccoth est celui des prières pour la pluie d'hiver afin de garantir de belles plantations de printemps. C'est aussi la fête des récoltes d'automne, récoltes symbolisées de façon théâtrale par les *Hashanot* (les quatre espèces), quatre types différents de fruits et de végétaux : le cédrat, le saule, le palmier et le myrte. D'une main, on tient un faisceau constitué d'une palme, d'un rameau de saule et d'un autre de myrte ; dans l'autre main, on tient un cédrat. On agite et on balance le tout de façon rituelle, au rythme de la bénédiction. Le huitième jour de la fête, *Chemini Atsereth*, marque l'achèvement du cycle annuel de lecture de la Tora. Le lendemain, une fête spéciale, appelée *Simhat Tora* (textuellement : joie de la Tora), célèbre le recommencement de ce cycle. Deux fidèles au statut particulier sont choisis pour être respectivement Hatan Tora, « le fiancé de la Tora », et *Hatan Berechit*, « le fiancé de la Genèse » ; on marque le commencement de ce nouveau cycle en les appelant à la Tora.

Autrefois, chez les Juifs de Grèce, ces huit jours n'étaient que veilles dans les synagogues, prières spéciales et réunions. Ces dernières pouvaient se tenir dans la soucca commune, édifiée dans la cour de la synagogue. C'est là que chaque matin, après les prières, tous se retrouvaient afin d'honorer les *Ushpizin*, les sept invités mystiques – Abraham, Isaac, Jacob, Moïse, Aaron, Joseph et David – qui étaient censés être les hôtes de la soucca pendant la fête. On avait suspendu des lampes à huile à l'intérieur de la cabane, décorée aussi de guirlandes de fruits secs, de branches de myrte, de grenades, de potirons et de pommes. Dans cet intérieur, ce qui attirait surtout le regard, c'était une table somptueusement dressée, entourée de divans magnifiquement recouverts de tissus brodés et de riches tapis. La coutume qui consiste à vivre dans la soucca pendant les huit jours de la fête n'est plus appliquée, mais on y prend néanmoins la plupart des repas.

Les plats de Souccoth sont en tout premier lieu fonction du symbolisme des moissons qui caractérise la fête, et des récoltes de saison. Les douceurs à base de pommes, de coings et de raisins sont courantes, de même que les gâteaux comme le ravani, le baklava ou encore les *sansandikos* et les rodanchas délicats fourrés de potiron sucré, parfumé à la cannelle. La *spentzopountza,* variante du baklava dont raffolent les Juifs de Ioannina, de Preveza et d'autres communautés de Grèce occidentale, fait aussi partie des nourritures réservées à cette période, de même que la *moustalevria,* dessert à base de moût de raisin. On trouve encore sur les tables des plats de Roch Hachana, ce qui n'est pas étonnant puisque Souccoth suit immédiatement les Grandes Fêtes. Voir aussi, au chapitre des Grandes Fêtes, p. 163, 164, 166, les recettes à base de coings et de pommes.

Reynades — Tomates et poivrons farcis

Komotini, Thrace

Les légumes farcis, que ce soit à la viande ou au riz, sont communs à la plupart des peuples des Balkans, aussi bien Juifs que Chrétiens ou Musulmans. La recette suivante est une version juive en usage à Komotini et courante en Thrace et en Macédoine. On trouve la même recette à Salonique.

6 grosses tomates bien fermes
6 poivrons verts, moyens

Pour la farce :

1 gros oignon haché menu
2 tasses de riz rond
1 grosse tomate, pelée, épépinée et hachée

5 cuillers à soupe de pignons
5 cuillers à soupe de raisins de Corinthe
1 cuiller à café de thym
4 cuillers à soupe d'aneth et de persil frais, hachés menu
1 cuiller à soupe $^1/_2$ de miel ou de sucre
6 cuillers à soupe d'huile d'olive
sel, poivre

Coupez soigneusement le chapeau des tomates et des poivrons, réservez. Creusez l'intérieur des légumes, jetez les graines des poivrons. Gardez la chair des tomates pour la farce après l'avoir débarrassée des graines.

Faites sauter l'oignon finement haché dans 2 cuillers à soupe d'huile d'olive pendant 5 mn environ jusqu'à ce qu'il commence à devenir transparent. Ajoutez le riz, la chair des tomates ainsi que la tomate hachée, les pignons, les raisins de Corinthe, le thym, l'aneth, le persil, le miel. Salez et poivrez. Mélangez bien et faites mijoter pendant 5 mn environ. Versez de l'eau dans le mélange sur une hauteur de 4 cm, ou bien, selon l'expression que j'ai entendue, d'une phalange de pouce. Laissez mijoter jusqu'à ce que l'eau soit presque entièrement absorbée, de petits cratères apparaissent alors à la surface du riz. Éteignez le feu, couvrez hermétiquement et laissez reposer pendant 20 mn, ce qui donnera au riz le temps d'absorber toute l'eau.

Remplissez soigneusement chaque tomate et chaque poivron de farce à peine jusqu'à l'ouverture. Replacez les chapeaux. Faites chauffer 3 cuillers à soupe d'huile d'olive dans une sauteuse à fond épais et faites revenir les légumes farcis avec précaution. Ne les laissez pas prendre couleur et assurez-vous qu'ils n'éclatent pas, il s'agit simplement d'attendrir l'enveloppe et de développer l'arôme.

Disposez les légumes serrés les uns contre les autres dans un plat à four et ajoutez de l'eau à mi-hauteur. Arrosez avec le reste d'huile d'olive (vous pouvez, si cela vous semble nécessaire, augmenter un peu les proportions que j'ai indiquées). Mettez à four moyen, chauffé 15 mn d'avance (5 au thermostat ou 180°) pendant 45 mn. On les sert aussi bien froids que chauds. Pour 6 personnes.

Bourekakia / Borekas — Chaussons à la viande

Salonique

Les *borekas* sont des chaussons fourrés salés. À l'origine il s'agit d'un mets turc, appelé *börek*. La pâte est en principe faite à la maison, quoique la plupart du temps, de nos jours, on utilise la fila du commerce (voir p. 317).

Pour la farce :

2 oignons moyens
1 cuiller à soupe d'huile d'olive
450 g de bœuf haché
2 huevos haminados, ou œufs durs hachés (voir p. 42)
1 gousse d'ail écrasée
3 cuillers à soupe d'aneth frais, haché menu
2 cuillers à soupe de semoule de pain azyme
1 œuf
sel, poivre

Faites sauter les oignons hachés menu dans l'huile jusqu'à ce qu'ils soient transparents. Ajoutez la viande et faites-la revenir pour lui faire prendre couleur. Ajoutez les haminados hachés, l'ail écrasé, l'aneth, la semoule de pain azyme, salez et poivrez puis mélangez à fond. Retirez du feu, laissez refroidir quelques minutes, ajoutez alors l'œuf battu, mélangez bien.

Pour la pâte :

1/2 tasse d'huile d'olive
1/2 tasse d'eau
3 à 4 tasses de farine
sel

Mettez l'huile et l'eau dans une grande casserole et amenez à ébullition. Mélangez à fond, retirez immédiatement du feu et ajoutez progressivement la farine jusqu'à ce que la pâte soit très souple. Salez, renversez sur une planche farinée, pétrissez pendant 10 mn ou jusqu'à ce qu'elle soit homogène. Fractionnez la pâte en 2 ou 3 morceaux que vous roulez en boules et couvrez avec un linge humide. Prenez une des boules de pâte, abaissez-la sur la planche farinée sur une épaisseur de 3 à 4 mm. En vous servant d'un emporte-pièce de 10 cm, découpez des disques dans l'abaisse. Déposez une cuiller à soupe de farce de viande au centre de chaque disque. Avec précaution, humectez le bord d'une moitié du disque, couvrez-le avec l'autre et pincez bien. Répétez l'opération jusqu'à épuisement de la pâte et de la farce.

Disposez les chaussons sur une plaque huilée, enduisez-les soigneusement d'huile d'olive ou de blanc d'œuf. Vous pouvez aussi les parsemer de graines de sésame. Mettez à four moyen, chauffé 15 mn d'avance (5 au thermostat ou 180°) pendant 30 mn, les chaussons doivent dorer.

Si vous vous servez de la fila du commerce, les chaussons seront remplacés par des triangles, selon la méthode suivante : coupez la fila en feuilles de 10 x 25 cm. Étalez une feuille. Enduisez-la d'huile d'olive au pinceau et pliez-la en deux dans le sens de la longueur. Mettez 1/2 cuiller à café de farce au centre de l'extrémité gauche de la feuille. Repliez le coin en bas à gauche sur le bord opposé de la bande en emprisonnant la farce. Repliez ensuite le triangle plein, et ainsi de suite jusqu'à la fin de la bande, ce qui donne un petit gâteau en forme de triangle. Enduisez d'huile après chaque pliage. Humectez votre doigt et mouillez légèrement les joints. Faites frire dans 5 cm d'huile d'olive très chaude ou bien passez au four, comme ci-dessus.

Rodanchas / Rodantikes — Pâtisseries au potiron ou à la courgette

Komotini, Salonique, Serres

Traditionnellement, ces pâtisseries étaient préparées avec une pâte faite à la maison. Comme la recette suivante requiert une pâte très fine, on se sert généralement de nos jours de la fila du commerce. Voir aussi le Tsaïzika, p. 47.

Pour les farces :

Rodanchas de kalavassa amariya I — Farce au potiron I

Les potirons grecs sont très durs, leur chair est souvent très rouge et il leur arrive d'atteindre des tailles extraordinaires et de prendre des formes bizarres. Ils sont très gros, comme en France, aussi les vend-on habituellement coupés en grosses tranches. Il vous faudra, pour cette recette, environ 450 g de potiron coupé, épluché et débarrassé des graines.

450 g de potiron
1 tasse 1/2 de sucre
1 cuiller à soupe d'huile d'olive
1 cuiller à café de cannelle

Coupez le potiron en cubes de 2,5 cm. Enlevez l'écorce. Mettez les morceaux dans une casserole à fond épais, couvrez d'eau et faites cuire jusqu'à ce que le potiron soit tendre. Retirez du feu et, à l'aide d'une fourchette, réduisez-le en purée avec le jus. Ajoutez le sucre, l'huile d'olive, la cannelle et remettez sur le feu. Faites cuire à petit feu, tout en remuant, jusqu'à ce que le mélange soit épais.

Rodanchas de kalavassa amarilla II — Farce au potiron II

Voici une variante très proche de la précédente, en provenance de Salonique.

2 tasses de purée de potiron
1 tasse 1/2 de sucre
1 cuiller à café de cannelle
1 tasse de noix, hachées menu
1 blanc d'œuf

Faites cuire la purée au bain-marie avec le sucre jusqu'à ce qu'elle soit très épaisse. Ajoutez la cannelle et les noix. Garnissez la pâte, confectionnez les gâteaux et passez-les au four selon la recette ci-dessous. Vous pouvez parsemer les gâteaux de noix supplémentaires ou les badigeonner de blanc d'œuf avant de les faire cuire. N'utilisez pas de sirop.

Rodantikas de kalavassa — Farce aux courgettes

6 courgettes moyennes
1 cuiller à soupe de farine de maïs
1/2 tasse de noix, hachées menu
1 tasse de sucre
1 cuiller à café de cannelle
2 cuillers à soupe d'huile d'olive
1 pincée de sel

Après en avoir coupé les extrémités, frottez les courgettes avec un linge pour les débarrasser des duvets. Lavez-les bien, coupez en tronçons de 5 cm et faites bouillir doucement dans un peu d'eau. Lorsqu'elles sont tendres, égouttez-les à fond et écrasez-les à la fourchette. Incorporez tous les autres ingrédients, remettez sur le feu et faites mijoter, en remuant constamment, jusqu'à ce que le mélange soit épais. Retirez du feu, laissez refroidir.

Pour compléter:

fila (voir p. 317, 318)
beurre fondu ou huile d'olive
sirop glacé (voir p. 142)

Coupez la fila en feuilles de 15 x 25 cm. Étalez une feuille. Enduisez-la de beurre fondu ou d'huile d'olive au pinceau, recouvrez-la d'une seconde feuille que vous enduisez aussi de beurre ou d'huile. En vous servant d'une cuiller ou de vos doigts, posez la farce en un ruban fin comme un crayon, sur toute la longueur de 25 cm, au ras du bord. Repliez alors et continuez à rouler de manière à former un gros tube en le badigeonnant au pinceau de beurre ou d'huile au fur et à mesure.

Prenez ensuite une des extrémités du tube et, avec précaution, enroulez toute la longueur en spirale. Pour éviter de briser la pâte ne serrez pas trop. Disposez les rouleaux les uns contre les autres sur une plaque huilée. Mettez à four moyen, chauffé

15 mn d'avance (5 au thermostat ou 180°) pendant 30 à 45 mn, les gâteaux doivent bien dorer. Retirez du four et arrosez immédiatement les rouleaux avec un sirop glacé.

Sansandikos — Pâtisseries aux noix

Salonique

Les sansandikos sont de petits gâteaux en forme de triangle, comme des baklavas miniatures, qu'on peut fourrer avec toutes sortes de farces à base de noix et de fruits secs. Les garnitures qui suivent sont les plus courantes.

Farce I

1/2 tasse d'amandes en poudre
1/2 tasse de noix, hachées menu
1/4 de tasse de pignons, hachés menu
3 cuillers à soupe de beurre fondu
2 cuillers à soupe de miel
1 cuiller à café de cannelle et de clous de girofle en poudre

Mélangez tous ces ingrédients.

Farce II

1/2 tasse de noix, hachées menu
1/4 de tasse de raisins de Corinthe, mis à tremper la veille et égouttés
1/4 de tasse d'abricots secs mis à tremper la veille, égouttés et hachés
1/4 de tasse de pignons, hachés menu
3 cuillers à soupe de beurre doux fondu
2 cuillers à soupe de miel
1 cuiller à café de cannelle et de clous de girofle en poudre

Mélangez tous ces ingrédients.

Et pour finir :

fila (voir p. 317)
beurre doux fondu
sucre glace
sirop glacé (facultatif)

Pour confectionner les triangles, suivez les instructions de la recette des bourekakia, p. 152, en remplaçant l'huile d'olive par du beurre.

Disposez les triangles sur une plaque huilée, mettez à four moyen, chauffé 15 mn d'avance (5 au thermostat ou 180°) pendant 30 à 45 mn, jusqu'à ce que les gâteaux soient bien dorés.

Retirez du four et laissez refroidir. Une fois les sansandikos refroidis, saupoudrez-les largement de sucre glace. Ou alors, lorsqu'ils sont encore brûlants, arrosez-les de sirop glacé. Vous pouvez aussi préparer une partie au sucre glace et l'autre au sirop. Compter deux gâteaux par personne. Pour 20 à 30 pièces.

Spentzopountza — Pâtisseries aux noix et aux raisins secs

Ioannina

Ces gâteaux et ceux qui suivent sont des spécialités de la communauté romaniote de Ioannina. Comme la pâte est faite maison, elle est assez consistante ; la forme qu'on lui donne est unique.

Garniture :

8 cuillers à soupe de noix et d'amandes en poudre
4 cuillers à soupe de sucre
2 cuillers à soupe de miel
4 cuillers à soupe de raisins de Smyrne hachés
et de raisins de Corinthe
$^{1}/_{2}$ cuiller à café de cannelle et de clous de girofle moulus

Mélangez tous ces ingrédients.

Pâte :

4 tasses de farine
2 cuillers à soupe de sucre
1 cuiller à café de levure
2 cuillers à soupe d'huile d'olive
1 œuf
5 cuillers à soupe d'eau
1 pincée de sel

Mélangez la farine avec le sucre, la levure et une pincée de sel. Battez ensemble l'œuf, l'huile d'olive et l'eau. Faites une fontaine dans la farine et délayez avec le mélange liquide. Si la pâte vous semble trop épaisse pour la travailler, ajoutez un peu d'eau. Renversez-la sur une planche farinée et pétrissez pendant 5 mn.

Séparez la pâte en boules faciles à étendre au rouleau. Abaissez sur 3 à 4 mm d'épaisseur environ. Coupez des bandes de 5 x 20 cm. Étendez un peu de farce dans le sens de la longueur, au milieu de la bande. Rabattez un des bords sur l'autre après l'avoir humecté avec votre doigt mouillé, et formez une petite crête en pinçant bien. Joignez les extrémités des rouleaux pour former un anneau. Humectez les deux bouts et faites adhérer la pâte en pinçant fortement. Disposez-les sur une plaque huilée. On les pose en principe la torsade vers le haut pour présenter une crête appétissante, mais si vous pensez qu'elle pourrait éclater, placez-la contre la plaque. Au pinceau, enduisez généreusement de blanc d'œuf battu. Mettez à four doux, chauffé 15 mn d'avance (3-4 au thermostat ou 120 à 160°) jusqu'à obtenir une belle couleur dorée, ce qui demande 45 mn à une heure. Donne au moins 15 gâteaux.

Spoutsipountzia — Pâtisseries aux noix

Ioannina

Farce :

450 g de noix, hachées menu
4 cuillers à soupe de sucre
1 cuiller à soupe de miel
1/2 cuiller à café de cannelle et de clous de girofle en poudre

Mélangez tous ces ingrédients.

Pâte :

farine selon besoin, 3 tasses au moins
3 cuillers à soupe d'huile d'olive
1 tasse d'eau
1 pincée de sel

Dans un grand saladier, mélangez le sel et la farine, puis ajoutez l'eau et l'huile d'olive. Mélangez bien pour obtenir une pâte souple, presque molle. Renversez-la et pétrissez pendant 5 mn.

Abaissez une partie de la pâte sur 3 à 4 mm d'épaisseur. Coupez des bandes de 4 x 8 cm. Garnissez et mettez en forme comme précédemment pour le *spentzopountza*. Mettez à four moyen, chauffé 15 mn d'avance (5 au thermostat ou 180°) pendant 45 mn. Sortez doré. Pour 15 pâtisseries au moins.

Moustoalevria **Gâteau au raisin**

Ioannina

On ne peut se procurer le « moût » nécessaire à cette recette que si on réside près d'une vigne. Le *moustos*, ou « moût », est le jus de raisin qui fermente lors du processus de vinification. Si on ne peut s'en procurer, il est possible de le remplacer en faisant macérer au soleil, pendant quelques jours, des raisins de Corinthe écrasés dans la moitié de leur poids en eau. Recueillez le liquide pour réaliser la recette suivante.

5 tasses de « moût »
1 tasse de semoule fine
amandes en poudre
cannelle

Mélangez soigneusement le moût et la semoule, mettez à feu très doux en remuant constamment jusqu'à frémissement. Toujours en remuant, laissez cuire jusqu'à ce que le mélange épaississe et ait tendance à se détacher de la casserole, ce qui demande 15 à 30 mn[1]. Retirez du feu, versez immédiatement dans des coupes individuelles, décorez avec des amandes et de la cannelle. Servez glacé. Pour 6 tasses.

1. Il existait une méthode traditionnelle pour savoir quand on pouvait arrêter la cuisson du moût : on y laissait tomber un morceau ardent de charbon de bois ; si le brandon continuait à brûler lorsqu'on le retirait, c'est que la *moustoalevria* était prête.

Les grandes fêtes : Roch Hachana et Yom Kippour

La période la plus sacrée et la plus solennelle de l'année juive est le mois d'Eloul qui prend fin avec les deux jours saints connexes, Roch Hachana (la nouvelle année) et Kippour (le Grand Pardon). Contrairement aux trois Fêtes de Pèlerinage, ces fêtes n'ont aucun caractère agricole et sont exclusivement consacrées à une introspection profonde, à la réparation des torts commis envers ses semblables et à la *téchouva,* le retour repentant de l'homme à son Créateur. Pendant le mois d'Eloul, le service, à la synagogue, diffère quelque peu de celui des autres mois de l'année. Comme c'est le dernier des mois de l'année hébraïque, il tombe en septembre-octobre du calendrier solaire. Des prières spéciales appelées *selihot* sont récitées chaque jour, de grand matin. Il y a bien longtemps, dans toutes les communautés juives de Grèce, pères et fils se levaient avant l'aube pour aller jusqu'à la synagogue offrir les prières de selihot avant shahrit, la prière habituelle du matin. Les garçons portaient la *kerayia* (lampe à huile ou petite bougie) pour éclairer le chemin. Pendant le service, on suspendait toutes ces lampes autour de la *bima* et ensuite on les remportait à la maison, toujours allumées. L'attente et les préparatifs redoublaient d'intensité de jour en jour et c'est seulement dans un quartier juif à demi replié sur lui-même qu'on pouvait réellement comprendre le sens de cette attente de plus en plus prégnante et s'en pénétrer.

Les préparatifs de trois fêtes successives commençaient vers la fin du mois d'Eloul. D'abord, Roch Hachana (le nouvel an) suivi par les Jours de Repentance ; puis Yom Kippour (le Grand Pardon) ; et, tout de suite après, Souccoth, bien que cette dernière soit plus proche par l'esprit et le caractère des Fêtes de Pèlerinage. Beaucoup des coutumes propres aux Juifs de Grèce ont malheureusement été perdues. D'autres ne perdurent que dans la mémoire des anciens qui se souviennent toujours de leurs grands-mères puisant de l'eau fraîche en fin de soirée, le dernier jour de l'année, l'entreposant dans des récipients de terre sous les étoiles, après l'avoir sucrée au miel, pour qu'elle reçoive les premiers rayons d'argent de la *serena*, la nouvelle lune de la nouvelle année. On savourait à l'avance les bienfaits de la nouvelle année en buvant une gorgée de cette eau adoucie, sanctifiée par la lune.

Comme elles dépendaient des traditions locales et des disponibilités, les nourritures servies durant cette période variaient considérablement d'une communauté à l'autre. On marquait partout le début de la nouvelle année avec une friandise, symbole d'abondance. À Roch Hachana, la coutume était de commencer le repas de fête par des pommes trempées dans du miel, des cuillerées de coings ou des pétales de rose confits au sirop. En Crète, c'étaient des monceaux de grenades fraîchement ouvertes.

Le plat principal de Roch Hachana était en général du poisson. Dans certains endroits, c'était le rouget éclatant, un petit poisson, si bien que chaque convive mangeait un poisson entier. À Salonique, où l'on trouvait le sazan (carpe), le poisson entier trônait sur la table. La tête du poisson était réservée au maître de maison car le mot *rosh*, en hébreu, signifie à la fois la tête et le commencement. Le poisson symbolise aussi le Grand Leviathan dont Israël est censé faire éternellement ses délices au Paradis. En même temps qu'on servait le poisson, on partageait entre les convives certains des morceaux les plus recherchés – les yeux, les joues, la cervelle.

Le potiron est un des plus antiques symboles de fécondité et d'abondance. Aussi n'est-il pas surprenant qu'on ait servi partout des desserts à base de potiron sous forme de rodanchas, tourtes et friandises au sirop.

Yom Kippour, jour de jeûne solennel au cours duquel on ne doit consommer ni nourriture ni boisson, n'en est pas moins marqué par deux plats spéciaux, l'un qui précède le jeûne et l'autre qui le clôt. Le plat principal des deux repas est fixé par la *kapparah*. Cette coutume, qui veut que l'on abatte un coq ou une poule (selon le sexe de la personne au nom de qui on fait l'offrande), a toujours paru fâcheuse à de nombreux Juifs pour lesquels il est impensable que qui que ce soit puisse racheter ses péchés par la mort d'un animal. C'est pourquoi l'association de la kapparah avec le jour de l'expiation gênait singulièrement beaucoup de fidèles. Dans certaines communautés, on remplaçait le poulet par un poisson, ou bien, en cas d'opposition radicale, par un don aux pauvres. La coutume est toujours en vigueur à Athènes où les familles se présentent à la synagogue, le matin précédant la fête, avec des poulets – un par membre de la famille – que le rabbin sacrifie selon un rituel immuable. Les poulets que la famille ne mange pas sont donnés aux pauvres.

On commençait la rupture du jeûne par une boisson fraîche. Chaque communauté avait son breuvage spécifique : grenade, amandes ou graines de melon sont à la base de certains d'entre eux. Traditionnellement le poulet comme le poisson étaient cuits à l'eau et assaisonnés au citron, car il est peu prudent dans un pays chaud comme la Grèce de manger un plat très salé, aussi bien avant qu'après un jour de jeûne.

Entre Roch Hachana et Kippour, on passait les journées à rendre visite à la famille et aux amis, aussi les maisons étaient-elles abondamment pourvues en friandises : travados, ravanis, baklavades, sansandikos, rodanchas... Bon nombre de ces recettes suivent, d'autres sont répertoriées dans l'index. Les pâtisseries au potiron, aux fruits et aux fruits secs ont été expliquées précédemment, au chapitre de Souccoth.

Tajikos de bimbrio — Pâte de coing I

Komotini

Choisissez des coings encore très durs et presque verts. Ils ont un arôme qui se perd dès qu'ils sont mous et mûrs.

8 coings moyens
3 tasses 1/2 de sucre, chauffé
1 citron
amandes mondées et effilées (facultatif)

Coupez les coings en quartiers, pelez-les, ôtez le cœur. Coupez-les en petits morceaux que vous faites tremper pendant 5 mn dans de l'eau légèrement salée. Retirez et rincez bien à l'eau fraîche. Faites frémir dans juste ce qu'il faut d'eau pour couvrir les morceaux jusqu'à ce qu'ils soient très tendres. Retirez du feu et égouttez. Réservez le liquide.

À l'aide d'une fourchette, réduisez les coings en purée. Remettez-les dans la casserole et ajoutez le sucre (il fondra plus aisément s'il est d'abord chauffé). Remuez bien, remettez sur le feu et amenez à toute petite ébullition. Si la purée vous paraît trop sèche, ajoutez un peu du liquide réservé. Remuez constamment jusqu'à l'ébullition et l'apparition de petits cratères à la surface. La purée doit alors être très épaisse.

Retirez du feu et ajoutez le jus de citron. Versez dans un plat à four peu profond. La couche de pâte doit avoir 2,5 cm d'épaisseur environ. Après refroidissement complet coupez en losanges ou en carrés. Si vous le désirez, décorez chaque part d'un éclat d'amande mondée. Donne environ 25 parts carrées de 2,5 cm de côté.

Glyko apo kydoni — Pâte de coing II
Dulce de bimbrio

Hania

Cette variante crétoise est assez différente de la recette précédente de tajikos, bien que les proportions de coings et de sucre soient les mêmes que ci-dessus.

Pelez puis coupez les coings en quartiers. Ôtez le cœur. Faites tremper les morceaux dans l'eau salée pendant 5 mn. Égouttez complètement. Dans une grande cocotte, mettez les cœurs, les peaux et les graines. Couvrez d'eau. Amenez à ébullition à petit feu. Laissez frémir pendant 15 mn. Retirez du feu, filtrez le liquide et reversez-le dans la cocotte. Ajoutez le sucre chauffé et le jus de citron, mettez à petit feu jusqu'à ce que le sirop nappe la cuiller en bois. Retirez du feu, ajoutez 2 ou 3 feuilles de géranium rosat et réservez.

Coupez les quartiers de coing en petits morceaux, couvrez-les d'eau et faites mijoter. Ils sont cuits lorsqu'ils sont très tendres. Retirez du feu et égouttez. Avec une fourchette, écrasez les coings en purée. Enlevez alors les feuilles de géranium du sirop, versez-y la purée. Remettez sur le feu. Faites cuire à petit feu – le liquide doit frémir – jusqu'à ce que le mélange soit très épais et que de petits cratères apparaissent à la surface. Versez une couche de 2,5 cm d'épaisseur dans un plat peu profond. Laissez refroidir. Lorsque la pâte de coing est froide, coupez-la en triangles ou en carrés. Décorez chaque part d'une demi-amande mondée ou d'un cerneau de noix. Donne environ 25 parts.

Peltes apo kydoni — Friandise au coing

Cette recette et la suivante sont deux des nombreuses friandises servies en Grèce dans les grandes occasions. Elles ressemblent à des conserves mais ne sont pas conservées ; le plus souvent on les déguste peu après leur confection. On ne les étale pas sur des tartines le matin bien qu'elles aient une consistance de confiture ou de marmelade. On les déguste plutôt en dehors des repas, présentées dans une petite coupe avec une cuiller et un verre d'eau. J'ai décrit ce rituel ailleurs (voir p. 41) ; en bref, l'invité prend un verre d'eau d'une main et une cuiller de confiture de l'autre. Après avoir prononcé une bénédiction ou fait un souhait, l'invité mange la confiture, boit l'eau à petites gorgées, met la cuiller dans le verre et repose le verre sur le plateau.

225 g de coings, pesés lorsqu'ils sont évidés et épluchés
2 à 3 tasses d'eau
2 tasses de sucre, tiédi
1 citron

Faites bouillir les coings dans une grande cocotte avec 2 ou 3 tasses d'eau. Baissez le feu immédiatement pour que le liquide frémisse juste. Laissez cuire jusqu'à ce que les coings deviennent tendres. Retirez du feu, égouttez et réduisez en purée. Réservez le liquide.

Versez une tasse du liquide réservé dans une grande casserole, ajoutez le sucre tiédi et amenez à ébullition. Dès que le sucre est entièrement dissous, ajoutez la purée de coing et le jus de citron. Faites mijoter à feu doux, le mélange finit par bouillir à gros bouillons. À ce degré-là, l'ébullition ne cesse pas, même quand on remue. La température doit atteindre 100°. Pour vérifier la cuisson, laissez tomber une goutte de sirop sur une assiette froide. Si la goutte se fige, la confiture est prête. Ne prolongez pas la cuisson, la confiture deviendrait trop dure. Retirez du feu, laissez refroidir et conservez en bocaux hermétiques. Pour 4 tasses à peu près ou un pot d'un bon litre.

Mylo tou koutaliou — Pommes à la cuiller

Volos

900 g de pommes à cuire
2 tasses de sucre tiédi
2 tasses 1/2 d'eau
extrait de vanille à volonté

Pelez, évidez et râpez les pommes. Réservez les peaux et les cœurs. Faites bouillir l'eau et le sucre dans une grande casserole, retirez du feu. Dans une autre casserole mettez les cœurs et la peau avec un peu d'eau, faites mijoter 15 mn. Passez le liquide et ajoutez-le à l'eau sucrée. Faites bouillir à petit feu. Lorsque le sirop obtenu nappe la cuiller en bois ajoutez les pommes râpées et laissez cuire 10 mn à petit feu. Retirez du feu, incorporez l'extrait de vanille, laissez refroidir. La consistance doit être celle d'une confiture épaisse, elle ne durcit pas en refroidissant. Donne à peu près 4 tasses.

Barbounia — Rougets à la vapeur

Salonique

rougets frais, si possible petits – de 20 à 25 cm de long –, 2 par personne
$^1/_2$ tasse d'huile d'olive
1 tasse d'eau
aneth et persil frais hachés : 1 cuiller à soupe de chaque
2 citrons
sel, poivre

Nettoyez et écaillez les poissons à l'eau courante. Gardez les têtes et les queues. Incisez en diagonale à 3 ou 4 reprises les flancs de chaque poisson. Mettez les rougets dans une grande poêle. Mélangez tous les autres ingrédients, versez cette sauce sur les poissons de manière à ce qu'elle pénètre dans les incisions. Couvrez bien. Faites mijoter à feu moyen pendant 10 à 15 mn.

Retirez les poissons avec précaution, disposez-les sur le plat de service, arrosez du jus de cuisson. Parsemez d'aneth et de persil hachés supplémentaires. On sert ce plat aussi bien froid que chaud.

Barbounia tiganita — Rougets frits

Hania

petits rougets frais de 20 à 25 cm de long
farine pour enrober le poisson
brins d'aneth frais
persil frais haché
1 tasse de beurre
2 citrons
sel, poivre

Nettoyez et écaillez les poissons à l'eau courante. N'enlevez ni les têtes ni les queues. Placez un brin d'aneth frais dans le ventre de chaque poisson que vous roulez ensuite dans la farine.

Faites fondre le beurre dans une grande poêle. Dès que le beurre est chaud, mais avant qu'il prenne couleur, posez les poissons et faites-les frire doucement de chaque côté. Ne les laissez pas trop cuire ; les rougets ont un goût et un arôme délicats qui disparaissent si on les cuit trop longtemps. Disposez les poissons sur un grand plat de service, arrosez de jus de citron, salez et poivrez. Garnissez de persil haché et servez chaud ou froid.

Plaki — Loup de mer (bar) au four

Hania

Les Chrétiens, les Musulmans et les Juifs de Grèce connaissent bien le bar. Chez les Juifs on le sert couramment à Roch Hachana.

1 beau loup de 3,5 kg environ, entier (tête et queue comprises)
3 cuillers à soupe de beurre fondu ou d'huile d'olive

Sauce :

2 oignons moyens, émincés très fin
2 cuillers à soupe d'huile d'olive
3 tomates moyennes pelées, égrenées et hachées
3 feuilles de laurier ou
2 ou 3 gousses d'ail écrasées
1 cuiller à soupe de miel
2 citrons
1/2 cuiller à café de cannelle et de clous de girofle moulus
1 cuiller à soupe de persil haché menu
sel, poivre

Nettoyez et écaillez le poisson à l'eau courante. Incisez les flancs. Disposez le poisson dans un grand plat à four et arrosez-le de beurre ou d'huile, que vous faites pénétrer dans les incisions. Mettez à four moyen, chauffé 15 mn d'avance (5 au thermostat ou 180°), pendant 30 mn.

Pendant que le poisson cuit, préparez la sauce. Faites revenir les oignons à l'huile d'olive. Lorsqu'ils sont transparents, ajoutez les tomates, les feuilles de laurier, salez et poivrez. Lorsque les tomates commencent à épaissir, ajoutez le miel, le jus de citron, la cannelle et les clous de girofle, laissez mijoter pendant 5 mn.

Versez cette sauce sur le poisson et remettez au four 15 mn de plus. Décorez de persil haché et servez indifféremment chaud ou froid. Pour 6 personnes.

Dans une variante fréquente, on remplace dans la sauce les feuilles de laurier par 2 gousses d'ail hachées.

Peshe en salsa tomata — Poisson à la sauce tomate

1 carpe pesant au moins 1,3 kg ou bien 700 g de filets de poisson à goût peu marqué comme l'aiglefin, le cabillaud, l'espadon ou le saumon
1 citron pressé
3 tomates moyennes, pelées, égrenées et hachées
1/2 tasse d'huile d'olive
1 oignon moyen émincé
3 ou 4 gousses d'ail écrasées
3 feuilles de laurier
1 grosse tomate coupée en rondelles
1 tasse de vin blanc
sel, poivre

Nettoyez et écaillez la carpe à l'eau courante. N'enlevez ni la tête ni la queue. Si vous utilisez des filets, ils devront être bien épais. Mettez le poisson dans un grand plat à four. Arrosez du jus de citron.

Préparez la purée : faites cuire doucement les tomates hachées dans 3 cuillers à soupe d'huile d'olive jusqu'à épaississement. Retirez du feu et laissez refroidir. Faites sauter les rondelles d'oignon dans 2 cuillers à soupe d'huile d'olive jusqu'à ce qu'elles soient transparentes. Ajoutez l'ail, les feuilles de laurier, salez et poivrez. Remuez bien et ajoutez la tomate en rondelles. Lorsqu'elle commence à se ramollir, mouillez

de vin blanc, baissez le feu pour faire mijoter 10 mn. Mélangez avec la purée de tomates. Nappez le poisson avec cette sauce.

Mettez à four moyen, chauffé 15 mn d'avance (5 au thermostat ou 180°) pendant 30 à 45 mn, jusqu'à ce que le poisson soit tendre. On sert ce plat chaud ou froid. Pour 4 personnes.

Atsada / Agristada — Poulet à la sauce tomate I

Larissa

1 poulet de 1,3 à 1,8 kg
3 ou 4 belles tomates pelées, épépinées et hachées
225 g de pain blanc ou de froment rassis, sans la croûte
3 ou 4 cuillers à soupe d'huile d'olive
$^1/_2$ tasse de noix et d'amandes hachées
3 citrons
sel, poivre

Nettoyez le poulet. Placez-le dans une grande cocotte et recouvrez-le d'eau. Amenez à ébullition. Au bout de 10 mn, écumez, baissez le feu et laissez cuire, bien couvert, pendant 30 mn. Retirez la volaille et passez le bouillon. Mettez les deux tiers environ du liquide dans un grand faitout, ajoutez les tomates, salez et poivrez. Amenez à ébullition. Remettez le poulet dans le faitout, baissez le feu, laissez mijoter environ 30 mn jusqu'à ce que la volaille soit très tendre.

Pendant que le poulet cuit, émiettez finement le pain ou passez-le au moulin. Dans un grand saladier mélangez le pain émietté avec l'huile d'olive, les noix et les amandes. Versez le jus de citron et une quantité suffisante du bouillon restant pour obtenir une purée épaisse. Salez et poivrez à volonté.

Dans un grand plat, servez le poulet très chaud avec sa sauce tomate ; présentez dans un autre plat la purée de pain arrosée d'un peu de sauce tomate.

Poyo en salsa — Poulet à la sauce tomate II

Edirne et autres lieux en Thrace

1 poulet de 1,3 à 1,8 kg
1 gros oignon, haché menu
3 ou 4 cuillers à soupe d'huile d'olive
3 ou 4 grosses tomates, pelées, égrenées et concassées
1 gousse d'ail écrasée
sel, poivre
vin blanc, si nécessaire

Coupez le poulet en morceaux, faites-les revenir doucement à l'huile d'olive jusqu'à ce qu'ils prennent légèrement couleur. Ajoutez l'oignon et l'ail, incorporez-les bien et faites-les cuire jusqu'à ce qu'ils soient transparents. Ajoutez les tomates, salez et poivrez, baissez le feu. Couvrez bien. Laissez mijoter jusqu'à ce que le poulet soit tendre et la sauce bien épaisse. Si le liquide réduit trop, mouillez d'un peu de vin blanc. Pour 4 à 6 personnes.

L'*armiko*, recette de poulet de Salonique et de Rhodes, diffère légèrement de la précédente, mais quand même assez pour qu'on remarque la nuance : faites juste revenir le poulet à l'huile d'olive sans lui laisser prendre couleur. Mettez-le alors dans une grande cocotte. Dans la première casserole, faites cuire les tomates avec une tasse de persil jusqu'à épaississement. Ajoutez le jus de deux citrons, mélangez bien puis versez cette sauce sur le poulet. Faites cuire comme ci-dessus bien couvert en ajoutant du vin blanc si nécessaire.

Rafraîchissements pour rompre le jeûne de Yom Kippour

Lorsque les hommes rentrent à la maison après le coucher du soleil, au sortir de la synagogue où a retenti la dernière sonnerie du Chofar, ou corne de bélier, on rompt généralement le jeûne de Kippour avec un breuvage désaltérant. Ces boissons diffèrent de communauté en communauté.

Vous trouverez ci-après un échantillonnage représentatif de diverses régions de Grèce.

Ayran

L'*ayran* est une boisson traditionnelle en Turquie et en Thrace orientale. Délicieux servi glacé, il n'est absolument pas réservé à Yom Kippour.

6 tasses de yaourt
2 tasses $^1/_2$ d'eau glacée
1 pincée de sel

Éventuellement, débarrassez le yaourt de ses peaux, fouettez-le avec l'eau et ajoutez la pincée de sel. En boisson d'été on ajoute un peu de menthe fraîche hachée. Pour 8 tasses.

Vichnada et grenadine

La *vichnada* (ou *vijna, hijna, vissinada*) est faite avec des griottes. La grenadine est un sirop de jus de grenade. Les deux sont plutôt difficiles à réaliser à la maison, mais les marchands de boissons les vendent en concentrés. Pour servir, on dilue le sirop avec de l'eau glacée à volonté. La tradition de rompre le jeûne avec ces boissons était surtout caractéristique de Crète, de Corfou et de Zakynthos.

Lemonada — Citronnade

À Athènes la boisson habituelle pour rompre le jeûne est la citronnade quoique de nombreuses personnes la trouvent trop acide. Pour la préparer, suivez n'importe quelle recette de citronnade à base de jus de citron, d'eau et de sucre à volonté.

Soumada — Boisson aux amandes

La *soumada* avait grande réputation en Crète. C'est une boisson délicieuse et raffinée, qui vaut bien le temps requis par sa préparation. C'est aussi une boisson d'été très rafraîchissante.

2 tasses d'amandes mondées en poudre
4 tasses $^{1}/_{2}$ de sucre chauffé
3 tasses d'eau
$^{1}/_{2}$ cuiller à café d'extrait d'amande

Amenez l'eau à ébullition, ajoutez les amandes et retirez du feu immédiatement. Laissez reposer le mélange toute la nuit, ou pendant 6 heures au moins. Passez alors à travers une mousseline, versez le liquide obtenu dans une grande casserole, ajoutez le sucre. Faites mijoter à petit feu jusqu'à obtention d'un sirop qui nappe la cuiller en bois. Incorporez l'extrait d'amande et laissez refroidir. Mettez en bouteilles que vous rangez au frais et à l'obscurité. Pour consommer, versez 2 à 3 cuillers à soupe de ce concentré dans un verre d'eau glacée et mélangez.

Pepitada — Boisson aux graines de potiron

Cette boisson était courante à Rhodes et on la buvait aussi à Salonique et dans d'autres communautés séfarades de Grèce.

3 à 4 tasses de graines de potiron séchées (conservées après la préparation de rodanchas, p. 153)
2 l d'eau
$^{1}/_{2}$ tasse de sucre tiédi
extrait d'amande ou eau de rose

Lavez les graines à l'eau courante jusqu'à ce qu'elles soient débarrassées de toute pulpe ou filaments. Égouttez-les bien, étalez-les sur un linge au soleil pendant 3 à 4 jours pour les faire sécher. Si le soleil est absent, passez-les à four doux jusqu'à ce qu'elles soient sèches. Plusieurs jours avant Kippour, étalez les graines sur une plaque. Mettez à four chaud (5-6 au thermostat ou 180 à 200°) pour les faire bien dorer. Lorsqu'elles sont grillées, écrasez-les dans un mortier. Enfermez ces graines écrasées dans une poche de mousseline que vous mettez à tremper dans de l'eau très chaude pendant 24 heures au moins. Retirez la poche, exprimez bien tout le jus qu'elle contient au-dessus du liquide. Mettez ce liquide à feu doux, ajoutez le sucre et mélangez. Faites cuire en remuant jusqu'à ce que le sucre soit dissous. Mélangez l'extrait d'amande ou, si vous préférez, de l'eau de rose à volonté. Servez bien glacé. Donne 2 litres.

N. STAVROULAKIS

Hanoukka

Hanoukka célèbre la victoire des Juifs sur les Grecs, lors de la révolte des Maccabées au IIe siècle avant l'ère chrétienne. Par une ironie du sort, il se peut que quelques-unes des premières communautés juives de Grèce aient été fondées par des Juifs hellénisés qui s'étaient compromis avec les Grecs et avaient donc fui avec leurs armées en retraite pour s'établir dans leur pays. L'esprit de Hanoukka étant ouvertement antihellène, et les Juifs hellénisés n'allant tout de même pas célébrer leur propre défaite, il n'est pas surprenant que Hanoukka ne soit pas, en Grèce, une grande fête, comme à l'Ouest. De surcroît, il se pourrait que ce soit la proximité de Hanoukka avec Noël qui explique l'importance de cette fête juive en Occident. Or, en Grèce, Noël n'est devenu une grande fête que ces dernières années.

Tous les Juifs servent traditionnellement des fritures à Hanoukka. L'usage de l'huile symbolise clairement l'huile miraculeuse qui brûla dans les lampes du Temple de Jérusalem de nouveau consacré. Les mets spécifiques de Hanoukka sont toutes sortes de crêpes et de desserts cuits à grande friture. Tous les desserts des grandes fêtes peuvent être offerts aussi lors des festivités de Hanoukka sauf, bien sûr, ceux qui nécessitent des ingrédients introuvables en hiver. Le chapitre sur Chavouoth inclut les recettes de nombreux mets, comme le halva et les *loukoumades* qui sont présents sur les tables à Hanoukka aussi.

On utilise uniquement de l'huile d'olive pour les fritures. La bonne huile d'olive grecque compte parmi les meilleures du monde. Sa couleur va du vert pâle à l'émeraude et son goût est soutenu sans être exagéré. Vous pouvez la remplacer pour moitié ou en totalité par de l'huile d'arachide ou de maïs si son goût vous paraît dénaturer celui des autres ingrédients.

Tiganites — Crêpes de Hanoukka

Ioannina

Les *tiganites*, dont le nom dérive du grec *tigani*, ou poêle à frire, sont souvent présentées à Hanoukka. On utilise en général de la farine ordinaire, mais elles sont spécialement délicieuses à la farine complète.

2 tasses de farine complète (ou de farine ordinaire)
$^1/_2$ cuiller à café de levure alsacienne
1 pincée de sel
1 cuiller à soupe de miel ou de sucre
1 cuiller à soupe d'huile d'olive
$^1/_4$ de tasse d'eau au moins
1 petit verre d'ouzo, de *mastiha* ou bien de raki, 5 cl environ
4 cuillers à soupe d'huile d'olive, pour la friture
cannelle et sucre, ou miel et noix

Dans une grande terrine, mélangez la farine, la levure et le sel. À part, dans un saladier, mélangez le miel et l'huile d'olive avec $^1/_4$ de tasse d'eau. Versez ce mélange dans la préparation à base de farine, délayez. La pâte doit être légère, allongez-la d'un peu d'eau si besoin. Parfumez avec le verre d'alcool. Laissez reposer 1 heure au moins.

Faites chauffer 4 cuillers à soupe d'huile dans une grande poêle à frire. Une fois l'huile chaude mais non fumante, versez la quantité de pâte requise pour obtenir une crêpe de la taille voulue. À peine cuite, saupoudrez chaque crêpe de cannelle et de sucre, ou bien de miel et de noix hachées fin. En Grèce, on n'empile jamais les crêpes. Pour 20 crêpes au moins.

Lalangites / Tiganites — Crêpes à la farine complète

Ioannina

Lalangites est le nom donné aux traditionnelles tiganites par les enfants de Ioannina. Au début du siècle, à Ioannina, un vieux Chrétien nommé Stellio ou Lelio, ainsi que les enfants l'appelaient, installa un petit éventaire dans le quartier juif pour vendre des tiganites, à Hanoukka. En hiver, Ioannina est très froide et humide, et les enfants s'attroupaient autour de son brasero, à la fin de l'après-midi, lui réclamant sans cesse des crêpes toutes chaudes. Lelio, énervé par la marée de petites mains se tendant pour saisir les crêpes, criait tour à tour « *mi gizis* » (ne touche pas) et « *gites* » (prends-la) la seconde suivante, lorsque les enfants payaient. À partir des sons « Lelio », « mi gizis » et « gites », les enfants composèrent pour les crêpes de Stellio le nom de Lalangites.

8 cuillers à soupe de farine complète
1 œuf
1 tasse $^1/_2$ de lait
1 cuiller à soupe d'huile d'olive
1 pincée de sel
4 cuillers à soupe d'huile d'olive pour la friture
miel, ou sucre et cannelle

Faites une pâte légère en mélangeant tous les ingrédients. Dans une grande poêle à crêpes faites bien chauffer 4 cuillers à soupe d'huile d'olive mais sans la laisser fumer. Faites cuire la pâte par petites quantités, 2 à 3 cuillerées à soupe à la fois. Les deux côtés doivent être bien cuits. Arrosez de miel ou bien saupoudrez de sucre et de cannelle. Servez très chaud. Pour 15 à 20 crêpes.

Tiganites — Crêpes à la farine de riz I

Corfou, Zakynthos

1 tasse de farine de riz
1 cuiller à soupe de sucre
1 cuiller à café de levure chimique
1 pincée de sel
3 œufs
$^1/_2$ tasse de lait ou plus
4 cuillers à soupe d'huile d'olive
1 sirop glacé (voir p. 142)
noix et amandes concassées

Dans un grand saladier, mélangez la farine de riz, le sucre, la levure et le sel. Battez les œufs avec 1/2 tasse de lait et délayez le tout dans la préparation. Ajoutez du lait pour obtenir une pâte légère. Laissez reposer pendant une heure au moins.

Dans une poêle à crêpes épaisse faites bien chauffer 4 cuillers à soupe d'huile d'olive, sans laisser fumer, versez 2 à 3 cuillerées à soupe de pâte et faites bien cuire des deux côtés. Dès que vous sortez une crêpe de la poêle, plongez-la sans attendre dans le sirop glacé. Disposez sur un grand plat et parsemez généreusement de noix et d'amandes concassées. Pour 10 à 15 crêpes.

Fritoles — Crêpes à la farine de riz II

Corfou

1 tasse 1/2 de farine de riz
1/2 cuiller à soupe de sucre
2 œufs
yaourt délayé avec du lait, si besoin
1 pincée de sel
4 cuillers à soupe d'huile d'olive

Battez les jaunes en crème. Montez les blancs en neige ferme. Dans un grand saladier, mélangez tous les ingrédients secs. Délayez-y une petite quantité du mélange de lait et de yaourt puis les jaunes d'œufs. Lorsque la pâte est assez épaisse, incorporez les blancs en neige ferme. Délayez avec du lait : la pâte doit être lisse, légère et fluide.

Dans une poêle épaisse, faites chauffer 4 cuillers à soupe d'huile d'olive. Versez la pâte par cuillerées, afin d'obtenir de petites crêpes. Faites bien cuire des deux côtés et servez très chaud, saupoudré de sucre et de cannelle, ou parsemé de noix et arrosé de miel.

Zvingous / Loukoumades — Beignets de pâte à choux

Toutes les communautés romaniotes

Les *zvingous* sont la version romaniote et aussi chrétienne de ce qu'on appelle bumuelos ou *bimuelos* en djudezmo. Ce sont des beignets de pâte à choux. On trouve p. 145, au chapitre de Chavouoth, une recette de loukoumades au lait.

2 cuillers à soupe d'huile d'olive
$^3/_4$ de tasse d'eau
1 pincée de sel
1 tasse $^1/_2$ de farine
4 œufs
2 à 3 tasses d'huile d'olive pour la friture
1 sirop glacé (voir p. 142)
amandes et noix concassées

Dans une grande casserole épaisse, amenez l'eau à ébullition avec l'huile d'olive et le sel. Retirez du feu sans attendre et mélangez rapidement la farine. Battez énergiquement jusqu'à obtention d'une pâte épaisse. Incorporez les œufs battus. La pâte doit être assez épaisse pour que vous ayez besoin de vos doigts pour la détacher d'une cuiller.

Dans une grande casserole à fond épais, faites bien chauffer l'huile d'olive jusqu'à ce qu'elle commence juste à fumer. Pour vérifier si elle est assez chaude, laissez tomber un petit morceau de pâte ; s'il commence tout de suite à grésiller et à gonfler, c'est que l'huile est à la bonne température.

En vous servant d'une grande cuiller à soupe, poussez des cuillerées de pâte à frire dans l'huile chaude avec votre doigt. La meilleure technique consiste à tremper d'abord la cuiller dans de l'huile puis à prendre une cuillerée de pâte ; avec l'index de votre main libre, poussez la pâte dans l'huile. Ne faites pas frire trop de beignets à la fois. Quand ils remontent à la surface et deviennent bien dorés, sortez-les, arrosez-les tout de suite de sirop glacé et parsemez-les de noix et d'amandes concassées. Pour 15 à 20 beignets.

N.S.

Loukoumades

Hania

Voici une variante des zvingous ci-dessus.

- 6 cuillers à soupe de beurre doux fondu ou d'huile d'olive
- $^{1}/_{2}$ tasse d'eau
- 1 cuiller à café de zeste de citron râpé
- 2 tasses de farine
- 1 cuiller à café de levure chimique
- 8 œufs
- 1 tasse $^{1}/_{2}$ d'huile d'olive pour la friture
- 1 sirop glacé (voir p. 142)
- noix, noisettes, amandes ou pistaches, hachées ainsi que cannelle

Mettez l'eau dans une grande casserole avec le beurre, ou l'huile d'olive si vous préférez. Amenez à ébullition, ajoutez le zeste de citron, la farine, la levure. Baissez le feu : la préparation doit juste frémir. Faites cuire à petits bouillons, tout en remuant. Il faut environ 10 mn pour obtenir une pâte lisse et épaisse, sans grumeaux. Retirez du feu, laissez refroidir 15 mn. Tout en fouettant vigoureusement, incorporez alors les œufs un à un. Continuez à tourner énergiquement, la pâte doit être homogène et onctueuse.

Faites frire à l'huile d'olive comme ci-dessus pour les zvingous. Sortez les loukoumades du bain de friture, plongez-les aussitôt dans un sirop glacé. Une autre méthode consiste à les arroser de sirop puis à les parsemer de noisettes, de noix, d'amandes, de pistaches concassées ou de cannelle. Donne 20 à 30 beignets.

Halva III
Salonique

4 cuillers à soupe de beurre
1/2 tasse d'amandes mondées, hachées
8 cuillers à soupe de semoule grosse
3 tasses de lait
1/2 tasse de sucre
extrait de vanille
cannelle et sucre

Dans une grande casserole, faites fondre le beurre puis ajoutez les amandes. Faites revenir pendant quelques minutes en surveillant : le beurre ne doit pas brûler. Une fois les amandes bien dorées, incorporez la semoule. Continuez la cuisson à feu doux en tournant constamment. Lorsque la semoule a bien pris couleur, retirez du feu.

Dans une autre casserole, amenez le lait et le sucre à ébullition, baissez le feu. Une fois le sucre complètement dissous, ajoutez de l'extrait de vanille à volonté. Versez dans la semoule. Mélangez à fond. Remettez à petit feu, faites mijoter jusqu'à ce que la halva soit très épaisse. Retirez du feu, couvrez hermétiquement et laissez reposer pendant 30 mn au moins ; presque tout le liquide doit être absorbé.

Tassez la halva dans de petits moules, laissez refroidir. Démoulez chaque portion individuelle sur une assiette, saupoudrez de sucre et de cannelle.

Halva kai tyri / Halva kon kuezo — Halva au fromage
Hania

1/2 tasse de sucre
8 cuillers à soupe de beurre
1 tasse d'eau
4 cuillers à soupe de semoule, grosse
225 g de mezithra, ou de fromage fermier sans sel

extrait de vanille
cannelle et sucre, ou miel et noix

Dans une grande casserole à fond épais, laissez fondre le sucre et le beurre dans l'eau à petit feu. Pendant ce temps, mélangez le fromage et la semoule. Versez de petites quantités de liquide chaud sur le mélange sec. Lorsque la pâte est assez fluide et bien homogène, versez-la dans le reste du liquide, remuez bien, le mélange doit être lisse et sans grumeaux. Ajoutez de l'extrait de vanille à volonté et remettez sur le feu. Faites cuire en remuant constamment jusqu'à ce que le mélange soit très épais et commence à se détacher des parois de la casserole. Retirez du feu et versez dans un moule beurré de 22 x 32 cm, sur 5 cm de profondeur environ. Répartissez également l'épaisseur. Mettez au réfrigérateur jusqu'à ce que le halva soit bien pris. Coupez en triangles ou en losanges de 5 cm de côté, ou en losanges. Saupoudrez de sucre et de cannelle ou encore servez chaque part arrosée de miel et parsemée de noix hachées. Donne 20 à 24 parts.

Tou Bichevat

Tou Bichevat, la fête des fruits, « Las froutas » pour les Séfarades, marque le début du printemps pour la majorité des Juifs grecs. Ce qui correspond à son sens premier, d'avant la destruction du Temple, quand on bénissait et partageait les graines destinées aux semailles de printemps : semailles qui seraient mûres à Chavouoth, pour les moissons vernales. Après la destruction du Temple, la fête perdit de son importance. Elle fut remise à l'honneur par les grands mystiques de Safed et fut chargée d'un symbolisme religieux intense par les Séfarades. L'hiver était identifié à la longue attente du Messie par Israël, les graines renfermant la vie symbolisant l'âme plongée dans les difficultés du monde. Ce symbolisme était poussé plus loin encore par certains mystiques : pour eux, la promesse de vie contenue dans les graines était semblable à l'étincelle divine qui, pour être cachée, n'en est pas moins présente partout, et ne pouvait retrouver ses origines que par la rédemption. La fête de Tou Bichevat devint celle de l'espoir et de l'attente.

Dans la plupart des communautés juives grecques, la bénédiction en commun des graines est toujours pratiquée : une bénédiction sur le blé, une sur les fruits des arbres et de la vigne, une troisième sur les fruits de la terre. Trois coupes ou plateaux sont prévus. L'un est rempli de grains de blé, le second de raisins, grenades et caroubes, le troisième de graines de carottes et de melons. Les enfants vont encore de nos jours de maison en maison recevoir des sachets de fruits mélangés.

Comme pour toutes les fêtes communautaires ou familiales, on offre toutes sortes de friandises : le halva, les baklavas et les travados par exemple. Surtout, dans un grand plat ou dans plusieurs petites coupes, on sert l'*achouré*.

L'histoire de ce mets très intéressant remonte à la Grèce ancienne. Dans l'Antiquité, c'était une offrande destinée à se concilier les Dieux des ténèbres, en particulier Pluton, Poséidon et Perséphone. Présent dans les cérémonies liturgiques funéraires des Grecs chrétiens ainsi qu'aux commémorations des morts, l'achouré était mangé rituellement par les personnes en deuil ; parfois, on le répandait sur la tombe. Son nom grec est *kolyva*, c'est un mélange de blé cuit, de raisins secs, de grains de grenades et de miel.

C'est probablement en raison de la ressemblance frappante de l'achouré avec les fruits de Tou Bichevat que les Juifs l'ont adopté. On pense qu'il leur est parvenu plutôt par les Musulmans que par les Grecs. Certains ont essayé de montrer que le mot achouré dérivait du grec *sira* (ordre) par une traduction de l'hébreu seder, qui décrirait les graines placées dans un certain ordre pour la bénédiction ; mais au contraire, achouré est un mot turc, provenant du mot arabe qui signifie dix. Il se rapporte au dixième jour de Muharram, ou *Asuré Günü*, anniversaire de la mort de Hassan et Hussein, les petits-fils du prophète Mohamed. Ce jour-là, en Turquie, les maîtresses de maison préparent d'énormes quantités d'achouré dans le seul but de les offrir aux pauvres. C'est probablement en ajoutant divers fruits secs et graines qui reflètent l'esprit de Tou Bichevat que les Juifs ont marqué ce plat de leur empreinte.

Le symbole profond de la vie cachée derrière la mort apparente est commun aux Juifs, aux Musulmans et aux Chrétiens par leur emploi de l'achouré. C'est un mets lié à l'idée d'espoir et de renaissance.

Achouré I

Salonique

1/4 de tasse de petits haricots blancs, trempés toute une nuit
1/4 de tasse de pois chiches, trempés toute une nuit
1/4 de tasse de riz, long ou rond
110 g de grains de blé complet
2 tasses de sucre, tiédi
2 tasses de lait
1 tasse d'un mélange de dattes et de figues hachées
1 tasse d'un mélange de raisins de Smyrne et de Corinthe
1 tasse d'un mélange d'amandes mondées, finement hachées, et de pignons
extrait de vanille

Après avoir fait tremper les haricots et les pois chiches toute la nuit, faites-les bouillir à feu moyen jusqu'à ce qu'ils deviennent tendres. Égouttez et laissez refroidir. Faites cuire le riz à part, jusqu'à ce qu'il soit tendre et qu'il ait absorbé toute l'eau. En même temps, faites cuire le blé à l'eau bouillante jusqu'à ce qu'il soit très tendre. Cela peut demander jusqu'à 5 heures, en fonction du blé. Rectifiez le niveau de l'eau, les grains doivent rester immergés. Environ 10 mn avant la fin de la cuisson, ajoutez suffisamment d'eau pour qu'il reste 4 à 5 tasses de liquide au moins une fois le blé égoutté. Mélangez le blé égoutté avec le riz et les haricots.

Versez l'eau de cuisson du blé dans une grande casserole, ajoutez le sucre, mélangez, et lorsqu'il a fondu amenez rapidement à ébullition. Ajoutez le lait, amenez à frémissement en réduisant le feu. Laissez cuire en remuant de temps à autre jusqu'à obtention d'un sirop qui nappe la cuiller en bois. Ajoutez alors le blé, les haricots, les pois chiches et le riz ainsi que quelques gouttes d'extrait de vanille. Amenez à petits bouillons. Ajoutez le hachis de dattes, de figues et de raisins secs et laissez cuire doucement pendant 15 mn.

Retirez du feu, dressez en dôme aplati sur un grand plat de service ou emplissez de petits bols de portions individuelles. Parsemez avec les amandes hachées et les pignons. Mettez au réfrigérateur.

Dans certaines communautés, l'achouré est d'abord rafraîchi et ensuite saupoudré de sucre glace puis décoré des amandes et pignons hachés. Donne environ 6 tasses.

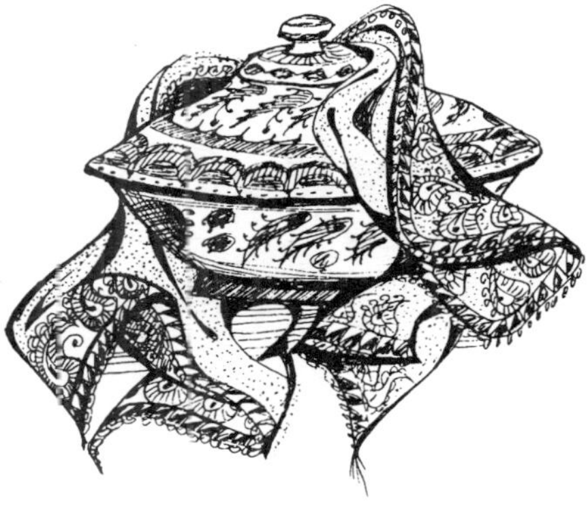

Achouré II
Larissa

450 g de grains de blé entiers mis à tremper 48 heures
1 tasse de raisins de Smyrne mélangés à des raisins de Corinthe
1 tasse 1/2 d'un mélange de noix, amandes, noisettes et pignons, le tout haché menu
1 tasse de sucre
1/2 tasse de miel
cannelle
sucre glace
graines de grenade

Mettez à tremper le blé dans son volume d'eau pendant 48 heures. Faites bouillir le tout. Les grains sont cuits lorsqu'ils sont tendres, ce qui devrait demander 2 à 3 heures, moins de temps donc que dans la recette précédente. Au cours de la cuisson ajoutez de l'eau si nécessaire : il doit rester au moins 3 tasses de liquide en fin de cuisson. Égouttez le blé, réservez le jus. Dans un grand bol, mélangez tous les fruits secs avec le blé. Parfumez à volonté avec la cannelle.

Dans une autre casserole, faites chauffer le sucre, versez le miel et environ 2 tasses d'eau de cuisson du blé et mélangez. Commencez à petit feu, jusqu'à la dissolution du sucre. Laissez cuire pour obtenir un sirop léger. Versez ce sirop dans la préparation de blé, incorporez à fond. Laissez reposer 1 heure environ, ou faites rafraîchir au réfrigérateur.

Disposez l'achouré en dôme aplati sur un grand plat de service. Saupoudrez de sucre glace, décorez de graines de grenade.

Pourim

Pourim rappelle comment les Juifs de Babylone ont échappé à Aman. Pour les Juifs grecs, cette fête annonce l'arrivée imminente du printemps car c'est à ce moment que commencent les grands préparatifs de Pessah. Le premier jour du mois d'Adar, quinze jours avant la célébration de Pourim, le quartier juif de Ioannina se réveillait au son de l'*Irtamen*. En petits groupes, les enfants faisaient la tournée des maisons en frappant des triangles de métal avec de petites baguettes métalliques et en chantant une chanson sans queue ni tête :

Irtamen kai kalos sas ivramen
Tora to rishodes
ton penemenon ton doksasmenon
Dekapente sto Pourim
kai trianta sta zoumaria.

Avraam Aeto se tsakose to Peto
a mouli mouli tsakose to yiouli
osa karfia kai petala
ston Aman ston Arour
sto Biko tsiriamim.

Nous voilà, nous voilà, et nous espérons vous trouver
en bonne santé,
Maintenant à Rosh Hodesh,
le méritoire, l'honorable,
Quinze pour Pourim
et trente pour le pain azyme.

Abraham Leto[1] a tué le coq
ah, mouli, mouli, il a coupé le yiouli[2]
et transpercé Aman et Arour
en leur jetant des clous et des fers à cheval
pour leur porter malheur.

(Traduit de la version anglaise de Timothy DeVinney et Anita Levy.)

---

1. Abraham Leto était un docteur autodidacte à Ioannina.
2. Un "yiouli" est une fleur.

Pendant leur tournée, ils s'arrêtaient à la porte des maisons où on leur donnait des friandises ou des *paflas*. Les paflas étaient de petites pièces en fer-blanc fabriquées par les synagogues de la ville et vendues aux gens qui les donnaient ensuite aux enfants. À la fin de la journée, les enfants allaient à la synagogue de leur quartier et revendaient les piécettes, pour un prix dérisoire bien sûr.

Quinze jours plus tard, on célébrait Pourim avec des fêtes, des mascarades et des mimes qui évoquaient l'histoire, lue dans la *Meguilla* d'Esther, des Juifs de Babylone échappant au cruel Aman. Les enfants s'habillaient de costumes extravagants et les adultes eux-mêmes se déguisaient avec des vêtements transmis de génération en génération. Les fêtes de Pourim comprenaient un jeu de dés et les gagnants recevaient souvent comme prix une friandise ayant la forme d'un attribut dégoûtant du méchant Aman : ses oreilles, son nez, ses ongles, ses yeux ou même ses puces !

Chaque communauté avait des coutumes et des nourritures qui lui étaient propres. Salonique était réputée pour ses *folares* ou *novies*. Elles étaient faites de pâte d'amande colorée en forme de jeune homme à cheval, de mariée, de ciseaux, d'horloge, de panier, ou de toute autre silhouette, selon le bon plaisir de la cuisinière. À Komotini, on trouvait des folares spéciaux, ayant la forme du pied d'Aman, un œuf enfoncé en son centre.

Le Pourim d'Esther n'était pas le seul Pourim célébré en Grèce. Presque chaque communauté avait sa propre Fête des Sorts qui rappelait, conformément à une loi talmudique, un événement au cours duquel cette communauté avait été sauvegardée. Jadis, Komotini fêtait un Pourim le 22 du mois d'Eloul, date à laquelle la communauté avait échappé aux Russes en 1768. À Héraklion (Candie) en Crète, un Pourim commémorait un événement de 1578, où les Juifs avaient été pris entre deux feux dans la guerre entre les Turcs et les Vénitiens. À Ioannina, un Pourim, connu sous le nom de Pourim sikiliote ou sicilien, n'était célébré que par les descendants des

Juifs qui avaient quitté les territoires italiens sous domination espagnole pour fuir l'Inquisition, au début du XVIe siècle. Encore à la fin du XIXe siècle, les Juifs de Zakynthos instaurèrent un Pourim commémorant l'interdiction d'un des nombreux libelles sanguinaires diffusés en ce temps-là. Une bande de provocateurs était venue dans l'île pour propager la rumeur du meurtre d'une enfant chrétienne par les Juifs de Corfou. Lors de leur débarquement à Zakynthos, un vieil homme apparut, les avertissant que des patrouilles anglaises les recherchaient. Retournant à leur bateau, les brutes s'enfuirent. Dans la forme que l'histoire prit par la suite, le vieil homme se révélait être le prophète Elie en personne, et on instaura un Pourim spécial.

De nos jours, Pourim n'est plus célébré comme une fête communautaire, mais il y a toujours des festivités et les enfants se déguisent encore. Si la fête a lieu en même temps que les *Apokries*, le carnaval grec chrétien qui précède le Carême, on peut voir les enfants chrétiens et juifs ensemble, déguisés, déambulant main dans la main avec leurs parents, le long des rues.

Novies — Pâte d'amande de Pourim

Salonique

3 tasses d'amandes mondées en poudre
5 tasses de sucre glace
$^1/_4$ à $^1/_2$ cuiller à café d'extrait d'amande
1 blanc d'œuf
eau pour assouplir la pâte

Mêlez les amandes en poudre et le sucre. Mouillez petit à petit avec de l'eau en remuant pour obtenir une pâte épaisse et souple. Ajoutez l'extrait d'amande ou humectez-en vos mains, puis pétrissez la pâte pendant 5 mn. Fouettez le blanc en neige ferme, incorporez-le à la pâte, pétrissez 5 mn de plus. Prenez de petits morceaux de pâte que vous roulez entre les paumes de vos mains en tubes fins comme des crayons. Confectionnez avec de petites silhouettes. Déposez-les sur la plaque du four.

À Salonique, selon la coutume, on confectionnait de petits paniers, des ciseaux, des tasses, des chaussons, et même des figurines féminines pour les fillettes. Pour les garçons, on faisait des silhouettes d'hommes à cheval, des montres de gousset, des tasses et des figurines masculines. La pâte était incolore[1].

Disposez-les sur la plaque du four. Mettez à four moyen, chauffé 15 mn d'avance (5 au thermostat ou 180°) pendant 10 à 15 mn, le temps que la pâte durcisse.

Aftia tou Aman — Oreilles d'Aman I

Trikala, Ioannina

- 3 à 4 tasses de farine
- 1 cuiller 1/2 à soupe de sucre
- 1/2 tasse d'huile d'olive
- 5 œufs
- 1/2 tasse d'un mélange de noix et d'amandes hachées menu
- 3 tasses d'huile d'olive pour la friture

Dans un grand saladier, mélangez intimement la farine et le sucre. Versez l'huile d'olive et les œufs battus. Mélangez à la cuiller en bois jusqu'à ce que la pâte soit souple. Renversez-la sur une planche bien farinée. Pétrissez pendant 5 à 10 mn.

Abaissez la pâte au rouleau sur environ 8 mm d'épaisseur. Coupez des bandes de 2,5 x 22 cm. Saisissez les extrémités d'une bande et ramenez-les au centre pour former une double boucle. Fixez en appuyant fort sur le joint. Procédez de même pour toutes les bandes.

Faites chauffer l'huile. Lorsqu'elle est sur le point de fumer, laissez-y tomber les oreilles. Faites-les frire jusqu'à ce qu'elles soient bien dorées. Retirez, égouttez soigneusement et disposez sur un grand plat de service.

Lorsqu'elles sont toutes frites, préparez le sirop suivant :

---

1. Une variante des *novies* était faite avec de la pâte d'amande crue ou avec une pâte sucrée, crue aussi, à base de sucre glace, de farine de maïs et d'eau. Ces variantes étaient colorées.

$^1/_2$ tasse de sucre
$^1/_2$ tasse de miel
1 tasse d'eau
le jus d'un citron et une cuiller à café de zeste de citron râpé

Faites dissoudre le miel et le sucre dans l'eau à feu moyen. Laissez frémir en remuant de temps à autre, jusqu'à obtention d'un sirop léger. Arrosez les « oreilles » avec ce sirop et parsemez immédiatement avec les noix et les amandes hachées. Donne 30 beignets environ.

Orejas de Aman — Oreilles d'Aman II

Salonique

3 œufs
1 pincée de sel
4 cuillers à soupe de jus d'orange frais
2 cuillers à soupe de sucre glace
$^1/_4$ de tasse d'amandes en poudre
2 tasses de farine
3 tasses d'huile d'olive pour la friture

Battez les œufs en omelette mousseuse dans un grand saladier. Salez, versez le jus d'orange. Ajoutez le sucre et les amandes. Versez la farine tout en remuant vivement à la cuiller en bois. Fouettez pour obtenir une pâte souple. Renversez sur une planche farinée. Pétrissez pendant 5 à 10 mn. Abaissez sur 8 mm d'épaisseur. Coupez des disques de 10 cm de diamètre avec un emporte-pièce. Coupez chaque disque en deux. Pincez le milieu du rayon entre le pouce et l'index pour relever légèrement les deux extrémités tout en formant une bosse ou une boucle au centre. Les *orejas* sont censées ressembler à des oreilles à bouts pointus, bien qu'elles fassent plutôt penser à des papillons !

Faites chauffer 3 tasses d'huile d'olive. Lorsque l'huile est sur le point de fumer, plongez-y les orejas, une par une, avec précaution, et faites-les dorer. Ne surchargez pas le bain de friture, vous déformeriez les orejas. Retirez, égouttez puis empilez les orejas ou disposez-les sur un grand plat.

Préparez le sirop :

2 tasses de sucre
$^{1}/_{2}$ tasse de miel
1 tasse d'eau
1 cuiller à soupe de jus de citron
cannelle et clous de girofle moulus, à volonté
$^{1}/_{2}$ tasse d'amandes hachées menu

Amenez le miel à ébullition avec le sucre et l'eau. Versez le jus de citron et faites frémir jusqu'à ce que le sirop commence à épaissir. Ajoutez la cannelle et les clous de girofle moulus. Faites cuire à petit feu jusqu'à la formation d'un sirop épais. Versez-le sur les orejas froides, parsemez sans attendre d'amandes hachées. Pour 20 orejas environ.

Folarikos

Petits pains de Pourim
Pieds d'Aman

Komotini

2 cuillers à café de levure de boulanger
8 tasses de farine
1 tasse $^{1}/_{3}$ d'huile d'olive
2 cuillers à café de levure chimique
1 tasse $^{1}/_{4}$ de sucre
2 œufs
cannelle
œufs durs ou haminados (voir p. 42) non écalés

Dans un grand saladier, délayez la levure avec un peu d'eau tiède. Ajoutez une petite quantité de farine pour obtenir une pâte molle ou clairette, le levain. Couvrez. Laissez reposer dans un endroit assez chaud pendant une heure environ.

Dans un autre saladier, mélangez intimement la farine qui reste avec l'huile d'olive. Ajoutez la levure chimique et le sucre.

Battez les œufs et incorporez-les. Après une heure de levée du levain, incorporez-le à la pâte. Renversez sur une planche bien farinée. Pétrissez pendant 10 mn. Il faut que la pâte soit très onctueuse et très molle, pas collante toutefois. Rassemblez-la en une grosse boule que vous enduisez d'huile d'olive avec vos mains. Mettez dans une terrine, couvrez et laissez reposer au chaud pendant une heure encore.

Après la deuxième levée de la pâte, prenez des morceaux de la taille d'un poing et pétrissez avec un peu de cannelle. Faites-en des cordons que vous pourrez entortiller autour d'un œuf. La forme la plus commune est celle d'un pied dans lequel un œuf est inclus, on l'appelle « pied d'Aman ». Au fur et à mesure que les petits pains sont prêts, placez-les sur une plaque généreusement huilée, couvrez d'un linge humide et laissez lever pendant une heure. Badigeonnez à l'œuf battu, passez au four thermostat 5 (180°) pendant 45 mn, jusqu'à ce que les petits pains soient bien dorés. Sortez du four et laissez refroidir sur la plaque.

Koubeta

Puces d'Aman
Barres au sésame I

Larissa

En Grèce, le koubeta s'appelle aussi *susamit* chez les Séfarades et *pasteli* chez les Romaniotes, juifs et chrétiens. À Pourim, on l'appelle aussi *psires tou Aman*, ou puces d'Aman ; voir la recette de pasteli qui suit celle-ci.

225 g de graines de sésame
225 g de miel
1 tasse de sucre
une pincée de cannelle
amandes entières pour décorer

Dans une grande cocotte à fond épais, faites doucement griller les graines de sésame jusqu'à ce qu'elles brunissent et commencent à sauter. Retirez du feu.

Dans une autre casserole, mettez le miel et le sucre avec une pincée de cannelle. Amenez à ébullition tout en remuant. Baissez à feu moyen et laissez cuire tout en remuant jusqu'à obtention d'un sirop épais qui couvre la cuiller en bois, 105° environ au pèse-sirop. Dès que le sirop est prêt, incorporez à fond les graines de sésame en vous servant d'une cuiller en bois. Renversez sur une plaque de marbre ou de verre généreusement huilée ou beurrée. Puis étalez sur une épaisseur de 1,5 à 2,5 cm. Sans attendre, incrustez les amandes tous les 2 cm environ. Appuyez de façon régulière avec une spatule et laissez refroidir. Coupez des parts en losanges ou en carrés, avec une amande au centre. Pour 30 parts au moins.

Pasteli — **Puces d'Aman**

Psires tou Aman — **Barres au sésame II**

Patras

8 tasses de farine
225 g de graines de sésame
1/4 de tasse de miel
2 cuillers à soupe de sucre
2 cuillers à soupe 1/2 d'eau
1/2 cuiller à café de jus de citron
1/2 tasse d'amandes, de noix, de pistaches et de pignons mélangés

Dans un grand poêlon, mélangez la farine avec les graines de sésame sur feu moyen. Remuez constamment jusqu'à ce que les graines soient dorées et commencent à sauter. Retirez du feu, laissez reposer.

Dans une grande casserole, mettez le miel avec le sucre, l'eau et le jus de citron. Amenez à petits bouillons. Faites cuire à feu moyen tout en remuant jusqu'à ce que vous obteniez un sirop épais qui couvre uniformément la cuiller en bois, soit 105° environ au pèse-sirop. Lorsque le sirop est prêt, baissez le feu immédiatement, incorporez vivement le mélange de fruits secs, mélangez bien. Remettez sur le feu et faites mijoter pendant

15 mn environ jusqu'à ce que le mélange soit très épais et difficile à remuer. Renversez sur une plaque de marbre beurrée ou huilée généreusement, abaissez au rouleau et appuyez pour arriver à une épaisseur de 1,2 cm environ. Lorsque la plaque de sésame est refroidie et prise découpez en petits carrés. Pour 50 pièces au moins.

Simikioukioula — Carrés aux noix

Corfou

Ces carrés portent aussi le nom de *dientes d'Aman* en ladino et de *dontia tou Haman* en grec : les dents d'Aman.

8 œufs
farine tamisée, selon besoin
3 tasses d'huile d'olive pour la friture
225 g de miel
1/4 de tasse au moins d'eau chaude
1 cuiller à café de cannelle
1/2 tasse de noix moulues

Séparez les blancs des jaunes. Battez les jaunes jusqu'à ce qu'ils deviennent crémeux. Fouettez les blancs en neige ferme. Incorporez les jaunes aux blancs. Ajoutez alors de la farine jusqu'à obtention d'une pâte souple et malléable. Renversez sur une planche bien farinée. Pétrissez pendant 5 à 10 mn en ajoutant la farine nécessaire. Dans la mesure où le seul liquide entrant dans cette pâte est celui des œufs, prenez bien soin de n'introduire la farine que par petites quantités jusqu'à ce que la consistance désirée soit atteinte. Rassemblez la pâte en boule, mettez-la dans une grande terrine, couvrez. Laissez reposer 30 mn.

Remettez la pâte sur la planche, prenez-en de petits morceaux que vous roulez sous la paume de vos mains en cordons minces comme des crayons.

Faites chauffer 3 tasses d'huile d'olive dans une cocotte épaisse et profonde. Lorsqu'elle est sur le point de fumer, commencez à couper les cordons en petits morceaux de 6 à 10 mm. Jetez-en une poignée dans l'huile chaude et faites frire jusqu'à ce qu'ils soient bien dorés. Retirez immédiatement et égouttez. Recommencez l'opération par poignées jusqu'à épuisement de la pâte.

Versez le miel dans une casserole suffisamment grande pour contenir tous les morceaux de pâte frite. Ajoutez un peu d'eau chaude, environ 1/4 de tasse, pour diluer légèrement le miel. Mélangez à fond, ajoutez la cannelle et amenez à ébullition à feu modéré. Retirez immédiatement du feu, versez les morceaux de pâte et les noix, mélangez à fond. Renversez sur une plaque de marbre ou de verre bien huilée ou beurrée. Abaissez sur 2,5 cm d'épaisseur, coupez des carrés de 2,5 à 5 cm de côté. Pour 20 à 30 carrés.

Kassadikas de arroz — Tartelettes au riz et au fromage

Komotini

Garniture :

225 g de parmesan râpé
2 à 3 tasses de riz rond, cuit
2 œufs
sel à volonté
graines de sésame ou parmesan supplémentaire

Mélangez tous ces ingrédients sauf les graines de sésame.

Pâte :

1 tasse d'huile d'olive
1 tasse d'eau
4 à 5 tasses de farine
sel
2 jaunes d'œuf battus avec 2 cuillers à soupe d'eau

Amenez l'huile d'olive et l'eau à ébullition, retirez du feu. Commencez aussitôt à ajouter de la farine, tout en remuant jusqu'à ce que vous obteniez une pâte très souple. Renversez sur une planche farinée. Pétrissez pendant 5 à 10 mn. Abaissez au rouleau sur 6 mm d'épaisseur ; si la pâte est suffisamment élastique, l'abaisse peut être encore plus mince. Découpez des disques de 10 cm de diamètre avec un emporte-pièce. Relevez les bords de chaque disque afin de former de petites tasses profondes de 2,5 cm environ. Une autre technique consiste à garnir des moules à tartes individuels.

Garnissez les tasses avec la garniture de fromage et de riz. Badigeonnez de jaune d'œuf étendu d'eau. Parsemez de parmesan râpé ou de graines de sésame. Disposez sur une plaque huilée ou beurrée. Mettez à four moyen, chauffé 15 mn d'avance (5 au thermostat ou 180°) pendant 30 à 45 mn. Les tartelettes doivent être bien dorées. Pour 20 à 30 pièces environ.

Fartalika almendra — Chaussons aux amandes

Larissa

Garniture :

1/2 tasse d'amandes et de noix hachées menu
1 cuiller à café de sucre
1 cuiller à soupe de miel
1/4 de cuiller à café de cannelle

Rassemblez et mélangez tous ces ingrédients.

Pâte :

1 tasse de beurre doux fondu
2 cuillers à soupe d'huile d'olive
1 tasse 1/2 de yaourt
1 œuf
1 cuiller à soupe de sucre
1/4 de cuiller à café de levure chimique
1/4 de cuiller à café de cannelle
4 tasses de farine, environ

Faites fondre le beurre au bain-marie et ajoutez l'huile d'olive. Mélangez à fond et retirez du feu. Battez l'œuf avec le yaourt, la levure chimique, le sucre et la cannelle. Versez le tout dans le mélange d'huile et de beurre. Versez dans un grand saladier, ajoutez la farine petit à petit, tout en remuant jusqu'à ce que la pâte soit consistante mais souple. Renversez sur une planche farinée, pétrissez pendant 5 à 10 mn. Abaissez sur 8 mm d'épaisseur environ. Découpez des disques de 10 cm de diamètre avec un emporte-pièce.

Déposez délicatement une cuillerée de garniture près du centre de chaque disque. Mouillez le bord de la pâte en passant votre doigt trempé dans l'eau ou dans le blanc d'œuf, rabattez une moitié sur l'autre. Soudez bien les bords en les pinçant. Disposez sur une plaque à pâtisserie généreusement huilée. Mettez à four chaud, chauffé 15 mn d'avance (6 au thermostat ou 210 à 220°) pendant 20 mn, jusqu'à ce que les chaussons soient légèrement dorés.

Sirop :

1 tasse de sucre
1/2 tasse de miel
1/2 tasse d'eau
1 cuiller à café de jus de citron
amandes et noix hachées supplémentaires
cannelle

Amenez tous ces ingrédients à ébullition, baissez le feu. Laissez frémir jusqu'à obtention d'un sirop léger qui nappe la cuiller en bois. Retirez du feu, versez immédiatement sur les chaussons. Parsemez généreusement de noix et amandes hachées, saupoudrez de cannelle. Pour 20 à 30 chaussons.

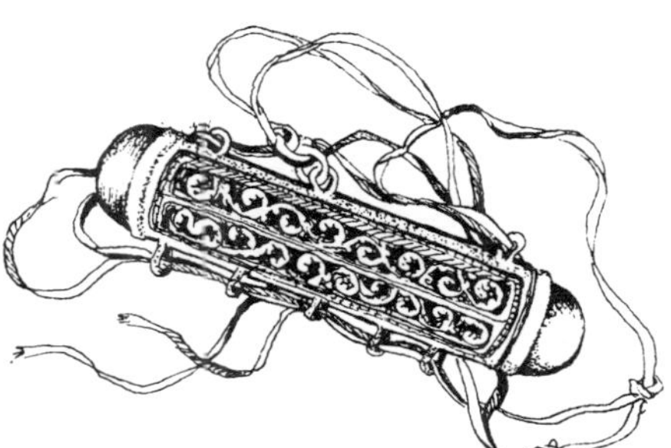

La cuisine de tous les jours

Salades

Tahini salata — Salade de purée de sésame

Didimoticho, Edirne

3 cuillers à soupe de purée de sésame
3 cuillers à soupe d'eau
2 citrons
1 tasse 1/2 de persil frais haché
1 ou 2 oignons frais
sel et poivre

Dans un petit bol, délayez le sésame avec l'eau. Vous obtenez une purée épaisse, de couleur claire. Versez le jus des citrons, mélangez à fond. Si le sésame est trop épais, diluez en ajoutant de l'eau ou du jus de citron et un trait d'huile d'olive. La salade doit avoir la consistance d'une bouillie plutôt légère. Incorporez le persil et l'oignon haché menu. Salez et poivrez avant de servir. Avec un peu moins d'eau, on peut la servir en sauce où chacun trempe des crudités avant de les croquer.

Traditionnellement, on la présentait avec le *pide*, un petit pain rond, plat, servant à saisir la salade. Connu aussi sous le nom de *pita* ou pain grec, on le trouve facilement en France.

Melitzana salata — Salade d'aubergine

Salonique, Kavala, Drama

1 grosse aubergine
2 ou 3 gousses d'ail
sel et poivre
2 cuillers à soupe de purée de sésame
2 cuillers à soupe d'eau
2 citrons
1 cuiller à thé de cumin moulu
2 cuillers à soupe d'huile d'olive ou de yaourt, si nécessaire
2 cuillers à soupe de persil frais haché
paprika (facultatif)

Faites griller l'aubergine sur la flamme de la cuisinière ou sur un feu de charbon ou de bois, jusqu'à ce que la peau soit boursouflée et noircie et la chair ramollie et moelleuse. Vous obtiendrez un résultat semblable dans un four très chaud ou au gril, mais sans le goût inimitable de la cuisson au feu. Mettez l'aubergine sur un plat et, en la soulevant avec une fourchette, épluchez-la. Égouttez. Écrasez la pulpe avec l'ail haché menu, salez et poivrez. S'il reste quelques petits morceaux de peau carbonisée, ne vous en souciez pas, cela ne fera que rehausser la saveur du plat.

Dans un bol à part, mélangez la purée de sésame avec l'eau, le jus des citrons et le cumin. Battez pour obtenir une consistance de crème très claire. Ajoutez à l'aubergine et mélangez bien le tout. Si c'est trop épais, ajoutez un peu d'huile d'olive, ou de yaourt, et du jus de citron. Dressez sur le plat de service et parsemez de persil et de paprika.

C'est la méthode traditionnelle pour faire la salade d'aubergine. Le mixeur moderne ou le robot de cuisine non seulement sont aussi efficaces mais améliorent plutôt la recette. Mettez tous les ingrédients dans le mixeur (sauf le paprika) et mixez très brièvement ou plus longuement si vous préférez une consistance lisse.

Tarator — Salade de concombre au yaourt

Ioannina, Arta

Quoique le mot *tarator*, en turc, s'applique à une sauce faite avec des noix ou des pignons et du vinaigre, ce n'est pas le sens dans lequel ce mot est employé ici. En grec, les recettes apparentées s'appellent *tsatsiki*, en turc *djadjik*.

- 2 tasses de yaourt égoutté
- 2 ou 3 gousses d'ail écrasées
- 1 ou 2 concombres
- sel, poivre

Émincez le concombre très fin, essorez. Dans une passoire garnie d'une mousseline à fromage ou d'une serviette de lin égouttez le yaourt. Fouettez-le jusqu'à ce qu'il soit très lisse. Incorporez l'ail écrasé, puis le concombre. Mettez au frais avant de servir. Donne environ 2 tasses.

Dans une variante de Thrace, on ajoute une cuiller à soupe de menthe fraîche hachée menu. On mélange tous les ingrédients comme ci-dessus. Faites fondre 2 cuillers à soupe de beurre, ajoutez une cuiller à café de paprika en mélangeant bien. Retirez du feu immédiatement et versez sur la salade. Ce plat est excellent servi avec du riz.

Dans une autre variante, de Salonique, on ajoute une cuiller à soupe d'huile d'olive et une de vinaigre, une cuiller à thé de menthe et une de persil. Mélangez bien, mettez au frais et servez garni de menthe, de persil et d'une pincée de paprika.

Elleniki salata — Salade grecque

En quoi la salade grecque fait-elle réellement partie de la cuisine traditionnelle ? Tout ce qu'on peut en dire, c'est que, depuis une vingtaine d'années, elle est devenue l'accompagnement universel de presque chaque repas, aussi bien chez les Juifs que chez les Chrétiens, en Grèce. La version suivante vient de Salonique.

2 tomates mûres
1 oignon moyen
1 poivron vert
1 concombre
2 cuillers à soupe de câpres
1 bon morceau de kezo blanko (feta)
kalamata (olives noires)
2 cuillers à soupe au moins d'huile d'olive
vinaigre ou jus de citron
1 cuiller à café d'origan
sel, poivre

Mélangez les tomates, l'oignon, haché ou coupé en rondelles, le poivron en lamelles très fines et le concombre non épluché et coupé en tranches très fines. Juste avant de servir, parsemez de câpres, de fromage émietté et d'olives. Arrosez le tout d'huile d'olive, de vinaigre ou de jus de citron, parsemez d'origan, salez et poivrez. Remuez juste avant de servir. En Grèce, on met souvent plus d'huile d'olive, ce qui allonge la sauce : on l'absorbe avec du pain croustillant dont on se régale ensuite. Pour 4 personnes.

On trouve en Turquie une version raffinée de cette salade : les légumes sont coupés en plus petits morceaux, on ajoute des radis râpés, des piments, du gruyère râpé et beaucoup de persil. On assaisonne la salade avec du jus de citron (cacher) ou du vin blanc, de préférence au vinaigre.

Salada — Salade à l'orange et au fenouil

Îles ioniennes

C'est une famille de Patras originaire de Corfou qui m'a indiqué cette recette. Dans le Péloponnèse, on met parfois des oranges dans la salade.

1 romaine
1 beau fenouil
1 grosse orange
1/2 tasse d'huile d'olive
2 citrons
1 cuiller à soupe de miel ou de sucre
sel, poivre

Tenez la salade d'une main, et de l'autre, avec un couteau pointu, coupez-la en lanières très fines. Placez-les dans un saladier. Coupez le fenouil, sans oublier quelques-unes des feuilles duveteuses, en rondelles minces. Disposez-les sur la salade. Décorez le dessus avec les tranches minces d'orange épluchée.

Dans un bocal à fermeture hermétique, versez l'huile d'olive, le jus de citron ; ajoutez le miel ou le sucre, sel et poivre. Fermez le récipient et secouez énergiquement pour émulsionner la sauce.

Versez sur la salade et mélangez à fond avant de servir. Pour 4 à 6 personnes.

Salata de spinaka — Salade d'épinards

Thrace

épinards frais
petits champignons de Paris, frais
1/2 tasse de noix hachées
3 cuillers à soupe d'huile d'olive
2 cuillers à café de vinaigre de vin
2 cuillers à café de jus de citron
2 jaunes d'œuf
1 cuiller à café de sucre
1 cuiller à café 1/2 de moutarde forte
sel, poivre

Lavez les épinards soigneusement, ôtez les queues puis coupez les feuilles en morceaux. Disposez-les dans un saladier, les champignons émincés par-dessus et parsemez de noix hachées.

Mettez les autres ingrédients dans un petit bocal à couvercle hermétique, fermez et secouez vigoureusement pour bien mélanger. Versez la sauce sur la salade, remuez bien avant de servir. Proportions pour environ 1/3 de tasse d'assaisonnement.

Potages

Supa de huevo y limon — Soupe à l'œuf et au citron

Salonique

Traditionnellement, ce potage est servi après le jeûne de Yom Kippour.

1 poulet de 1,5 kg
2 à 3 citrons
1 tasse de riz
3 œufs
1 cuiller à café de farine
sel, poivre
persil haché

Nettoyez et lavez le poulet soigneusement. Dans un grand faitout, couvrez-le juste d'eau. Amenez à ébullition à feu moyen, baissez le feu et laissez frémir doucement pendant 10 mn. Écumez, ôtez la graisse qui surnage. Couvrez, laissez cuire pendant 1 heure environ. Lorsque le poulet est très tendre, sortez-le du bouillon. Placez-le dans un grand plat de service, arrosez de jus de citron. Laissez reposer pendant que vous faites le potage. On peut servir le poulet après la soupe ou le réserver pour un autre usage.

Versez le riz dans le bouillon que vous aurez amené à frémissement. Laissez cuire jusqu'à ce que le riz soit tendre. Pendant que le riz cuit, battez les jaunes d'œuf en crème avec la cuiller à café de farine, ajoutez le jus de citron, salez et poivrez. Mettez cette sauce au bain-marie, remuez constamment. L'eau doit à peine frémir. Sans cesser de tourner, ajoutez petit à petit des cuillerées de bouillon, jusqu'à ce que vous obteniez une sauce très légère. Retirez du feu. Montez les blancs en mousse que vous incorporez à la sauce. Laissez refroidir quelques minutes puis versez dans la marmite de bouillon. Ne faites surtout pas bouillir le potage, les œufs se coaguleraient, formant des filaments. Parsemez de persil et présentez avec des quartiers de citron supplémentaires. Pour 4 personnes.

Kotosupa — Potage au poulet

Traditionnellement on complétait ce plat d'un bon riz pilaf, mouillé et parfumé avec le bouillon du potage, et on obtenait ainsi un repas complet.

1 beau poulet
1 cuiller à café de gingembre moulu
2 feuilles de laurier
1/2 cuiller à café de poivre noir en grains
sel
1 pincée de curcuma ou de safran (facultatif)
3 beaux oignons
3 grosses tomates
4 ou 5 petites courgettes
3 carottes
1 beau cœur de céleri avec quelques feuilles
1 citron pressé

Mettez le poulet bien lavé dans un grand faitout. Couvrez juste d'eau. Amenez à ébullition. Au bout de 10 mn, écumez et enlevez la graisse qui remonte à la surface. Ajoutez les épices ; le curcuma, comme le safran, colore le poulet.

Nettoyez, lavez et hachez tous les légumes. Lorsque le poulet cuit depuis 30 mn, plongez les légumes dans la marmite, laissez cuire doucement jusqu'à ce que le poulet soit très tendre et les légumes cuits.

Sortez le poulet, mettez-le sur un grand plat de service. Arrosez-le du jus de citron, disposez les légumes tout autour. Servez le potage en soupière. Pour 4 à 6 personnes.

Patsas-Salonika — Potage aux pieds d'agneau

Salonique

À l'époque où Salonique était une ville essentiellement juive, les *hamals* ou porteurs et les dockers raffolaient des patsas, en hiver. Aux alentours du port, dans des échoppes spécialisées, on était assuré de trouver un plat nourrissant et chaud que ce soit tôt le matin ou tard le soir : c'était, dans les kazan fumants, des patsas, qu'on accompagnait de généreuses rasades de raki.

6 pieds d'agneau ou de mouton
2 citrons pressés
4 gousses d'ail
2 à 3 cuillers à soupe d'huile d'olive
sel, poivre
persil et aneth frais

Nettoyez et lavez bien les pieds. Dans un faitout, couvrez-les d'eau. Amenez à ébullition. Lorsque l'écume remonte à la surface, jetez l'eau. Remplacez par de l'eau fraîche en couvrant juste la viande. Amenez à ébullition, ajoutez l'ail émincé, l'huile d'olive, le jus des citrons, salez et poivrez. Couvrez bien. Laissez mijoter à tout petit feu pendant 5 heures. Servez les patsas parsemés de persil haché et d'aneth frais, arrosés à volonté d'un filet de citron supplémentaire pour relever le goût, accompagnés d'ail, éventuellement.

Les patsas étaient aussi un plat de Chabbat. Pendant la cuisson, on ajoutait des *garvansos* (pois chiches) et des œufs dans leurs coquilles, ce qui en faisait un plat copieux. Pour 6 personnes.

Patsas-Ioannina — Potage au veau et à l'agneau

Ioannina

6 pieds d'agneau
6 jarrets de veau
4 cuillers à soupe d'huile d'olive
semoule : 2 cuillers à soupe par portion
soit 12 cuillers à soupe pour 6 personnes
vinaigre de vin, à volonté
3 ou 4 œufs
sel, poivre

Nettoyez et lavez à fond les pieds et les jarrets. Mettez dans un grand faitout, couvrez juste d'eau. Amenez à ébullition. Au bout de 10 mn d'ébullition, clarifiez le bouillon en écumant très soigneusement. Versez 4 cuillers à soupe d'huile d'olive, salez et poivrez. Couvrez et laissez cuire à feu moyen pendant au moins 2 heures. Retirez du feu lorsque la viande commence à se détacher des os. Retirez les os et réservez la viande. Passez le bouillon.

Versez 1 tasse 1/2 à 2 tasses de jus par portion dans le faitout. Faites juste frémir, versez alors la semoule en pluie, lentement, tout en tournant. Ajoutez du vinaigre à volonté. Rectifiez l'assaisonnement.

Dans un petit saladier, battez les œufs en omelette. Sans cesser de battre, ajoutez-leur du bouillon de semoule, cuillerée par cuillerée. Quand la température du mélange atteint à peu près celle du bouillon, versez le mélange à base d'œufs dans le bouillon, mélangez bien. Faites mijoter à tout petit feu jusqu'à ce que la soupe soit bien épaisse.

Disposez les viandes dans un plat à four profond et versez la semoule par-dessus. Poivrez au poivre noir concassé. Mettez au four chaud, chauffé 15 mn d'avance (6 au thermostat ou 210 à 220°), pendant 30 à 45 mn jusqu'à ce qu'une croûte bien dorée se forme sur le dessus. Bien qu'il ne soit pas exactement une soupe, ce plat peut en tenir lieu dans un menu. Pour 6 personnes.

Skordozoumi — Soupe à l'ail

Ioannina

L'ail occupe une grande place dans la cuisine romaniote, en hiver. Cette habitude remonte certainement aux temps où il était considéré comme la panacée. Si, dans cette recette, la prééminence de l'ail vous rebute, vous pouvez en diminuer la quantité en fonction de votre goût, mais c'est lorsqu'elle est très relevée que cette soupe est la meilleure.

1 tête d'ail complète
3 tasses d'eau
2 cuillers à soupe d'huile d'olive
110 g de feta ou mieux, moitié feta, moitié mezithra
1 tasse de yaourt frais si possible
2 œufs battus en omelette mousseuse
sel, poivre

Épluchez puis émincez les gousses d'ail une à une. Amenez l'eau à ébullition avec l'huile d'olive, ajoutez l'ail, salez et poivrez. Laissez frémir 3 mn. Jetez le fromage émietté dans la soupe. Fouettez le yaourt pour qu'il devienne crémeux, versez-le dans la soupe. Faites cuire à très petit feu pendant 2 à 3 mn tout en remuant sans laisser bouillir. Retirez du feu, laissez refroidir 5 mn. Incorporez alors vivement les œufs battus, servez. Pour 4 à 6 personnes.

Trahanas — Potage au boulgour

Ioannina

Le *trahanas* était un plat du soir très courant en hiver, généralement servi en soupe très épaisse. Au sens strict, le trahanas est un blé transformé, à la différence du boulgour, qui est un blé concassé.

4 tasses de bouillon de veau ou d'agneau
(obtenu avec 900 g de viande)
2 tasses de boulgour fin
4 cuillers à soupe d'huile d'olive
sel, poivre

Faites cuire la viande couverte d'eau jusqu'à ce qu'elle soit tendre. Retirez-la. Prélevez 4 tasses de bouillon, faites-les bouillir. Versez-y le boulgour, salez et poivrez à volonté. Faites cuire jusqu'à ce que le boulgour devienne tendre, ce qui demande une trentaine de minutes. Versez l'huile d'olive et, si nécessaire, ajoutez du bouillon afin d'obtenir une soupe épaisse. Servez la viande en même temps que la soupe ou, si vous préférez, accompagnée de légumes. Pour 4 personnes.

Kourkouti — Potage à la semoule

Ioannina

1 tasse de semoule
3 à 4 tasses d'eau
2 cuillers à soupe d'huile d'olive
sel, poivre

Mélangez la semoule avec l'huile d'olive et un peu d'eau jusqu'à ce que le mélange soit onctueux. Ajoutez le reste de l'eau, salez et poivrez. Versez dans une casserole, laissez frémir à tout petit feu pendant 30 mn environ, jusqu'à épaississement. Remuez de temps en temps afin d'éviter que le potage n'attache au fond de la casserole. Pour 3 à 4 personnes.

Pour faire une pita à partir d'un reste de potage à la semoule, voir p. 315.

Supa de lentejas — Soupe de lentilles

Salonique

1/4 de tasse de lentilles par personne, environ
1 gros oignon
2 belles tomates
3 à 4 cuillers à soupe d'huile d'olive
3 feuilles de laurier
5 gousses d'ail
1 beau brin de romarin
sel, poivre
huile d'olive et vinaigre en plus, à volonté

Lavez les lentilles. Mettez-les dans une grande marmite largement couvertes d'eau. Amenez à petite ébullition. Pendant ce temps, faites revenir l'oignon haché menu dans l'huile d'olive jusqu'à ce qu'il devienne transparent. Ajoutez les tomates, pelées, égrenées et hachées menu. Baissez le feu pour que le mélange frémisse tout juste. Jetez-y l'ail et les feuilles de laurier, salez et poivrez. Lorsque les lentilles deviennent tendres, après une trentaine de minutes de cuisson, ajoutez les tomates et les oignons. Faites mijoter jusqu'à ce que la soupe soit cuite. Environ 10 mn avant la fin de la cuisson, ajoutez le romarin. Présentez avec de l'huile d'olive et du vinaigre de vin, chacun en ajoutera à volonté dans son assiette.

Spanakosupa — Soupe d'épinards

Hania

225 g d'épinards frais
2 cuillers à soupe de beurre
1 à 2 gousses d'ail
5 tasses de yaourt
$^1/_2$ cuiller à café de graines de cumin écrasées
sel, poivre

Faites chauffer le beurre dans une poêle épaisse. Mettez les épinards, lavés et égouttés. Laissez-les fondre doucement dans le beurre pendant quelques minutes jusqu'à ce qu'ils ramollissent. Ajoutez l'ail écrasé. Mélangez bien sur feu doux. On peut aussi faire cuire les épinards à la vapeur plutôt que de les faire revenir, dans ce cas on les ajoute ensuite au mélange d'ail et de beurre.

Dans un faitout épais, fouettez le yaourt pour le rendre lisse. Mettez-le à feu doux. Ajoutez les graines de cumin, salez et poivrez. Relevez le feu : le yaourt doit chauffer sans bouillir. Incorporez soigneusement les épinards. Servez la soupe sans attendre. Pour 6 personnes.

On peut napper d'une préparation particulière, qui dénote l'origine turque de ce plat : faites fondre 3 cuillers à soupe de beurre doux dans une petite casserole. Ajoutez une cuiller à soupe de paprika et mélangez à fond pendant une minute. Déposez une petite quantité de ce mélange sur chaque portion de soupe, décorez de menthe fraîche ciselée.

Patatosupa Athènes — Soupe de pommes de terre

Athènes via Izmir

Il y a encore 150 ans, dans les Balkans, les pommes de terre étaient considérées comme un aliment pour animaux uniquement. Ce potage est donc d'apparition relativement récente. La recette qui suit m'a été transmise par une famille d'Athènes originaire d'Izmir, la soupe provient donc probablement de Turquie.

110 g de beurre
3 oignons
4 grosses pommes de terre
3 carottes
du lait
5 tasses de yaourt
1/4 de tasse d'aneth et de persil frais, hachés menu
sel, poivre

Débitez les oignons en rondelles très fines, épluchez les pommes de terre, coupez-les en tranches très fines. Débitez les carottes en rondelles très minces. Faites chauffer le beurre dans une poêle épaisse et mettez à revenir les légumes. Lorsqu'ils commencent à ramollir, mouillez avec un peu de lait et faites cuire à petit feu, 15 à 20 mn environ.

Fouettez le yaourt dans une casserole épaisse. Mettez-le à tout petit feu jusqu'à ce qu'il soit très chaud mais non bouillant. Ajoutez les légumes, les fines herbes, salez et poivrez. Remuez sur feu très doux pendant 5 à 10 mn. Pour 4 à 6 personnes.

Pour une variante de cette soupe, en provenance de Hania, il faut :

110 g de beurre
3 à 4 belles pommes de terre
4 à 5 oignons
du lait
5 tasses de yaourt (ou 1 l de lait)
1 cuiller à café de gingembre moulu

1/2 cuiller à café de graines de fenouil écrasées
2 cuillers à soupe de menthe et de persil frais hachés
sel, poivre

La cuisson est exactement la même que ci-dessus. Présentez la soupe dans de petits bols, nappée avec le mélange beurre-paprika expliqué dans la recette de *spanakosupa*, à la page précédente.

Riz

Pilafi — Pilaf

1 cuiller à soupe d'huile d'olive par personne
1/3 de tasse de riz par personne
eau
1 cuiller à soupe de jus de citron
sel à volonté

Utilisez une grande marmite à couvercle lourd. Faites chauffer l'huile d'olive, ajoutez le riz et remuez bien, de manière à enrober chaque grain d'huile. Au bout de 3 à 4 mn, versez de l'eau qui doit dépasser la surface du riz de 4 à 5 cm. Versez le jus de citron, salez. Amenez à petits bouillons et faites cuire jusqu'à ce que de petits cratères apparaissent à la surface. Retirez du feu sans attendre, couvrez. Laissez gonfler le riz pendant 20 mn.

Riz au safran

Si vous voulez un riz plus parfumé et raffiné, commencez à le préparer comme ci-dessus. Pendant la cuisson du riz, mettez une bonne pincée de safran dans un petit verre à vin, ajoutez un peu d'eau de cuisson du riz. Laissez macérer. Versez l'eau safranée dans le riz au moment où vous le retirez du feu. Remuez pour incorporer le safran. Couvrez. Laissez gonfler 20 mn.

Arroz kon garvansos — Riz aux pois chiches

Rhodes

1 tasse de garvansos (pois chiches)
1 gros oignon haché menu
3 cuillers à soupe d'huile d'olive
3 tomates pelées et égrenées
1 tasse de riz
3 à 4 tasses d'eau
sel, poivre

Mettez à tremper les pois chiches la veille au soir. Le lendemain, mettez-les à bouillir pendant 1/2 heure à 1 heure, jusqu'à ce qu'ils commencent à se ramollir.

Faites revenir l'oignon haché menu à l'huile d'olive. Lorsqu'il devient transparent, ajoutez les tomates pelées et égrenées. Remuez bien et laissez mijoter jusqu'à ce que la sauce tomate épaississe. Ajoutez les pois chiches et le riz. Mélangez bien. Salez et poivrez à volonté. Recouvrez de 4 à 5 cm d'eau et laissez mijoter à petit feu jusqu'à ce que le riz et les pois chiches soient tendres, ce qui demande environ 30 mn. Vérifiez le niveau de l'eau en cours de cuisson, rectifiez si nécessaire. Pour 4 à 6 personnes.

Arroz kon spinaka — Pilaf aux épinards

Salonique

900 g d'épinards frais
huile d'olive
1 ou 2 gros oignons hachés menu
3 belles tomates pelées et égrenées
1 cuiller à café de sucre
1 tasse d'eau
110 g de riz (1/2 tasse environ)
sel, poivre

Lavez les épinards. Coupez les queues et conservez-les pour faire des *yaprakitos* (voir p. 281). Vous pouvez aussi faire bouillir les queues dans un peu d'eau et les servir à part arrosées d'huile d'olive et de citron. Hachez les épinards plutôt grossièrement.

Faites chauffer 2 cuillers à soupe d'huile d'olive dans un grand faitout. Faites revenir doucement les oignons jusqu'à ce qu'ils deviennent transparents. Dans une poêle épaisse, faites réduire les tomates avec une cuiller à soupe d'huile d'olive, jusqu'à obtention d'une sauce épaisse. Incorporez le sucre et l'eau. Faites mijoter encore 5 mn.

Versez les épinards sur les oignons sautés, salez et poivrez. Ajoutez le riz, nappez de sauce tomate. Versez de l'eau de manière à ce qu'elle dépasse la surface du riz de 3 à 5 cm. Laissez cuire doucement à feu moyen jusqu'à ce que de petits cratères apparaissent à la surface. Retirez du feu, couvrez hermétiquement et laissez gonfler le riz pendant 20 mn.

Pour servir, maintenez le plat de service à l'envers sur le faitout. En vous servant de vos deux mains – faites-vous aider si vos poignets sont faibles – retournez le faitout pour que le pilaf retombe sur le plat. On le faisait cuire, autrefois, dans un kazan à fond rond ; ainsi, le pilaf retourné formait un dôme. Pour 4 personnes.

Arroz kon piniones — Riz aux pignons

Edirne

3 cuillers à soupe d'huile d'olive
1 gros oignon haché menu
1/2 tasse de pignons
1 tasse de riz (ou 1/3 de tasse par personne)
3 tasses d'eau, environ
sel, poivre

Faites chauffer l'huile d'olive dans une grande casserole. Faites revenir doucement l'oignon haché menu et les pignons pendant 5 à 10 mn. Ajoutez le riz et recouvrez d'eau jusqu'à une hauteur de 3 à 5 cm au-dessus du riz. Salez et poivrez. Amenez à petite ébullition et laissez cuire jusqu'à l'apparition de petits cratères à la surface. Retirez du feu, couvrez hermétiquement. Laissez gonfler pendant 20 mn.

Ce riz aux pignons est délicieux parsemé de menthe fraîche hachée ou arrosé d'une sauce au yaourt dont voici la recette : faites fondre quatre cuillers à soupe de beurre, ajoutez une cuiller à café de paprika. Incorporez le tout à une tasse de yaourt. Pour 3 ou 4 personnes.

Arroz kon tomata — Riz à la sauce tomate

Salonique

3 tomates
3 cuillers à soupe d'huile d'olive
1 cuiller à café de sucre
2 à 3 tasses d'eau
1 tasse de riz
sel, poivre

Dans une petite poêle faites réduire les tomates avec une cuiller à soupe d'huile d'olive jusqu'à obtention d'une purée épaisse. Ajoutez une cuiller à café de sucre, sel et poivre, et délayez deux tasses d'eau environ. Laissez mijoter 5 mn (le liquide doit frémir).

Dans une grande marmite faites chauffer deux cuillers à soupe d'huile d'olive. Versez le riz et faites-le revenir en remuant pendant 5 mn à peu près. Ajoutez au riz le mélange de tomates et recouvrez d'eau jusqu'à une hauteur de 3 à 5 cm au-dessus du riz. Faites partir à petit feu. Lorsque de petits cratères apparaissent à la surface, retirez du feu. Couvrez hermétiquement, laissez gonfler pendant 20 mn. Pour 4 personnes.

Arroz kon verduras — Riz aux légumes

Didimoticho

1 aubergine moyenne
huile d'olive
1 oignon moyen haché
1 tomate moyenne en rondelles fines
1 tasse de riz
1 cuiller à soupe de feuilles de céleri hachées
menthe fraîche (facultatif)
sel, poivre

Débitez l'aubergine en cubes de 2,5 cm sans l'éplucher. Faites-les tremper 20 mn environ dans une grande bassine avec

3 cuillers à soupe de sel et de l'eau à hauteur. Retirez-les, séchez-les bien dans un torchon propre. Mettez les cubes d'aubergine à frire dans une poêle avec 3 cuillers à soupe d'huile d'olive. Enlevez les cubes dès qu'ils commencent à dorer, réservez. Dans la même poêle, faites sauter l'oignon haché avec une cuiller à soupe d'huile d'olive. Lorsqu'il devient transparent, ajoutez les rondelles de tomate, salez et poivrez. Faites mijoter 5 mn.

Huilez le fond d'une grande marmite avec environ 2 cuillers à soupe d'huile d'olive. Répartissez une couche d'aubergine, puis une couche de tomate et d'oignon et terminez par le riz. Recouvrez d'eau; elle doit dépasser de 2 à 3 cm la surface du riz. Faites cuire à tout petit feu jusqu'à ce que l'eau soit absorbée. Parsemez avec le hachis de feuilles de céleri et de menthe. Couvrez hermétiquement. Laissez gonfler pendant 20 mn. Démoulez sur le plat de service de façon que l'aubergine soit dessus. Décorez de persil frais ciselé. Servez avec un bol de yaourt frais. Pour 3 à 4 parts, en plat principal.

Arroz kon igadikos — Riz aux foies de poulet

Izmir, Athènes

20 foies de poulet
huile d'olive
2 oignons moyens hachés
1 citron
3 tasses de riz
1/2 tasse de raisins de Corinthe
1/4 de tasse de pignons
2 feuilles de laurier
1 bonne pincée de safran
2 cuillers à soupe de menthe fraîche hachée
2 cuillers à soupe de persil frais haché
1/2 tasse d'amandes mondées, sautées et hachées menu
sel, poivre

Faites revenir doucement les foies à l'huile d'olive dans une poêle, salez et poivrez. Arrêtez la cuisson lorsqu'ils sont tendres. Arrosez avec le jus de citron, réservez.

Dans une grande marmite, faites revenir doucement les oignons hachés à l'huile d'olive jusqu'à ce qu'ils deviennent transparents. Mettez le riz, remuez bien et faites revenir à feu doux pendant 5 mn environ. Ajoutez les raisins, les pignons et les feuilles de laurier. Mélangez. Versez de l'eau jusqu'à une hauteur de 2 à 3 cm au-dessus du riz. Salez à volonté. Laissez mijoter jusqu'à absorption presque complète.

Pendant que le riz cuit, délayez le safran dans 1/2 tasse d'eau presque bouillante. Laissez reposer hors du feu pendant 20 mn. Versez sur le riz lorsqu'il a absorbé toute l'eau. Retirez du feu, disposez les foies sur le riz, garnissez de menthe et de persil hachés. Couvrez hermétiquement. Laissez reposer 20 mn ; enlevez le couvercle, mélangez les foies avec le riz. Présentez en dôme sur un grand plat de service, parsemez généreusement du hachis d'amandes grillées et de persil haché supplémentaire. Pour 6 à 8 personnes.

Pligouri — Boulgour

Ioannina

Le pligouri est une sorte de blé concassé qu'on trouve en Grèce. En Occident, son équivalent le plus proche est le boulgour. En Grèce, il en existe deux qualités, le gros et le fin. Pendant la Seconde Guerre mondiale, il a remplacé à la fois le riz et le pain. Maintenant on en consomme peu en Grèce car il rappelle ces jours de malheur. Néanmoins, il est délicieux et change agréablement du riz. On peut réaliser n'importe laquelle des recettes précédentes avec du boulgour.

1 à 2 oignons hachés menu
$^1/_4$ de tasse d'huile d'olive
3 à 4 tasses d'eau bouillante
2 tasses de boulgour (gros grain)

Faites revenir les oignons hachés menu à l'huile d'olive jusqu'à ce qu'ils soient transparents ; si vous désirez un goût plus prononcé, faites-les dorer. Faites bouillir l'eau, versez-la sur les oignons, salez et poivrez. Ajoutez alors le boulgour. Mélangez bien, réduisez le feu, le liquide doit frémir ; laissez cuire 30 mn environ jusqu'à ce que le boulgour soit tendre.

On peut aussi préparer le boulgour selon la méthode suivante : faites revenir les oignons à l'huile d'olive, ajoutez le boulgour et faites-le rissoler tout en remuant pendant 10 à 20 mn. Versez alors l'eau bouillante. Lorsqu'elle est absorbée, retirez du feu, couvrez hermétiquement et laissez reposer une trentaine de minutes, le temps que le boulgour devienne tendre. Pour 6 personnes.

Poisson

Agrastada — Filets de poisson, sauce œuf-citron

Salonique

6 filets d'aiglefin ou de cabillaud
2 cuillers à soupe de beurre ou d'huile d'olive
2 œufs
4 à 5 gousses d'ail écrasées
2 citrons
1/2 tasse de vin blanc
sel, poivre
1 cuiller à soupe de persil haché menu
curcuma (facultatif)

Faites dorer les filets doucement dans le beurre ou l'huile d'olive. Retirez du feu. Disposez-les sans qu'ils se chevauchent dans une grande sauteuse à couvercle hermétique.

Travaillez les œufs au fouet avec l'ail écrasé, le jus des citrons, le vin. Salez et poivrez. Versez sur les filets, couvrez bien. Laissez mijoter à tout petit feu jusqu'à réduction suffisante du liquide, ce qui demande une quinzaine de minutes. Décorez de persil et servez. Pour 6 personnes.

Certains cuisiniers ajoutent au mélange d'œufs une bonne pincée de curcuma, qui met en valeur le goût du citron et donne une belle couleur.

Peshe en salsa tomata — Filets de poisson à la sauce tomate

Salonique

700 g de filets de poisson
2 cuillers à soupe d'huile d'olive
3 ou 4 tomates pelées, hachées menu
2 poivrons verts hachés menu
sel, poivre
1 pincée de cannelle
1/2 tasse de vin blanc

Préparez la sauce : faites chauffer l'huile d'olive dans une casserole épaisse, ajoutez les tomates et les poivrons hachés. Salez et poivrez. Laissez fondre à feu doux pendant 5 mn. Ajoutez la cannelle et laissez mijoter jusqu'à ce que la sauce épaississe. Délayez avec le vin blanc, salez et poivrez à volonté.

Disposez les filets sans qu'ils se chevauchent dans un grand plat à four, nappez-les de sauce. Mettez à four moyen, chauffé 15 mn d'avance (5 au thermostat ou 180°) pendant 15 à 20 mn, selon l'épaisseur des filets. Pour 4 à 6 personnes.

Peshe kon bahar — Filets de poisson aux épices

Salonique

Voici une recette exceptionnelle, peu connue, même parmi les Juifs de Salonique. L'emploi de curcuma fait fortement penser à une influence ottomane ou peut-être nord-africaine. Aux XVIIe et XVIIIe siècles, des Juifs du Maroc émigrèrent en nombre à Salonique, où ils fondèrent la synagogue Mograbi (de l'arabe : Maghreb, qui signifie l'Ouest ou, plus particulièrement, le Maroc) dans l'enceinte de l'hôpital Hirsch. Des patronymes tels que Nehama, Escrayos, Benrubi, Esformes et Ovadia étaient tous associés à cette synagogue.

900 g de filets d'aiglefin ou de cabillaud
2 cuillers à soupe de vinaigre de vin
2 cuillers à soupe d'huile d'olive
4 grosses tomates coupées en rondelles très fines
1 cuiller à soupe de persil frais haché très fin
1 gousse d'ail hachée menu
1 cuiller à café de curcuma (facultatif)
1/2 tasse d'eau chaude
1 tasse de vin blanc
1/2 cuiller à café de paprika doux
1/2 cuiller à café de safran
sel, poivre

Faites fondre 1/2 cuiller à café de sel dans le vinaigre. Mettez les filets à mariner dans ce liquide. Au bout d'une heure, rincez et séchez les filets.

Faites chauffer l'huile d'olive dans une grande poêle épaisse. Faites fondre dans l'huile chaude 2 tomates et environ la moitié de l'ail et du persil. Si vous désirez mettre du curcuma, c'est le moment de l'ajouter. Lorsque les tomates commencent à fondre, ajoutez les filets de poisson. Faites cuire 5 mn. Ajoutez alors le restant de tomates, d'ail et de persil ainsi qu'une demi-tasse d'eau chaude. Couvrez hermétiquement, laissez mijoter 10 mn jusqu'à ce que presque tout le liquide soit absorbé. Ajoutez le vin blanc, le paprika, le safran, salez et poivrez à volonté. Couvrez bien à nouveau et faites mijoter à très petit feu pendant 20 mn. Pour 6 personnes.

Peshe kon prunas — Filets de poisson aux pruneaux

Salonique

700 g de filets de sole
20 pruneaux mis à tremper la veille
2 cuillers à soupe d'huile d'olive
1 tasse d'eau ou de vin blanc
sel, poivre

Lavez et séchez les filets. Disposez-les sans qu'ils se chevauchent dans un grand plat allant au four. Répartissez les pruneaux autour du poisson. Arrosez d'huile d'olive et d'eau. Si vous désirez un goût plus relevé, remplacez l'eau par du vin blanc. Salez et poivrez généreusement. Mettez à four moyen, chauffé 15 mn d'avance (5 au thermostat ou 180°) pendant 25 mn. Pour 4 personnes.

Peshe kon babotas — Carpe ou loup en sauce aux prunes aigres

Salonique

Les *babotas* ou *prunas agras* en djudezmo, *koromyla* en grec, sont des reines-claudes avant maturité donc aigres. On utilise traditionnellement le sazan ou carpe pour cette recette. On peut la remplacer par un loup (ou bar), bien charnu ; si vous ne pouvez vous procurer ni l'un ni l'autre, utilisez des filets de cabillaud ou d'aiglefin. De même, si les reines-claudes aigres sont introuvables, on peut leur substituer des pruneaux, quoique le goût caractéristique du plat en soit transformé.

1 beau poisson entier (voir ci-dessus)
l'écorce et le jus d'un citron
20 à 30 reines-claudes (avant maturité)
110 g de beurre
1 tasse de vin blanc
sel, poivre

Nettoyez et lavez le poisson à fond. Ouvrez entièrement le ventre et frottez l'extérieur avec l'écorce de citron. Arrosez le poisson avec le jus de citron. Salez généreusement et laissez mariner au frais pendant une heure au moins.

Mettez les prunes dans une grande marmite. Couvrez juste d'eau et amenez à ébullition. Baissez le feu, laissez mijoter jusqu'à ce que les fruits soient assez tendres pour que le noyau se détache de la chair sans risque d'abîmer la peau. Égouttez les fruits en réservant le jus de cuisson. Une fois les noyaux enlevés, faites revenir doucement les prunes dans le beurre pendant 5 mn. Versez le vin et laissez cuire 5 mn de plus. Si la sauce paraît trop épaisse, allongez-la avec un peu d'eau de cuisson des prunes.

Disposez le poisson dans un grand plat allant au four, arrosez-le de sauce en veillant à ce qu'elle remplisse le ventre. Recouvrez d'une feuille d'aluminium. Mettez au four moyen, chauffé 15 mn d'avance (5 au thermostat ou 180°) pendant 30 à 45 mn. Pour 6 à 8 personnes.

Psari me koromyla — Espadon aux prunes aigres

Volos

Traditionnellement, c'est l'espadon qu'on cuisine dans cette recette mais de nombreux rabbins s'y opposent car c'est un poisson sans écailles. D'autres rabbins l'autorisent puisqu'il a des écailles pendant ses six premiers mois. Si vous hésitez, consultez votre rabbin. Voir *Peshe en salsa I* pour Pessah, p. 91.

6 belles darnes d'espadon ou filets de tout autre poisson
3/4 de tasse d'huile d'olive
2 citrons
semoule de pain azyme
225 g de reines-claudes (avant maturité)
sel, poivre

Dans un plat assez profond, mélangez l'huile d'olive avec le jus des citrons, salez et poivrez. Dans un autre plat, versez un peu de semoule de pain azyme. Plongez chaque darne dans la sauce puis roulez-la dans la semoule de pain azyme. Disposez les darnes dans un grand plat allant au four, sans qu'elles se chevauchent. Placez les prunes tout autour (soit on fait bouillir les prunes avant et on enlève les noyaux, soit on les utilise crues). Arrosez avec le reste d'huile d'olive et jus de citron. Salez et poivrez généreusement. Mettez au four moyen, chauffé 15 mn d'avance (5 au thermostat ou 180°) pendant 30 mn jusqu'à ce que le poisson soit bien doré. S'il vous semble se dessécher, arrosez d'un peu de vin blanc. Pour 6 personnes.

Barbounia me tomata saltsa
Volos

Rougets à la sauce tomate

12 petits rougets
7 cuillers à soupe d'huile d'olive
1 citron
sel, poivre
4 tomates moyennes, pelées et hachées
1 cuiller à café de sucre
1 cuiller à soupe de beurre
1 cuiller à soupe de farine
1 tasse de vin blanc (12 cl environ)
persil pour la garniture

Nettoyez les rougets, en gardant les têtes et les queues. Dans une poêle suffisamment profonde, couvrez-les à demi d'eau. Battez cinq cuillers à soupe d'huile d'olive avec le jus de citron, salez et poivrez, versez le tout sur les poissons. Couvrez bien la poêle. Laissez mijoter tout doucement, le liquide doit frémir pendant 20 mn. Retirez les poissons avec précaution, disposez-les sur le plat de service. Gardez le jus de cuisson.

Pendant que le poisson cuit, préparez la sauce : faites chauffer deux cuillers à soupe d'huile d'olive dans une casserole et ajoutez les tomates. Faites cuire doucement jusqu'à ce qu'elles commencent à fondre. Ajoutez le sucre, le beurre et la farine, mélangez bien. Versez le vin blanc, le liquide de cuisson des poissons, faites réduire jusqu'à l'obtention d'une belle sauce onctueuse. Nappez les poissons de sauce et décorez de persil haché finement. Pour 4 personnes.

Kassadikas — Sardines au four à l'œuf et au citron

Salonique

700 g de sardines fraîches
2 à 3 œufs
2 citrons
origan et persil frais haché
huile d'olive ou beurre
sel, poivre

Nettoyez les sardines à fond, à l'eau courante. Enlevez la tête et la queue et ouvrez-les en incisant l'abdomen. Retirez soigneusement le filament noir le long de l'arête centrale sans abîmer le dos. Ouvrez entièrement les sardines pour les mettre à plat, la peau en dessous. Salez et poivrez. Disposez la moitié des poissons au fond d'un grand plat, la peau dessous. Placez l'autre moitié par-dessus, la peau vers vous. Faites revenir doucement chaque paire de sardines des deux côtés, à l'huile d'olive ou au beurre. Au fur et à mesure qu'elles sont cuites, remettez-les dans le plat à four. Battez ensemble les œufs et le jus des deux citrons, parsemez généreusement d'origan, de poivre noir et de persil. Versez sur les sardines.

Mettez à four moyen, chauffé 15 mn d'avance (5 au thermostat ou 180°) jusqu'à ce que les œufs soient pris. Vous pouvez aussi laisser les sardines dans la poêle à frire, les napper avec la sauce aux œufs et citron, et faire cuire ensuite bien couvert à feu doux jusqu'à ce que les œufs soient pris, ce qui demande 5 à 10 mn. Pour 4 personnes.

Yaprakitos de sardela — Feuilles de vigne farcies à la sardine

Salonique

700 g de sardines fraîches
feuilles de vigne
sel, poivre
huile d'olive pour la friture
2 citrons

Lavez bien les sardines à l'eau courante, enlevez les têtes et les queues. Ouvrez chaque poisson avec précaution et retirez le filament noir le long de l'arête centrale.

Si vous utilisez des feuilles de vigne fraîches, recouvrez-les d'eau bouillante et laissez-les tremper pendant 5 mn, jusqu'à ce qu'elles soient souples. Si vous utilisez des feuilles de vigne en saumure, lavez-les soigneusement.

Enroulez chaque sardine avec précaution dans une feuille de vigne en fermant bien les deux bouts du rouleau. Dans une poêle épaisse faites chauffer 2 à 3 cm d'huile d'olive jusqu'à ce qu'elle soit assez chaude. Faites frire les sardines pour qu'elles deviennent croustillantes. Arrosez-les de jus de citron, salez et poivrez, servez chaud. Pour 4 personnes.

Sazan en salsa **Carpe à la sauce aux noix**

Salonique

La recette ci-dessous fait partie des recettes courantes de Pessah. On en trouve des variantes au chapitre de Pessah, p. 91-92.

1 belle carpe de 2,7 à 3,5 kg, ou 6 filets, soit 900 g environ
citrons
huile d'olive
1 oignon moyen haché menu
$^3/_4$ de tasse de vin rouge sec
1 cuiller à soupe de jus de citron
$^1/_4$ de tasse de vinaigre de vin
$^1/_2$ tasse moitié raisins de Corinthe et moitié raisins de Smyrne
$^1/_2$ tasse de noix hachées
$^1/_2$ tasse de persil frais haché
sel, poivre noir

Lavez le poisson, levez les filets. Enduisez chaque filet de jus de citron et de sel. Laissez macérer au frais. Après une heure au moins, retirez le poisson en réservant la marinade.

Faites chauffer 2 à 3 cuillers à soupe d'huile d'olive dans une grande poêle. Faites bien dorer les filets en les retournant à mi-cuisson. Retirez de la poêle, réservez.

Servez-vous de l'huile restante pour faire sauter l'oignon haché pendant 5 mn environ. Ajoutez la marinade, le vin, le jus de citron, le vinaigre, tous les raisins secs et les noix. Si le mélange est trop épais, mouillez avec du vin. Mélangez à fond, laissez mijoter jusqu'à l'obtention d'une belle sauce. Remettez délicatement les filets dans la poêle, recouvrez-les de sauce, couvrez bien. Faites mijoter 15 mn à feu doux. Dressez les filets sur le plat de service. Nappez avec la sauce, décorez de persil, poivrez. Pour 6 personnes.

Pestrophes — Truites au four

Kastoria

2 belles truites pesant chacune 450 g environ
2 citrons
plusieurs brins d'aneth frais
1 tasse de vin blanc
110 g de beurre
1 cuiller à soupe de persil frais haché
sel, poivre

Lavez et videz les truites sans enlever la tête ni la queue. Frottez de jus de citron et de sel l'intérieur et l'extérieur des poissons. Laissez macérer 1 heure.

Introduisez un gros brin d'aneth dans chaque poisson. Dans un grand plat à four disposez les truites sur un lit d'aneth. Mouillez avec le vin, parsemez de noisettes de beurre et de la moitié du persil, salez, poivrez. Mettez à four moyen, chauffé 15 mn d'avance (5 au thermostat ou 180°) pendant 20 mn environ. Décorez avec le reste de persil avant de servir. Pour 2 personnes.

Viandes et volailles

Kodredo al forno — Carré ou baron d'agneau de lait

Thrace

1 carré/baron d'agneau de lait (épaule, côtes, selle) de 2,2 à 3 kg
8 gousses d'ail
brindilles de romarin frais
huile d'olive
sel, poivre noir concassé

Pratiquez dans la chair de l'agneau des incisions de 2,5 cm de large et d'une profondeur suffisante pour pouvoir les fourrer de la manière suivante :

Émincez l'ail, brisez les brindilles de romarin ; prévoyez une poignée de poivre noir concassé ou moulu grossièrement. Placez dans chaque incision un éclat d'ail, un peu de poivre noir et finissez par le romarin. Enfoncez bien le tout. Frottez bien toute la pièce d'huile d'olive, de sel et de poivre. Mettez à four moyen, préalablement chauffé 15 mn (5 au thermostat ou 180°). Arrosez de temps en temps. Faites cuire pendant 1 h 30 à 2 h. La pièce est cuite lorsque l'extérieur est bien doré mais l'intérieur légèrement rosé. Pour 6 personnes.

Kodredo al forno — Agneau rôti en croûte aux œufs et au citron

Komotini, Salonique

Autrefois, ce plat était cuit dans un four qui pouvait recevoir un brasero à charbon de bois. Le brasero était fixé dans le four au-dessus du rôti. De nos jours, ce système est remplacé de manière satisfaisante par un gril.

1 épaule d'agneau de 1,8 kg à 2,3 kg
huile d'olive
10 à 15 œufs
3 citrons
sel, poivre
aneth frais haché (facultatif)

Au pinceau, enduisez l'épaule d'huile d'olive. Puis frottez avec du sel et du poivre. Couchez-la dans un plat à rôtir peu profond. Mettez à four très chaud, chauffé 15 mn d'avance (7-8 au thermostat ou 230°), en réduisant immédiatement la chaleur à 180° (thermostat 5). Arrosez de temps en temps pendant la cuisson qui dure 1 h 1/2.

Lorsque le rôti est presque cuit, bien doré, battez les œufs avec le jus de citron, le sel et le poivre. Mettez un peu d'aneth frais si vous le souhaitez. Le mélange doit être mousseux. Sortez l'épaule du four et versez les œufs battus par-dessus.

Placez le rôti sous le gril chauffé à l'avance. Ne l'approchez pas à moins de 12 cm de la source de chaleur. Laissez cuire de 10 à 15 mn. Ne prolongez pas la cuisson, les œufs deviendraient caoutchouteux. Pour 6 personnes.

Frikasse — Fricassée d'agneau aux légumes

Salonique

Voici un plat de plein été, car la plupart des ingrédients n'apparaissent qu'à ce moment. Voir, au chapitre de Chavouoth, p. 139, une fricassée de printemps très répandue en Grèce.

450 g d'épaule d'agneau ou de bon bœuf à ragoût, ou encore 1 poulet de 1,3 kg coupé en morceaux
110 g de gombos (ou *bamyas*)
2 aubergines moyennes
2 courgettes moyennes
225 g de haricots frais
1/2 tasse de vinaigre de vin
2 belles tomates
2 à 3 cuillers à soupe d'huile d'olive
sel, poivre

Lavez les légumes et préparez-les comme suit, en commençant par les gombos. Frottez ceux-ci un par un dans un torchon pour en enlever les poils. Coupez les tiges en prenant la précaution de ne pas ouvrir les cosses. Faites macérer dans un grand plat creux peu profond avec $^1/_2$ tasse de vinaigre de vin et du sel. Exposez-les au soleil ou laissez-les dans un endroit bien chaud pendant 2 h, ce qui les débarrassera de leur enveloppe gluante. Rincez les gombos à fond et égouttez-les juste avant de les cuisiner. Coupez les aubergines en tronçons de 2,5 cm, faites-les dégorger à l'eau très salée pendant 30 mn. Lavez, égouttez les aubergines. Débitez les courgettes en rondelles de 2,5 cm d'épaisseur. Coupez les haricots en deux. Hachez grossièrement les tomates. Coupez la viande en morceaux de 2,5 à 5 cm de côté.

Dans une cocotte à fond épais faites chauffer l'huile d'olive, ajoutez les aubergines, faites-les revenir jusqu'à ce qu'elles commencent à prendre couleur. Ajoutez les morceaux de viande et faites-les dorer de tous les côtés. Versez tous les autres légumes. Recouvrez juste d'eau. Couvrez bien. Laissez mijoter 1 h à 1 h $^1/_2$. Pour 4 à 6 personnes.

Kodredo kon bezelia

Fricassée d'agneau aux petits pois

Salonique

1 épaule d'agneau de lait de 900 g
2 oignons moyens, hachés menu
huile d'olive
3 tasses de petits pois frais
2 citrons
$^1/_2$ tasse d'aneth frais haché
sel, poivre

Lavez bien l'agneau et coupez-le en cubes de 3 à 5 cm de côté. Dans une grande cocotte, mettez la viande, couvrez juste d'eau et amenez à ébullition à feu moyen. Écumez au bout de 10 mn. Couvrez bien, laissez frémir 30 mn encore, la viande doit être tendre.

Dans une grande poêle faites sauter les oignons avec un peu d'huile d'olive. Dès qu'ils deviennent transparents ajoutez les petits pois. Continuez la cuisson en remuant pendant 5 mn.

Reversez le tout dans la cocotte avec l'agneau et faites cuire à feu moyen jusqu'à ce que les petits pois soient tendres, s'ils sont très frais, il suffit de quelques minutes. Ajoutez le jus des citrons, l'aneth. Salez et poivrez. Laissez mijoter encore 5 mn à feu doux. Pour 4 à 6 personnes.

Kebab de kodredo — Agneau rôti et légumes

Komotini

En turc, *kebab* signifie « viande grillée ou rôtie » ; les deux stades de la confection de ce plat montrent bien ses origines à la fois nomades et turques. Initialement, on emplissait de viande un récipient en terre cuite à couvercle hermétique qu'on plaçait sous le feu : la viande cuisait ainsi dans ses propres sucs. Puis on dégageait le récipient et on le posait sur les braises pour finir la cuisson. De nos jours, on scelle le couvercle à la marmite avec un cordon de pâte, comme ci-après au premier stade de la cuisson. Le kebab, de même que le *stifado*, la *moussaka* et d'autres recettes données ici, a été adapté à la cuisine juive – par la suppression du beurre ou du yaourt traditionnels – tout en conservant son caractère originel.

900 g d'épaule d'agneau
1/2 tasse de farine
1/4 de tasse d'eau
1 belle aubergine
3 grosses tomates
3 romaines
2 cuillers à soupe de menthe fraîche hachée
5 oignons nouveaux
sel, poivre

Pour cette recette, utilisez une terrine épaisse à couvercle bien ajusté. Coupez l'agneau en cubes de 5 cm de côté, mettez-les dans la terrine. N'ajoutez ni sel, ni quelque liquide que ce soit. Faites une pâte très collante en mélangeant la farine à environ 1/4 de tasse d'eau. Formez un long cordon de pâte et disposez-le sur le bord de la terrine. Posez le couvercle et bouchez hermétiquement avec la pâte. Mettez à four moyen, chauffé 15 mn d'avance (5 au thermostat ou 180°) pendant 2 h.

Débitez l'aubergine en rondelles. Salez abondamment et mettez dans une passoire. Tassez-les en posant dessus une assiette lourde pendant 30 mn. Puis lavez et égouttez. Coupez les tomates en rondelles. Nettoyez les salades, ôtez les cœurs, fendez-les en quatre sans séparer les feuilles.

Après 2 h de cuisson, sortez la terrine du four et brisez le cordon, prenez bien soin d'éviter la vapeur qui jaillit – elle brûle !

Relevez la chaleur du four, thermostat 7 (200°). Retirez la viande de la terrine. Garnissez la terrine au fond et sur les côtés avec les rondelles d'aubergines. Remettez la viande puis le reste des aubergines. Ajoutez les tomates, salez et poivrez, parsemez de menthe. Ajoutez les oignons puis les cœurs de romaine fendus. Pour finir, recouvrez le tout avec les feuilles de salade. Salez et poivrez généreusement, couvrez, remettez au four 30 mn. Pour 6 personnes.

Skepakia — Crépinettes d'agneau

Volos

Bien que leur préparation soit difficile, les skepakia en valent bien la peine. Elles sont délicieuses grillées au charbon de bois et mangées brûlantes. La crépine (*skepi*, plur. *skepes*) est la membrane mince au fin réseau de graisse qui enveloppe l'épaule et la selle des agneaux de lait. Chez les agneaux plus âgés, la graisse s'accumule, la crépine devient très grasse donc peu alléchante.

1 gigot d'agneau de 3 bons kg environ
6 à 8 crépines
6 citrons
1/2 tasse environ de semoule de pain azyme
3 œufs
1 cuiller à café d'origan
4 cuillers à soupe d'huile d'olive
sel, poivre

Détachez la viande des os et passez-la à la machine à hacher fin. Dans un grand saladier, malaxez la viande hachée avec le jus de trois citrons, la semoule de pain azyme, les œufs et environ une cuiller à soupe d'huile d'olive pour humecter. Salez et poivrez.

Étalez délicatement chaque *skepi* sans la déchirer. Faites-la tremper 10 mn dans une grande assiette plate pleine d'eau bouillante. Retirez-la, coupez-la en carrés de 12 cm de côté avec un couteau bien aiguisé. Déposez une cuiller à soupe de hachis au centre de chaque skepi, enveloppez cette farce avec précaution en rentrant les bords de manière à obtenir un paquet bien fermé. Placez 2 ou 3 skepakia sur chacune des brochettes que vous aurez préparées à l'avance. Badigeonnez-les soigneusement avec le mélange suivant : jus de 3 citrons, 3 cuillers à soupe d'huile d'olive et 1 cuiller à café d'origan. Faites-les griller au charbon de bois. Retournez-les et arrosez-les de temps en temps. On peut aussi les faire cuire au gril. Servez sur-le-champ : on les déguste brûlantes.

Gardoumbes — Saucisses d'agneau

Ioannina

les poumons, le cœur, les rognons et les tripes d'un agneau de lait
thym, origan
ail
amandes
huile d'olive
2 citrons
sel, poivre

Lavez soigneusement la fressure, retirez le plus de graisse possible. Passez le foie directement sur la flamme ou saisissez-le dans un peu d'huile d'olive à feu vif. Lavez l'extérieur des intestins, retournez et lavez de nouveau. Pour les retourner sans peine, glissez un crayon dans l'ouverture et roulez le boyau sur le crayon. Il est possible aussi de le fendre tout du long avant de le laver. Coupez en tronçons de 40 cm.

Hachez finement les viandes, saupoudrez très généreusement de thym et d'origan, salez et poivrez. Emprisonnez une cuillerée de hachis dans un morceau de boyau pour obtenir une saucisse bien fermée, sans oublier d'introduire une moitié d'amande et un éclat d'ail. Nouez solidement les extrémités du boyau. Faites bien raidir dans un peu d'huile d'olive très chaude. Disposez les saucisses dans un plat à four profond, arrosez avec les 2 cuillers à soupe d'huile d'olive, mélangée au jus des 2 citrons. Saupoudrez généreusement d'origan, salez et poivrez, mettez à four moyen, chauffé 15 mn d'avance (5 au thermostat ou 180°) pendant 1 h environ.

Stifado — Ragoût de bœuf aux petits oignons

Partout en Grèce

5 belles tomates pelées, épépinées et hachées
1 cuiller à soupe de miel
900 g de bœuf à ragoût en morceaux de 5 cm de côté environ
5 cuillers à soupe d'huile d'olive
4 ou 5 gousses d'ail
10 piments de Cayenne entiers
3 ou 4 petits poivrons rouges piquants
8 clous de girofle
1 petit bâton de cannelle
3 feuilles de laurier
2 cuillers à café de paprika doux
450 à 900 g de tout petits oignons
1/2 bouteille au moins de vin rouge sec
1 beau brin de romarin

Préparez une sauce tomate classique : faites mijoter les tomates hachées avec de l'huile d'olive et du miel, une cuiller à soupe de chaque, jusqu'à obtention d'une purée épaisse.

Faites chauffer deux cuillers à soupe d'huile d'olive dans une grande poêle. Faites revenir les cubes de viande jusqu'à ce qu'ils soient bien dorés. Ajoutez l'ail et toutes les épices à l'exception du romarin. Mélangez. Faites mijoter pendant 5 mn.

Mouillez avec le vin rouge, amenez à petit feu, faites mijoter encore 10 mn.

Dans une autre poêle faites chauffer 2 cuillers à soupe d'huile d'olive et faites dorer les oignons. Ajoutez la sauce tomate. Rassemblez le contenu des deux poêles dans une grande cocotte et couvrez avec du vin. Laissez mijoter doucement pendant 2 h à couvert. Ajoutez le romarin environ 30 mn avant la fin de la cuisson. Le stifado sera encore meilleur préparé à l'avance et réchauffé avant d'être servi. En Grèce, avec le stifado, on présente du pain à croûte (type baguette) pour absorber la sauce. Pour 6 à 8 personnes.

Fijones kon karne — Ragoût de bœuf aux haricots

Salonique

On retrouve la base de ce ragoût dans les trois suivants. Cuisinés à l'huile d'olive dans une sauce tomate, parfumés au jus de citron, ils diffèrent par les épices et les légumes qui entrent dans leur composition.

3 oignons hachés menu
2 cuillers à soupe d'huile d'olive
900 g de bœuf à ragoût en morceaux de 5 cm
450 g de petits haricots blancs secs, trempés toute la nuit
sauce tomate classique préparée avec 4 tomates
(voir la recette précédente)
2 cuillers à soupe de persil haché menu
2 citrons
1/4 de tasse d'huile d'olive
sel, poivre

Faites revenir les oignons dans une cuiller à soupe d'huile d'olive jusqu'à ce qu'ils deviennent transparents. Ajoutez les morceaux de viande, faites-les dorer de toutes parts. Égouttez les haricots et mettez-les dans un grand faitout. Couvrez d'eau. Amenez à ébullition. Après 10 mn, retirez du feu, égouttez, rincez à fond. Remettez dans le faitout, recouvrez d'eau fraîche. Amenez à petits bouillons.

Lorsque les haricots deviennent tendres, ajoutez la viande avec les oignons, la purée de tomate et le persil. Salez et poivrez. Laissez mijoter doucement jusqu'à ce que les haricots et la viande soient très tendres, ce qui demande 1 à 2 heures. Environ 10 mn avant la fin de la cuisson, versez le jus des citrons ainsi qu'un quart de tasse d'huile d'olive au moins. Pour 6 personnes.

Yuvech de karne — Ragoût de bœuf aux aubergines

Drama, Soufli, Didimoticho

2 belles aubergines en tronçons de 5 cm
huile d'olive
2 oignons moyens, hachés menu
900 g de bœuf à ragoût en morceaux de 5 cm
1/2 cuiller à café de cannelle
4 piments de Cayenne entiers
2 feuilles de laurier
4 belles tomates, pelées, épépinées et hachées
1/4 de tasse d'eau
1 cuiller à café de paprika (ou 2 tomates supplémentaires, pelées épépinées et hachées)
2 citrons
sel, poivre

Débitez les aubergines en cubes de 5 cm de côté que vous faites tremper 1/2 h dans de l'eau fortement salée. Rincez, séchez à fond. Faites-les revenir doucement dans 1/4 de tasse d'huile d'olive jusqu'à ce qu'elles commencent à dorer. Retirez du feu et réservez.

Ajoutez une cuiller à soupe d'huile d'olive dans la poêle et faites revenir les oignons jusqu'à ce qu'ils soient transparents. Ajoutez les morceaux de viande et faites-les bien dorer de tous côtés. Ajoutez la cannelle, les piments de Cayenne, les feuilles de laurier, les 4 tomates hachées. Salez et poivrez. Mélangez bien, couvrez hermétiquement, laissez mijoter à petit feu pendant 30 mn.

Pendant ce temps, remettez les aubergines dans une poêle avec une cuiller à soupe d'huile d'olive. Faites chauffer. Ajoutez l'eau et le paprika (ou les deux tomates supplémentaires). Faites réduire. Versez la sauce obtenue sur la viande. Mettez à feu doux. Laissez cuire encore 30 mn. Versez le jus de citron avant de servir. Pour 6 personnes.

Kreas me bamyes — Ragoût de bœuf aux gombos

Hania

2 beaux oignons hachés menu
900 g de bœuf à ragoût en morceaux de 5 cm
huile d'olive
450 g de gombos (pour la préparation, voir p. 242)
5 belles tomates pelées, épépinées et hachées
4 gousses d'ail
1 cuiller à café 1/2 de graines de coriandre moulues
vin rouge, eau ou bouillon
2 citrons
sel, poivre

Faites revenir les oignons dans l'huile d'olive jusqu'à ce qu'ils soient transparents. Ajoutez les morceaux de viande, faites bien dorer sans hâte. Transférez le tout dans une grande cocotte. Dans le premier récipient versez une cuiller à soupe supplémentaire d'huile d'olive, mettez les gombos préparés. Faites sauter 5 mn tout en remuant. Ajoutez les tomates, l'ail et la coriandre. Laissez réduire en une sauce assez épaisse ce qui demande 15 mn environ. Nappez la viande avec cette sauce. Mouillez avec suffisamment de vin rouge, d'eau ou de bouillon pour couvrir. Salez et poivrez généreusement. Laissez mijoter à petit feu pendant 1 heure, la viande doit devenir très tendre. Versez le jus des citrons 10 mn environ avant la fin de la cuisson. Pour 6 personnes.

Prichil y muez — Ragoût de bœuf aux noix

Larissa

450 g de bœuf à ragoût coupé en morceaux de 2,5 cm de côté
1/4 de tasse d'huile d'olive
1/4 de tasse de persil haché menu
2 citrons
1/2 tasse de noix hachées
sel, poivre

Faites chauffer 2 cuillers à soupe d'huile d'olive dans une grande cocotte épaisse. Dedans, faites dorer la viande coupée en morceaux. Lorsqu'elle est bien dorée, ajoutez le reste d'huile d'olive et versez juste assez d'eau pour mouiller à hauteur. Amenez à petits bouillons, baissez le feu, la viande doit mijoter à feu moyen jusqu'à ce qu'elle soit tendre, ce qui demande au moins 1 heure. Salez et poivrez en fin de cuisson.

Lorsque la viande est presque cuite, parsemez de persil, arrosez du jus des citrons. Faites mijoter pendant 10 mn, jusqu'à ce que la viande devienne très tendre. Ajoutez alors les noix, laissez mijoter encore jusqu'à ce que presque tout le liquide soit absorbé. Retirez du feu. Pour 3 à 4 personnes.

Moussaka-Athènes

L'apparition de la moussaka dans les cuisines juives de Grèce est récente car il faut du fromage ou des produits lactés pour la béchamel. Les deux recettes suivantes sont de bons exemples d'adaptation juive de mets grecs traditionnels.

4 grosses pommes de terre
1 aubergine moyenne
450 g de bœuf haché
5 œufs
2 tomates pelées, épépinées et hachées
2 oignons hachés
1/4 de tasse de persil haché
1 pincée de cannelle

1 cuiller à café de noix muscade râpée
$^{1}/_{2}$ tasse d'huile d'olive
sel, poivre

Épluchez et coupez les pommes de terre en lamelles très fines. Faites-les cuire à l'eau bouillante pendant 5 mn, égouttez, réservez. Épluchez et coupez l'aubergine en tranches très minces. Salez abondamment, posez un plat lourd au-dessus pour les tasser. Au bout de 30 mn, rincez bien et séchez.

Dans un grand saladier, mélangez le bœuf haché avec deux œufs, les oignons hachés, les tomates hachées, le persil, la cannelle, la noix muscade et 1 cuiller à soupe d'huile d'olive. Salez et poivrez.

Huilez un moule profond de 25 x 35 cm environ. Tapissez d'une couche de rondelles de pommes de terre. Recouvrez avec une couche d'aubergine puis avec le hachis de viande. Recouvrez d'une nouvelle couche d'aubergines, terminez par le reste de pommes de terre.

Fouettez 3 jaunes d'œufs avec 1 cuiller à café d'huile d'olive et un peu de sel jusqu'à ce qu'ils soient mousseux. Montez les blancs en neige. Incorporez aux jaunes. Versez cette préparation sur les pommes de terre, saupoudrez de noix muscade. Mettez à four moyen, chauffé 15 mn d'avance (5 au thermostat ou 180°) pendant 45 mn.

Ce plat est encore plus savoureux lorsqu'il est préparé plusieurs heures à l'avance ou même la veille et réchauffé avant d'être servi. Ne le dégustez pas trop chaud. Pour 4 à 6 personnes.

Moussaka-Izmir

2 aubergines, en tranches non épluchées
huile d'olive pour la friture
450 g de bœuf haché
2 œufs
1 oignon, haché menu
purée de tomate classique faite avec 4 tomates (voir p. 247)
noix muscade

sel, poivre
3 à 4 feuilles de laurier (facultatif)

Salez fortement les tranches d'aubergine et mettez dessus un plat lourd pour les tasser pendant 30 mn. Rincez et séchez soigneusement. Mettez à frire les tranches d'aubergines dans 1/4 à 1/2 tasse d'huile d'olive jusqu'à ce qu'elles soient bien dorées.

Malaxez le bœuf haché avec les œufs, l'oignon, la purée de tomate. Salez et poivrez.

Huilez un moule de 25 x 35 cm. Tapissez le fond avec la moitié des tranches d'aubergine. Salez et poivrez à votre goût. Étalez la farce à la viande sur les aubergines. Recouvrez avec le reste des aubergines. Assaisonnez d'une grosse pincée de noix muscade, salez et poivrez de nouveau. On place parfois 3 ou 4 feuilles de laurier sur le hachis avant la seconde couche d'aubergines. Mettez à four moyen, chauffé 15 mn d'avance (5 au thermostat ou 180°) pendant 45 mn. Le dessus doit être bien doré. Préparez ce plat à l'avance, comme dans la recette précédente. Pour 4 à 6 personnes.

Endjinares kon karne — Bœuf haché aux artichauts

Hania

En Grèce, on vend les artichauts avec une queue d'une trentaine de centimètres environ, si bien qu'on les rapporte du marché en les tenant comme un bouquet de fleurs.

4 beaux artichauts
2 cuillers à soupe d'huile d'olive
1 oignon moyen, haché menu
1/4 de tasse de pignons
450 g de bœuf haché
2 gousses d'ail
2 tomates moyennes, pelées, épépinées et hachées menu
1 tasse d'eau
sel, poivre

Débarrassez les artichauts de toutes leurs feuilles, ne conservez que les cœurs. Arrachez aussi le foin, coupez les queues en gardant une longueur de 8 cm. Partagez chaque cœur en deux ou en quatre.

Faites chauffer une poêle, versez l'huile d'olive. Faites revenir l'oignon doucement pendant quelques minutes. Ajoutez les pignons, l'ail et le bœuf haché, salez et poivrez. Faites sauter jusqu'à ce que la viande soit bien dorée. Ajoutez alors les tomates hachées, mélangez à fond. Laissez cuire jusqu'à obtention d'une sauce onctueuse. Mouillez d'une tasse d'eau chaude, mélangez, plongez les artichauts dans cette sauce. Faites mijoter, bien couvert, à petit feu, pendant 20 à 30 mn jusqu'à ce que les cœurs soient tendres. Pour 4 personnes.

Kouzinika — Bœuf haché aux épinards et aux pois chiches

Halkis

1 gros oignon, haché menu
2 cuillers à soupe d'huile d'olive
225 g de bœuf haché
1 tasse d'eau
225 g d'épinards lavés et égouttés
1/2 tasse de garvansos (pois chiches) mis à tremper la veille
2 citrons
sel, poivre
sauce à l'œuf et au citron (facultatif) voir ci-dessous

Faites sauter l'oignon haché menu dans l'huile d'olive jusqu'à ce qu'il devienne transparent. Ajoutez la viande hachée, faites-la revenir afin qu'elle prenne légèrement couleur. Mouillez d'une tasse d'eau environ. Salez, poivrez. Couvrez bien, laissez mijoter pendant 15 mn. Hachez grossièrement les épinards. Répartissez-les sur la préparation de viande. Ajoutez alors les pois chiches égouttés. Versez juste l'eau nécessaire pour recouvrir les pois chiches, laissez mijoter à tout petit feu. Rectifiez le niveau de l'eau au besoin : elle doit toujours recouvrir les pois chiches. Lorsqu'ils sont tendres, arrosez du jus des citrons.

Parfois, on sert ce plat avec une sauce à l'œuf et au citron : fouettez 2 jaunes d'œuf avec le jus de 2 citrons. Fouettez vivement tout en ajoutant de petites quantités du liquide de cuisson de la viande et des pois chiches. Retirez les pois chiches du feu. Lorsque la sauce aux œufs et au citron n'est plus très chaude, versez-la sur les pois chiches. Baissez le feu au minimum et laissez cuire jusqu'à ce que les pois chiches soient très tendres. Surveillez bien la cuisson, si le feu était trop fort, les œufs se coaguleraient. Pour 4 personnes.

Rollo me haminados — Pain de viande

Arta, Preveza

700 g de bœuf haché
2 œufs
1/2 tasse de semoule de pain azyme
2 beaux oignons hachés menu
2 grosses tomates pelées épépinées et réduites en purée
1 gousse d'ail écrasée
2 cuillers à soupe d'huile d'olive
2 cuillers à soupe de persil haché
1 cuiller à soupe de basilic
sel, poivre
3 œufs haminados (voir p. 42)

Hachez menu les oignons. Pelez, épépinez et écrasez les tomates en purée. Rassemblez tous les ingrédients sauf les haminados. Malaxez à fond. Donnez au hachis la forme d'un gros rouleau. Au couteau, pratiquez trois incisions sur le dessus, enfouissez les haminados écalés et refermez les ouvertures. Placez le rouleau dans un moule à pâtisserie bien huilé. Enduisez d'huile d'olive. Mettez à four moyen, chauffé 15 mn d'avance (5 au thermostat ou 180°) pendant 1 h environ. Arrosez de temps en temps avec la sauce suivante :

3 grosses tomates pelées et épépinées
2 cuillers à soupe de miel
1 à 2 cuillers à soupe d'huile d'olive
1 tasse de vin rouge
$^1/_4$ à $^1/_2$ cuiller à café de cannelle
2 citrons

Épluchez, épépinez les tomates. Mettez à mijoter et à réduire avec une cuiller à soupe d'huile d'olive et une de miel. Faites chauffer le vin, versez-le dans la purée de tomate. Laissez mijoter jusqu'à léger épaississement. Ajoutez le restant de miel et d'huile d'olive puis la cannelle. Mélangez à fond sur feu doux, versez le jus de citron.

Servez le pain de viande bien chaud entouré de la sauce. Pour 4 à 6 personnes.

Keftikes / Keftedes — Boulettes de viande

Hania

En Grèce, aussi bien la communauté romaniote que la séfarade cuisinent les *keftikes*.

700 g de bœuf haché
1 oignon moyen haché menu
2 œufs
$^1/_4$ de tasse de semoule de pain azyme
2 cuillers à soupe de vinaigre de vin
1 cuiller à soupe d'huile d'olive
4 cuillers à soupe de persil et de menthe hachés
sel, poivre
huile d'olive pour la friture
garniture : rondelles d'oignon cru, persil et jus de citron

Réunissez tous les ingrédients dans un grand saladier, à l'exception de la garniture. Pétrissez vigoureusement avec les mains. Prenez de petits morceaux de pâte gros comme un œuf et donnez-leur une forme allongée. Faites frire dans 4 cuillers à soupe d'huile d'olive en retournant de tous côtés pour faire entièrement dorer. Décorez de rondelles d'oignon, de persil, et arrosez de jus de citron. Pour 20 croquettes environ.

Albondigas al buyor — Croquettes de viande à la sauce tomate

Salonique

450 g de bœuf haché
1 petit oignon haché ou râpé
1 cuiller à café de cumin en poudre
2 cuillers à soupe de persil haché
1 œuf battu
1/4 de tasse de semoule de pain azyme
(ou bien 2 tranches de pain sans croûte, trempées dans du vinaigre de vin, puis pressées pour en exprimer celui-ci)
huile d'olive

Sauce :

1 petit oignon haché menu
2 gousses d'ail hachées menu
4 grosses tomates pelées, épépinées et hachées
1/4 de cuiller à café de cannelle
1 cuiller à soupe de miel
2 cuillers à soupe de persil haché

Hachez ou râpez l'oignon. Rassemblez tous les ingrédients nécessaires aux croquettes dans un grand saladier. Malaxez. Formez de petites boules allongées. Mettez-les à frire doucement dans 4 cuillers à soupe d'huile d'olive jusqu'à ce qu'elles soient bien dorées. Réservez.

Dans la même huile, faites sauter doucement l'oignon et l'ail hachés menu. Salez, poivrez. Pelez, épépinez et hachez les tomates. Ajoutez-les à l'oignon en mélangeant à fond. Ajoutez la cannelle et le miel, laissez mijoter 15 mn environ à feu moyen, le temps que les tomates réduisent. Étendez avec environ 1/2 tasse d'eau pour délayer un peu la sauce, puis ajoutez les croquettes. Couvrez bien. Faites mijoter pendant 30 mn. Parsemez de persil haché. Pour 15 à 20 croquettes.

Kiftikas de karne y de spinaka

Boulettes de viande et d'épinards

Salonique

700 g de bœuf haché
6 cuillers à soupe de semoule de pain azyme
2 œufs
4 citrons
$^{3}/_{4}$ de tasse d'huile d'olive
1,3 à 1,8 kg d'épinards
sel, poivre

Dans un grand saladier, mélangez la viande, 3 cuillers à soupe de semoule de pain azyme, 1 œuf battu et le jus de 2 citrons. Salez, poivrez. Malaxez. Formez de toutes petites boules, plus petites que les kiftikas précédentes, faites-les frire doucement dans 4 cuillers à soupe d'huile d'olive jusqu'à ce qu'elles soient bien dorées. Réservez.

Lavez soigneusement les épinards. Ôtez les queues et mettez-les à part. Hachez menu les feuilles, ou passez-les au moulin. Mélangez les épinards hachés avec 1 œuf battu, 3 cuillers à soupe de semoule de pain azyme, 1 jus de citron, sel, poivre. Formez des boulettes de la même taille que les précédentes, mettez-les à frire dans la même huile jusqu'à ce qu'elles soient bien dorées.

Dans une grande marmite, versez $^{1}/_{2}$ tasse d'eau, $^{1}/_{2}$ tasse d'huile d'olive, 1 jus de citron, salez et poivrez. Ajoutez les queues des épinards et amenez à tout petits bouillons. Lorsque les queues sont presque tendres, ajoutez les kiftikas. Arrosez d'un jus de citron, cuisez à très petit feu jusqu'à absorption complète de l'eau, ce qui demande 10 à 15 mn. Pour 4 à 6 personnes.

Kotopoulo psito — Poulet rôti

Hania

1 poulet de 1,2 à 1,8 kg
2 cuillers à soupe d'huile d'olive
3 citrons (jus et écorce)
origan ou persil
sel, poivre

Nettoyez le poulet soigneusement, lavez-le, séchez-le, enduisez-le entièrement d'huile d'olive. Placez-le dans un plat à rôtir profond. Arrosez avec la moitié du jus des citrons, remplissez l'abdomen avec la totalité des zestes. Saupoudrez généreusement d'origan. Salez et poivrez. Mettez à four chaud, chauffé 15 mn d'avance (6 au thermostat ou 200 à 210°) pendant 15 mn. Baissez alors le thermostat à 4 (ou 170°). Laissez cuire jusqu'à ce que le poulet soit tendre, 1 h en tout, à peu près, en arrosant de temps en temps. Environ 10 mn avant la fin de la cuisson, arrosez du reste de jus de citron, saupoudrez d'origan ou de persil haché. Pour 4 personnes.

Poyo en salsa — Poulet sauce au vin

Athènes

Cette recette n'est sûrement pas très orthodoxe, comme le révèle l'usage du basilic et du romarin qui apparaissent rarement dans la cuisine grecque. Mais le résultat est délicieux aussi bien froid que chaud.

1 poulet de 1,2 à 1,8 kg
2 verres de vin rosé ou blanc, soit environ $^1/_4$ de litre
2 citrons
2 cuillers à soupe d'huile d'olive
1 gros oignon haché
4 belles tomates pelées et hachées
1 cuiller à soupe de basilic haché
1 brin de romarin

20 olives grecques noires dénoyautés
1 gousse d'ail hachée menu
sel, poivre

Nettoyez et lavez bien le poulet. Coupez-le en morceaux. Laissez de côté le dos. Posez les morceaux dans un grand saladier ou dans un grand plat, arrosez avec le vin et le jus de citron. Laissez mariner plusieurs heures ou une nuit entière.

Mettez le poulet dans sa marinade à four chaud, chauffé 15 mn d'avance (6 au thermostat ou 200 à 210°) pendant 15 mn. Baissez la chaleur à 180° (thermostat 5), laissez cuire encore 15 mn.

Pendant ce temps, hachez l'oignon et faites-le sauter à l'huile d'olive jusqu'à ce qu'il soit transparent. Ajoutez les tomates pelées, épépinées et hachées, mélangez bien. Laissez mijoter 5 mn. Ajoutez le basilic, le romarin, les olives, l'ail haché menu. Salez et poivrez. Faites mijoter jusqu'à obtention d'une sauce onctueuse.

Sortez le poulet du four, passez la marinade, versez-la dans la sauce tomate, mélangez à fond. Versez le tout sur le poulet, remettez au four 30 mn de plus. Pour 4 personnes.

Kotopoulo frikasse me rizes apo selino

Fricassée de poulet au céleri rave

Volos

1 poulet de 1,3 à 1,8 kg, entier ou en morceaux
5 céleris raves entiers
4 ou 5 oignons moyens
huile d'olive
2 citrons
sel, poivre
Sauce :
1 cuiller à soupe d'huile d'olive
2 citrons
1 cuiller à soupe de farine
$^1/_2$ tasse de bouillon de poulet
2 œufs

Épluchez les céleris raves, débitez-les en tranches ou en cubes. Recouvrez du jus d'un citron et d'eau. Laissez macérer pendant une heure.

Hachez les oignons, faites-les sauter à l'huile d'olive jusqu'à ce qu'ils deviennent transparents. Retirez de la casserole. Versez une cuiller à soupe d'huile d'olive dans la casserole, faites frire le poulet de tous côtés jusqu'à ce qu'il ait pris couleur. Transvasez le poulet dans un grand faitout. Arrosez du jus d'un citron et de l'eau nécessaire pour juste couvrir. Amenez à petits bouillons, ajoutez les oignons et le céleri égoutté. Salez et poivrez. Couvrez bien et laissez mijoter à tout petit feu pendant une heure environ, jusqu'à ce que le poulet soit tendre.

Sur le plat de service, disposez d'un côté le poulet et, de l'autre, le céleri et l'oignon. Gardez au chaud. Réservez le bouillon.

Faites la sauce : dans une petite casserole, fouettez l'huile avec le jus des citrons, ajoutez la farine, mélangez à fond. Mettez à tout petit feu et incorporez au fouet 1/2 tasse de bouillon de poulet. Retirez du feu. Battez les œufs en omelette mousseuse. Cuillerée à cuillerée, ajoutez le mélange de citron dans les œufs tout en fouettant vivement. Lorsque tout est ajouté, remettez la casserole à tout petit feu et faites cuire sans cesser de remuer jusqu'à obtention d'une sauce onctueuse. Nappez le poulet et les légumes de cette sauce et servez. Pour 4 à 6 personnes.

Poyo kon merenjenas — Poulet aux aubergines

Salonique

1 belle aubergine
1 poulet de 1,3 à 1,8 kg
huile d'olive
5 ou 6 petits oignons
1/2 cuiller à café de paprika doux
1/2 cuiller à café de cannelle
2 brins de romarin
4 à 5 piments de Cayenne
sel, poivre

coulis de tomate classique :

4 tomates, 1 cuiller à soupe d'huile d'olive et 1 de miel, le tout réduit par cuisson en purée épaisse

Débitez l'aubergine en tronçons de 5 cm. Mettez à dégorger dans de l'eau extrêmement salée pendant 30 mn. Égouttez. Séchez. Découpez le poulet en morceaux. Faites dorer ceux-ci dans deux cuillers à soupe d'huile d'olive. Mettez-les dans une grande marmite.

Faites sauter les oignons entiers dans l'huile d'olive restante. Lorsqu'ils sont dorés ajoutez-les au poulet. Remettez deux cuillers à soupe d'huile d'olive dans la sauteuse, faites revenir les morceaux d'aubergines, ils doivent dorer légèrement. Ajoutez les morceaux d'aubergine au poulet. Nappez de coulis de tomate, mouillez d'eau ou de bouillon à hauteur du poulet. Assaisonnez avec paprika, cannelle, romarin, piments de Cayenne. Salez, poivrez. Couvrez bien. Laissez mijoter à tout petit feu jusqu'à ce que le poulet soit tendre, ce qui demande 1 h environ. Pour 4 à 6 personnes.

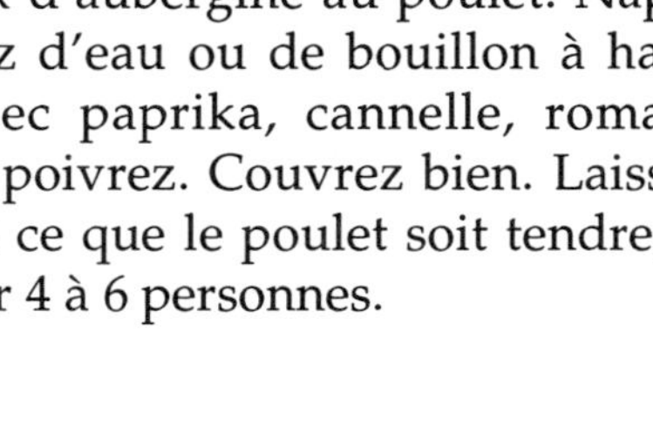

Kotopoulo me bamyes — Poulet aux gombos

Hania

225 g de gombos (préparation avant la cuisson, voir p. 242)
1 poulet de 1,3 à 1,8 kg
3 cuillers à soupe d'huile d'olive
1 cuiller à café de curcuma
1 gros oignon haché
4 belles tomates pelées et coupées en rondelles
1 grosse pincée de cannelle et clous de girofle en poudre
1 cuiller à café de gingembre
1 cuiller à café de graines de coriandre
2 feuilles de laurier
1 citron
sel, poivre
bouillon de poulet

Découpez le poulet en morceaux. Faites chauffer l'huile d'olive dans une grande poêle, ajoutez le curcuma puis le poulet. À peine a-t-il pris couleur, transvasez-le dans une grande cocotte.

Hachez l'oignon, faites-le revenir dans l'huile restante jusqu'à ce qu'il soit transparent. Ajoutez les tomates et toutes les épices. Mélangez bien, faites réduire.

Dans une autre poêle faites revenir doucement les gombos avec une cuiller à soupe d'huile d'olive, pendant 5 mn, en remuant continuellement. Ajoutez la sauce tomate et les gombos au poulet. Mouillez avec le bouillon jusqu'à hauteur du poulet. Salez et poivrez. Couvrez bien. Laissez mijoter à tout petit feu jusqu'à ce que les gombos et le poulet soient tendres, ce qui demande environ 1 heure. Arrosez de jus de citron quelques minutes avant la fin de la cuisson. Pour 4 à 6 personnes.

Poyo kon prunas — Poulet aux pruneaux

Salonique

1 poulet de 1,3 à 1,8 kg
huile d'olive
2 oignons moyens coupés en rondelles
3 gousses d'ail hachées
coulis de tomate classique (voir p. 262),
  fait avec 3 belles tomates
$^{1}/_{2}$ cuiller à café de cannelle
20 graines de coriandre écrasées
1 cuiller à café de poivre de Cayenne
25 pruneaux, mis à tremper la veille
$^{1}/_{2}$ tasse de vin rouge
sel, poivre
bouillon de cuisson de la carcasse, du cou et des abats du poulet

Découpez le poulet en morceaux. Faites chauffer 3 cuillers à soupe d'huile d'olive dans une poêle épaisse. Faites dorer les morceaux de poulet. Salez, poivrez. Sortez le poulet et placez-le dans une grande cocotte.

Coupez les oignons en rondelles. Hachez l'ail. Faites revenir le tout dans l'huile qui est déjà dans la poêle. Lorsque l'ail et l'oignon sont transparents, ajoutez le coulis de tomate puis la cannelle, la coriandre, le poivre de Cayenne et les pruneaux égouttés. Faites mijoter à feu doux jusqu'à épaississement. Si la sauce vous paraît trop épaisse, ajoutez du vin rouge. Lorsqu'elle est onctueuse, versez-la sur le poulet. Finissez de bien recouvrir le poulet en ajoutant du bouillon. Couvrez bien. Laissez mijoter pendant 45 mn à 1 heure jusqu'à ce que le poulet soit très tendre. Ce plat est encore meilleur lorsque le poulet est cuit plusieurs heures à l'avance puis réchauffé avant le repas. Pour 4 personnes.

Poyo kon prunas agras — Poulet aux prunes aigres

Salonique

Pour cette recette, on utilisait à l'origine des prunes aigres, prunas agras en ladino, *ksina damaskina* en grec (voir les recettes de poisson aux prunes aigres p. 234 et suivantes).

- 1 poulet de 1,8 à 2,2 kg (on peut le remplacer par du bœuf ou du veau)
- coulis de tomate classique (voir p. 262) fait avec 4 tomates
- 15 à 20 tout petits oignons
- 2 cuillers à soupe d'huile d'olive
- 450 g de prunes aigres, ou de pruneaux
- bouillon de poulet
- 2 feuilles de laurier
- 1 brin de romarin
- sel, poivre

Épluchez les oignons. Faites-les dorer entiers à l'huile d'olive. Ajoutez les prunes aigres (si vous n'en trouvez pas, utilisez des pruneaux mis à tremper la veille et égouttés). Versez le coulis de tomate. Mélangez. Faites mijoter à petit feu pendant 5 mn. Mettez dans une grande cocotte avec le poulet coupé en morceaux. Couvrez juste de bouillon. Salez et poivrez généreusement, mettez le laurier et le romarin. Faites cuire approximativement 1 heure, jusqu'à ce que le poulet soit tendre. Pour 4 à 6 personnes.

Une variante de cette recette consiste à faire bouillir le poulet à part. Ensuite on utilise le liquide de cuisson pour préparer la sauce. Le poulet est servi arrosé de cette sauce. Le plat sera plus léger.

Poyo kon kiftikas de spinaka — Poulet aux croquettes d'épinards

Salonique

1 poulet de 1,3 à 1,8 kg coupé en morceaux
1/2 tasse d'huile d'olive
3 tasses d'épinards frais hachés menu
3 œufs
1/4 de tasse de semoule de pain azyme
2 citrons
1 cuiller à soupe de miel
sel, poivre

Mettez à dorer doucement le poulet dans 2 à 3 cuillers à soupe d'huile d'olive. Il doit être presque cuit.

Pendant ce temps, dans une grande terrine, malaxez les épinards avec les œufs, la semoule de pain azyme, sel et poivre. Faites chauffer 4 cuillers à soupe d'huile d'olive dans une grande poêle. Laissez tomber des cuillers à soupe du mélange d'épinards dans l'huile chaude. Faites revenir doucement pour bien dorer des deux côtés.

Déposez les morceaux de poulet dans un grand plat allant au four. Tout autour, disposez les kiftikas d'épinards. Au fouet, mélangez le miel et le jus des 2 citrons. Arrosez-en le tout. Couvrez avec une feuille de papier d'aluminium. Mettez à four doux, chauffé 15 mn d'avance (3-4 au thermostat ou 110 à 130°) pendant 30 mn. Retirez le papier d'aluminium, remontez le feu à 5 et laissez dorer jusqu'à ce que le dessus soit brillant ce qui demande 10 mn environ. Pour 4 à 6 personnes.

Igadikos — Foies de poulet à la sauce tomate

Komotini

20 foies de poulet
2 cuillers à soupe d'huile d'olive
1 gros oignon haché menu
2 gousses d'ail écrasées

1 carotte en rondelles
1 ou 2 tomates hachées menu
1 cuiller à café de marjolaine
1/2 tasse de vin rouge
sel, poivre

Faites chauffer l'huile d'olive dans une grande poêle. Faites revenir l'oignon haché fin jusqu'à ce qu'il devienne transparent. Ajoutez l'ail écrasé, la carotte en rondelles. Faites revenir doucement en remuant pendant 5 mn. Ajoutez les foies, salez et poivrez. Faites sauter sans hâte pendant 5 mn. Ajoutez les tomates, la marjolaine, le vin. Mélangez le tout à fond. Baissez le feu et laissez cuire à tout petit feu jusqu'à ce que la sauce épaississe, ce qui demande environ 20 mn. C'est délicieux sur du riz. Pour 4 personnes.

Figado agrastada — Foie de veau

Komotini, Kavala

700 g de foie de veau
1 cuiller à soupe d'huile d'olive
2 cuillers à soupe de persil frais haché
1/4 de tasse de vinaigre de vin coupé avec 1 à 2 cuillers à soupe d'eau
sel, poivre

Coupez le foie en lanières minces. Faites revenir à l'huile d'olive. Arrêtez la cuisson avant qu'elle soit complète : attention car le foie devient coriace si la cuisson est trop longue. Parsemez de persil. Salez et poivrez, faites mijoter pendant quelques minutes tout en remuant. Diluez le vinaigre avec 1 à 2 cuillers à soupe d'eau, versez sur le foie. Amenez à petits bouillons et retirez du feu lorsque tout le liquide s'est évaporé.

C'est à ce moment-là, dans une variante, qu'on retire le foie pour le faire frire à part dans un peu d'huile d'olive afin de le servir doré. Pour 4 à 6 personnes.

Légumes farcis

Yaprakes — Feuilles de vigne farcies

Partout en Grèce

Yaprak signifie feuille, en turc. Les *yaprakes* sont en général des feuilles de vigne farcies de garnitures diverses. Les variations portent aussi sur l'enveloppe qui peut être une feuille de chou ou de romaine et, dans les *Yaprakitos de merenjena* (Aubergine farcie II, voir p. 278), de fines tranches d'aubergine. Les *yaprakes* de feuilles de vigne ont toujours compté parmi les mets favoris des Juifs dans tout le Moyen-Orient ; ils sont aussi très prisés des Grecs qui les appellent *dolmas* ou *dolmades* et aussi *yaprakia* en Grèce du Nord. En turc, dolmas est le nom spécifique des légumes farcis. Voir aussi *Yaprakitos de sardela,* page 281.

30 feuilles de vigne fraîches
450 g de viande de bœuf hachée
1/4 de tasse de riz à demi cuit
huile d'olive
3 cuillers à soupe de menthe hachée
3 citrons
sel, poivre

Si vous utilisez des feuilles de vigne fraîches, trempez-les 5 mn dans de l'eau très chaude. Si elles sortent de la saumure, rincez-les soigneusement.

Faites sauter la viande hachée dans un peu d'huile d'olive jusqu'à ce qu'elle prenne légèrement couleur. Retirez du feu. Ajoutez le riz, sel et poivre. Malaxez.

Étalez une feuille de vigne, la queue de votre côté. Déposez une cuiller à café de farce à l'endroit où les nervures se séparent. Enroulez le yaprak en commençant par la queue, rentrez les côtés au fur et à mesure afin d'obtenir un petit paquet bien fermé. Graissez une cocotte profonde avec une cuiller à soupe d'huile d'olive, disposez les yaprakes serrés les uns contre les autres sur une seule couche. Recouvrez d'une couche de feuilles sans farce, parsemez de menthe. Répétez l'opération avec une seconde couche de yaprakes, couvrez comme pour la première, continuez jusqu'à épuisement de la farce et des feuilles. Aplatissez les feuilles qui dépassent et couvrez avec un plat lourd pouvant supporter la cuisson. Faites mijoter à tout petit feu, bien couvert, pendant 1 heure. Retirez du feu, enlevez le plat.

Disposez les yaprakes dans un plat à four bien huilé. Arrosez du jus des citrons et d'un peu de liquide de cuisson. Mettez à four moyen, chauffé 15 mn d'avance (5 au thermostat ou 180°) pendant 30 mn environ, jusqu'à ce que presque tout le liquide soit absorbé. On peut confectionner les yaprakes à l'avance en très grandes quantités, et on les sert aussi bien chauds que froids. Pour 30 pièces, approximativement.

Alichuga enreynada — Laitue farcie en petits paquets

Salonique

700 g de viande de bœuf hachée
4 œufs
1 tasse 1/2 de semoule de pain azyme
1 oignon haché menu (facultatif)
3 romaines
2 citrons
sel, poivre

Malaxez la viande de bœuf hachée avec deux œufs, la semoule de pain azyme, le sel, le poivre et, si vous le désirez, l'oignon haché menu.

Réservez les grandes feuilles des romaines. Conservez les plus petites et coupez les cœurs en lanières. Faites bouillir de l'eau. Hors du feu, plongez-y les grandes feuilles juste le temps nécessaire pour les ramollir. Étalez les feuilles deux par deux, l'une par dessus l'autre, afin d'obtenir une feuille en double épaisseur. Prenez une cuillerée du mélange de viande, déposez-le sur la feuille double du côté de la queue. Enroulez avec précaution, à partir de la queue, tout en rentrant les côtés afin de former un paquet bien serré.

Battez deux œufs, plongez-y les yaprakes un à un et faites-les frire immédiatement à l'huile d'olive moyennement chaude, la fermeture en dessous, jusqu'à ce qu'ils soient bien dorés.

Huilez généreusement un plat à four. Tapissez le fond avec les cœurs en lanières et les petites feuilles de salade. Au fur et à mesure que les yaprakes sont frits, disposez-les sur le lit de salade. Lorsqu'ils sont tous placés, arrosez-les du jus des citrons allongé d'un peu d'eau. Laissez mijoter, à couvert, jusqu'à ce que tout le liquide soit absorbé. Vous pouvez aussi passer le plat au four thermostat 6 (200°) jusqu'à ce que le jus soit absorbé et les yaprakes bien dorés. Pour 40 pièces environ.

Dolmas de kol — Feuilles de chou farcies

Ces dolmas peuvent être préparées de deux façons différentes : soit cuites à la sauce tomate selon la recette donnée d'abord, soit arrosées après la cuisson avec la sauce aux œufs et au citron dont la recette suit.

Dolmas de kol I — Feuilles de chou farcies en sauce tomate

Salonique, Komotini

1 chou moyen
450 g de viande de bœuf hachée
1 oignon moyen, haché menu
1/2 tasse de riz
sel, poivre
menthe hachée et pignons (facultatif)

Sauce :

7 cuillers à soupe d'huile d'olive
4 tomates, pelées, épépinées et hachées
1 cuiller à soupe de miel
2 citrons
1/2 cuiller à café de cannelle
1 tasse d'eau
sel, poivre

Amenez 3 litres d'eau à ébullition. Hors du feu, plongez avec précaution le chou entier dans l'eau, laissez-le pendant 1 heure environ, bien couvert.

Pour la farce, hachez l'oignon finement. Mélangez tous les ingrédients dans un grand bol. La menthe hachée menu et les pignons sont un appoint délicieux.

Retirez le chou de l'eau, détachez les feuilles avec précaution et étalez-les. Déposez une cuiller à soupe de farce en haut de chaque feuille. Enroulez en rentrant les côtés avec soin. Rangez les dolmas les unes contre les autres au fond d'une grande cocotte bien huilée, la fermeture en dessous. Ajoutez des couches nouvelles jusqu'à ce que toute la farce soit épuisée.

Pour la sauce : faites chauffer l'huile d'olive dans une poêle. Ajoutez les tomates pelées, épépinées et écrasées. Remuez souvent. Elles doivent mijoter jusqu'à ce qu'elles commencent à épaissir. Ajoutez le miel, le jus des deux citrons, la cannelle, salez et poivrez, allongez d'une tasse d'eau environ. Laissez mijoter jusqu'à l'obtention d'une sauce assez légère ce qui demande en tout à peu près 20 mn. Versez sur les dolmas, recouvrez juste d'eau. Tassez-les en les couvrant avec un plat lourd. Laissez mijoter à petit feu, bien couvert, pendant 1 h. Pour 15 à 20 dolmas.

Dolmas de kol II — Feuilles de chou farcies en sauce œuf-citron

Préparez les dolmas comme ci-dessus. Rangez-les dans la cocotte, tassez avec une assiette lourde puis versez 3 cuillers à soupe d'huile d'olive et suffisamment d'eau pour atteindre les bords de l'assiette. Laissez mijoter, bien couvert, à petit feu pendant 1 h. Un peu avant la fin de la cuisson, ajoutez une quantité d'eau suffisante pour qu'il reste au moins une tasse de liquide pour la sauce. Retirez l'assiette et disposez les dolmas dans un grand plat de service.

Préparez la sauce : dans une grande casserole, battez 2 œufs avec le jus de 2 citrons jusqu'à ce qu'ils soient bien mousseux. Mettez à très petit feu. Cuillerée à cuillerée, ajoutez le liquide de cuisson des dolmas tout en remuant vivement. Lorsque tout le bouillon (une tasse environ) est incorporé, faites cuire à feu très doux jusqu'à l'obtention d'une sauce onctueuse. Si les ingrédients de la sauce ont tendance à se séparer, essayez en battant séparément les blancs et les jaunes ; versez le jus de citron dans les jaunes, fouettez, ajoutez une cuiller à soupe de farine. Incorporez les blancs en neige et continuez.

Versez cette sauce sur les dolmas et servez. Pour 15 à 20 dolmas.

Yaprakitos — Tranches d'aubergine farcies I

Salonique, Komotini, Xanthi

C'est l'aubergine méditerranéenne, mince, violette ou striée de violet plus clair, qui convient le mieux à cette recette. L'aubergine d'un violet sombre convient aussi mais, si elle est très grosse, il faudra couper les tranches en deux.

8 à 10 aubergines de 20 cm de long environ
huile d'olive
225 g de viande de bœuf hachée
1/2 tasse de pignons
1 oignon moyen, finement râpé
1/4 de tasse de semoule de pain azyme
2 œufs
2 cuillers à soupe de menthe fraîche hachée
3 tomates moyennes, en rondelles fines
sel, poivre

Une fois les aubergines débarrassées de leurs queues, coupez-les dans le sens de la longueur en tranches minces. Posez-les dans un grand plat, salez, couvrez d'une assiette lourde pendant 30 mn. Puis lavez, rincez, séchez les tranches entre deux torchons. Faites chauffer 4 cuillers à soupe d'huile d'olive dans une grande poêle et faites frire doucement chaque tranche jusqu'à ce qu'elle soit légèrement dorée des deux côtés. Égouttez sur des feuilles de papier absorbant.

Dans un grand saladier, malaxez ensemble la viande, les pignons, l'oignon finement râpé, la semoule de pain azyme, les œufs battus et la menthe. Salez, poivrez. Prenez des morceaux de farce, gros comme un œuf de poulette, et donnez-leur une forme allongée.

Avec précaution, entourez chaque croquette de viande avec une tranche d'aubergine. Prenez soin de ne pas superposer les épaisseurs d'aubergine : si la tranche est trop longue, coupez ce qui dépasse, vous vous en servirez ensuite. Disposez les yaprakitos sur une couche, la fermeture vers le bas, serrés les uns contre les autres au fond d'un plat généreusement huilé allant au four. Disposez par dessus les morceaux de tranches d'aubergine qui restent, recouvrez avec les tomates coupées en tranches fines. Arrosez d'un bon filet d'huile d'olive, salez et poivrez, mouillez avec 1/4 de tasse d'eau. Mettez à four moyen, chauffé 15 mn d'avance (5 au thermostat ou 180°) pendant 45 mn. Sortez du four, parsemez de persil et servez tiède ou froid. Pour 15 à 20 yaprakites environ.

Yaprakitos de merenjena

Tranches d'aubergine farcies II

Salonique

Dans cette version, légèrement différente de la précédente, mais en provenance de Salonique aussi, on prépare l'aubergine de la même façon que ci-dessus mais on la fourre avec une farce à la viande dont voici les ingrédients :

225 g de viande bœuf hachée
2 oignons moyens, hachés menu
1/4 de tasse de semoule de pain azyme
1 œuf
sel, poivre à volonté

On les recouvre ensuite avec la sauce suivante avant de les passer au four comme dans la recette qui précède :

2 cuillers à soupe d'huile d'olive
2 poivrons verts, émincés
3 tomates, pelées, épépinées et hachées menu
sel, poivre

Émincez les poivrons, hachez les tomates pelées. Dans l'huile chaude, faites sauter les poivrons jusqu'à ce qu'ils soient tendres, ajoutez les tomates, salez, poivrez, laissez mijoter jusqu'à obtenir la consistance d'une sauce.

Merenjena enreynada — Aubergines farcies III

Salonique

6 aubergines de 20 cm de long, pesant environ 110 g chacune
1 bel oignon finement haché
2 gousses d'ail hachées
2 cuillers à soupe d'huile d'olive
450 g de viande de bœuf hachée
2 tomates, pelées, épépinées et hachées
3/4 de cuiller à café de cannelle
1 cuiller à soupe de miel
1/2 tasse d'huile d'olive
1 tasse d'eau
sel, poivre

Coupez chaque aubergine en deux et enlevez la pulpe[1]. Plongez les aubergines ainsi évidées dans une eau très fortement salée pendant 30 mn. Égouttez et rincez soigneusement.

Dans une grande poêle, faites sauter à l'huile d'olive (deux cuillers à soupe) l'ail et l'oignon jusqu'à ce qu'ils soient transparents. Ajoutez le bœuf haché. Salez, poivrez. Faites revenir

---

1. Avec la pulpe, on peut faire des beignets : mélangez un peu d'huile d'olive avec de la semoule de pain azyme et un œuf battu, formez de petites boules et faites frire à l'huile le temps nécessaire pour qu'elles soient bien dorées.

jusqu'à ce que la viande soit bien dorée. Ajoutez les tomates hachées à la viande ainsi que la cannelle et le miel. Laissez mijoter 10 mn environ, jusqu'à ce que la sauce soit onctueuse. Retirez du feu.

Disposez les aubergines évidées dans un plat à four pouvant aussi être posé sur un poêle. Avec précaution, remplissez chacune d'elles de la préparation à base de viande. Arrosez avec un mélange d'huile d'olive ($^1/_2$ tasse) et d'eau (une tasse). Faites mijoter, bien couvert, pendant 1 h, soit jusqu'à ce que les peaux soient tendres.

Il existe une méthode différente. Évidez les aubergines comme ci-dessus mais ne les faites mijoter une fois farcies que pendant 30 mn. Pendant ce temps, mélangez 1 œuf avec 3 cuillers à soupe de semoule de pain azyme, 2 cuillers à soupe de persil haché, 1 cuiller à soupe d'huile d'olive, sel et poivre. Parsemez de cette préparation le plat à demi cuit, mettez à four moyen, chauffé 15 mn d'avance (5 au thermostat ou 180°) jusqu'à ce que le dessus soit doré. Pour 6 personnes.

Imam bayildi « L'Imam en a défailli »

Voici un plat turc adopté autant par les Juifs que par les Chrétiens de Grèce. On le trouve ici en raison de sa popularité actuelle, mais ce n'était pas un plat traditionnel des Séfarades ni des Romaniotes. Diverses histoires expliquent ce nom. Selon une des versions, on lui donnerait ce nom parce qu'un *Imam* (équivalent musulman du *Haham* juif) se serait évanoui de plaisir lorsque sa femme lui aurait servi ce plat nouveau. Une autre version, considérée généralement comme plus plausible en Turquie, dit que l'Imam s'évanouit lorsqu'il découvrit la grande quantité d'huile utilisée par sa femme pour le confectionner. Les Imams ayant la réputation d'être pingres, cette version pourrait bien être la plus proche de la réalité.

6 aubergines moyennes, mesurant au moins 20 cm de long
3 ou 4 oignons moyens, en rondelles fines
3 cuillers à soupe d'huile d'olive
10 gousses d'ail, émincées

5 ou 6 grosses tomates, pelées, épépinées et hachées
2 cuillers à soupe de persil haché menu
1 pincée de cannelle (facultatif)
1/2 tasse d'huile d'olive
1 citron
1 cuiller à soupe 1/2 de miel ou de sucre
1/2 tasse d'eau
sel et poivre à volonté

Incisez profondément chaque aubergine quatre fois dans le sens de la longueur. Commencez et finissez les incisions à 4 cm environ de chaque extrémité. N'enlevez pas les queues. Frottez bien de sel. Laissez tremper pendant 30 mn dans une eau fortement salée. Égouttez et rincez à fond.

Pendant ce temps, faites revenir doucement les oignons en rondelles fines dans 3 cuillers à soupe d'huile d'olive. Lorsqu'ils sont transparents, ajoutez l'ail émincé. Faites sauter pendant 5 mn sans cesser de remuer. Ajoutez les tomates et le persil. Salez et poivrez. Vous pouvez aussi parfumer d'une pincée de cannelle. Mélangez à fond et laissez cuire pendant 5 à 10 mn. Retirez du feu. Laissez refroidir.

Fourrez les incisions des aubergines avec la préparation de tomates. Disposez les aubergines, serrées les unes contre les autres, dans une grande casserole. Mélangez l'huile d'olive avec le jus du citron, le sucre ou le miel et 1/2 tasse d'eau. Arrosez les aubergines avec cette préparation, couvrez juste d'eau. Couvrez bien. Faites mijoter pendant 1 h environ, jusqu'à ce que le liquide soit complètement absorbé. On sert ce plat aussi bien tiède que froid. Selon la tradition, les légumes cuits dans une aussi grande quantité d'huile d'olive sont servis à température ambiante. Pour 6 personnes.

Papoutsakia — Aubergines farcies au fromage

De même que la recette *Imam bayildi* qui précède, la recette qui suit est un plat commun aux Juifs, aux Musulmans et aux Chrétiens dans toute la Grèce. Elle fait maintenant partie du répertoire de nombreuses cuisines juives.

4 aubergines moyennes
110 g de feta et de parmesan râpés
2 œufs
2 cuillers à soupe de persil haché
huile d'olive
2 cuillers à soupe de concentré de tomate diluées dans 1 tasse d'eau
sel, poivre

Coupez les aubergines en deux dans le sens de la longueur, ôtez la pulpe[1]. Faites tremper les aubergines évidées dans une eau fortement salée. Au bout de 30 mn, retirez-les de l'eau, rincez à fond.

Mélangez les fromages avec les œufs et le persil. Salez et poivrez. Remplissez les écorces avec cette farce. Dans une grande poêle faites fortement chauffer au moins 4 cuillers à soupe d'huile d'olive. En vous aidant de deux grandes cuillers, placez les aubergines avec précaution dans la poêle. Faites frire jusqu'à ce que les peaux soient tendres. Ne laissez pas l'huile pénétrer dans la garniture au fromage. Disposez les aubergines frites côte à côte dans un grand plat à four. Ajoutez 4 cuillers à soupe d'huile d'olive et la sauce tomate diluée. Le niveau du liquide doit atteindre les aubergines à mi-hauteur. Mettez à four moyen, chauffé 15 mn d'avance (5 au thermostat ou 180°) jusqu'à ce que le dessus ait une belle couleur dorée. Vous pouvez aussi faire cuire à l'étouffée sur la cuisinière, bien couvert, jusqu'à absorption complète du liquide. Pour 4 personnes.

---

1. Alice et Rébecca, mes perroquets, adorent manger la pulpe. Elle peut servir à la confection de beignets délicieux, si vous n'avez pas de perroquet (voir note p. 275).

Dolmas de kalavassa — Courgettes farcies

Hania

10 petites courgettes ne dépassant pas 20 cm de long
225 g de viande de bœuf hachée
$^{1}/_{2}$ tasse de riz cuit
persil et menthe frais hachés menu : 3 cuillers à soupe de chaque
2 œufs
huile d'olive
semoule de pain azyme
1 cuiller à soupe de miel
sel, poivre

Ôtez les extrémités des courgettes en vous servant d'un petit couteau. Enlevez la pulpe avec précaution à l'aide d'un couteau ou d'une petite cuiller. Écrasez la pulpe.

Dans un grand saladier, malaxez la viande avec le riz, la menthe, le persil, 1 œuf, 1 cuiller à soupe d'huile d'olive. Salez et poivrez. Remplissez les courgettes avec cette farce.

Faites chauffer environ 4 cuillers à soupe d'huile d'olive dans une poêle. Battez l'œuf restant. Répandez un peu de semoule de pain azyme dans une assiette. Plongez chaque courgette farcie d'abord dans l'œuf battu puis dans la semoule de pain azyme. Faites bien dorer. Réservez. Ajoutez 3 cuillers à soupe d'huile d'olive dans la poêle. Versez la pulpe écrasée et environ 1 cuiller à soupe de miel. Mélangez à fond, faites mijoter pendant 10 mn. Répartissez cette préparation au fond d'un grand plat allant au four, généreusement huilé. Enfoncez-y les courgettes. Ajoutez environ $^{1}/_{3}$ de tasse d'eau. Mettez à four moyen, chauffé 15 mn d'avance (5 au thermostat ou 180°) pendant 30 mn jusqu'à ce que le dessus soit bien doré.

Dolmas de verduras — Dolmas de légumes

Thrace

3 ou 4 belles tomates
3 ou 4 beaux oignons
3 ou 4 poivrons verts
3 ou 4 courgettes moyennes
700 g de viande de bœuf hachée
$^{1}/_{2}$ tasse de riz déjà cuit
persil et menthe frais hachés menu : 3 cuillers à soupe de chaque
3 cuillers à soupe d'huile d'olive
sel, poivre

Ôtez le chapeau des tomates, des oignons et des poivrons. Coupez les extrémités des courgettes. Avec précaution, retirez toute la pulpe des légumes. Ne jetez que l'intérieur des poivrons. Hachez et écrasez la pulpe des autres légumes. Malaxez la moitié à peu près de cette purée avec la viande, le riz, la menthe, le persil, sel et poivre. Remplissez tous les légumes de cette farce[1].

Disposez les courgettes au fond d'une grande cocotte généreusement huilée. Placez tous les autres légumes par-dessus, tassez-les sous un plat lourd, versez 3 cuillers à soupe d'huile d'olive. Finissez en versant suffisamment d'eau pour qu'elle monte jusqu'aux bords du plat. Couvrez bien. Faites mijoter pendant 1 heure. Pour 4 à 6 personnes.

---

1. Mélangez toute la farce inemployée avec un peu d'huile d'olive, de la semoule de pain azyme et un œuf battu, formez des boulettes et faites revenir à l'huile d'olive jusqu'à ce qu'elles soient bien dorées.

Yaprakitos de spinaka — Dolmas aux épinards

Salonique

Dans cette recette, on utilise à la fois les feuilles et les queues des épinards.

900 g d'épinards, lavés et égouttés
450 g de viande de bœuf hachée
1 oignon moyen, haché menu
1/4 de tasse de semoule de pain azyme
persil et menthe frais hachés menu : 2 cuillers à soupe de chaque
2 œufs
5 cuillers à soupe d'huile d'olive
jus de citron
sel, poivre

Lavez, égouttez les épinards. Coupez les longues queues, rassemblez-les en bottes que vous jetez dans une grande marmite d'eau bouillante. Retirez-les lorsqu'elles sont attendries. Faites rapidement blanchir les feuilles dans la même eau juste le temps nécessaire pour les ramollir.

Malaxez la viande avec l'oignon haché menu, la semoule de pain azyme, la menthe, le persil, 1 œuf, sel et poivre. Prenez environ une cuiller à soupe de cette préparation que vous enveloppez dans les queues et/ou les feuilles. Formez des paquets bien fermés, en coinçant les queues et les extrémités les unes dans les autres pour plus de solidité.

Faites chauffer l'huile d'olive dans une poêle. Plongez chaque yaprak dans l'œuf battu puis roulez-le dans de la semoule de pain azyme. Faites frire doucement jusqu'à ce que les yaprakes soient bien dorés. Arrosez de jus de citron et servez.

On peut préparer une variante à la sauce tomate :

3 tomates, pelées et épépinées
1 cuiller à soupe d'huile d'olive
2 citrons
2 cuillers à soupe de basilic haché
sel, poivre

Faites chauffer l'huile d'olive dans une poêle à frire. Pelez, épépinez puis hachez les tomates, mettez-les dans l'huile chaude. Remuez bien, faites mijoter jusqu'à ce que vous obteniez une sauce très épaisse. Versez le jus des citrons, ajoutez le basilic. Salez et poivrez. Diluez avec de l'eau en quantité suffisante pour que la sauce devienne légère. Faites cuire 5 mn. Posez les yaprakes frits dans un plat à four bien huilé, nappez avec la sauce. Mettez à four moyen, chauffé 15 mn d'avance (5 au thermostat ou 180°) pendant 45 mn. Vous pouvez aussi faire cuire à petit feu, bien couvert, pendant 30 mn.

Légumes

Avas / Koukia — Fèves

110 g de beurre doux
450 g de fèves décortiquées
5 oignons nouveaux, hachés
5 cuillers à soupe d'aneth frais haché
2 citrons
sel, poivre

Faites fondre le beurre dans une grande marmite. Versez les fèves épluchées et les oignons hachés. Salez et poivrez. Faites revenir pendant 5 mn, versez suffisamment d'eau pour couvrir les fèves, baissez le feu. Laissez mijoter pendant 10 mn, ajoutez alors l'aneth et versez le jus des citrons. Laissez mijoter encore 10 mn à peu près, le temps que les fèves soient cuites. Pour 4 personnes.

Fijoletes / Fasolakia — Haricots verts

700 à 900 g de haricots verts
2 oignons moyens, hachés menu
2 à 3 cuillers à soupe d'huile d'olive
3 tomates moyennes, pelées, épépinées, hachées menu
2 à 3 gousses d'ail
2 cuillers à soupe de feuilles de céleri hachées
sel, poivre
jus de citron

Lavez les haricots verts, ôtez les extrémités. Coupez-les en tronçons de 8 à 10 cm. Dans une casserole épaisse faites sauter les oignons hachés menu à l'huile d'olive jusqu'à ce qu'ils deviennent transparents. Ajoutez les haricots et faites cuire en remuant pendant 5 mn environ. Ajoutez les tomates finement hachées, l'ail, sel, poivre et juste assez d'eau pour couvrir les haricots. Parsemez-les du hachis de feuilles de céleri, couvrez bien, laissez cuire à petit feu jusqu'à ce qu'ils soient tendres. Arrosez de jus de citron, servez tiède ou froid. Pour 4 à 6 personnes.

Melitzanes tiganites kai kolokithakia tiganita
Aubergines et courgettes frites

Partout en Grèce

2 ou 3 belles aubergines, choisissez plutôt les longues (voir p. 207)
6 ou 7 petites courgettes
1/2 tasse d'huile d'olive
farine
1 œuf ou un bol de bière

Coupez les aubergines en tranches très minces, salez largement. Disposez les tranches dans un grand plat, tassez sous un autre plat, laissez macérer. Au bout de 30 mn, rincez et épongez entre deux torchons. Coupez les courgettes en tranches minces dans le sens de la longueur. Faites chauffer l'huile d'olive dans une grande poêle. Étalez un peu de farine dans une grande assiette. Battez l'œuf dans un grand bol (ou bien versez la bière). Farinez chaque tranche d'aubergine ou de courgette puis plongez-la immédiatement dans l'œuf ou la bière avant de la mettre dans l'huile chaude. Faites frire jusqu'à ce que les beignets deviennent tout dorés et croustillants.

Préparées comme ci-dessus, les tiganites sont servies chaudes en *mezé* ou hors-d'œuvre. Elles sont délicieuses avec le *tahini* ou le *tsatsiki* (voir p. 207-208). Accompagnées de sauce on les sert en légume :

Tiganites
Légumes frits à la sauce tomate

1 gros oignon, haché menu
2 cuillers à soupe d'huile d'olive
2 gros poivrons verts, hachés
2 ou 3 gousses d'ail, hachées menu
1 cuiller à soupe de miel
2 grosses tomates, pelées et épépinées
3 cuillers à soupe de persil frais haché très fin
sel, poivre

Hachez l'oignon finement. Faites-le sauter à l'huile d'olive jusqu'à ce qu'il soit transparent. Émincez les poivrons, ajoutez-les aux oignons, laissez cuire doucement pendant 10 mn. Hachez menu les gousses d'ail, pelez et épépinez les tomates. Ajoutez-les ainsi que le miel et le persil. Mélangez bien. Faites cuire à petit feu jusqu'à l'obtention d'une sauce onctueuse. Versez cette sauce sur les aubergines et les courgettes frites, servez chaud. Pour 4 à 6 personnes.

Melitzana asada — Aubergine grillée et pois chiches au four

Larissa, Trikala

1 ou 2 beaux oignons, hachés menu
2 cuillers à soupe d'huile d'olive
1 tasse $^{1}/_{2}$ de garvansos (pois chiches) mis à tremper la veille
1 belle aubergine
sel, poivre

Faites sauter les oignons hachés menu à l'huile d'olive jusqu'à ce qu'ils soient transparents. Ajoutez les pois chiches, mélangez bien. Couvrez d'eau et faites mijoter environ 1 heure jusqu'à ce que les pois chiches deviennent tendres. Peu de temps avant la fin de la cuisson relevez le feu pour faire évaporer toute l'eau.

Pendant ce temps, faites griller l'aubergine sur une flamme vive, ou au gril, jusqu'à ce qu'elle soit noire, calcinée et complètement moelleuse. Épluchez, écrasez la chair. Salez, poivrez.

Mélangez les pois chiches avec la purée d'aubergine. Versez dans un plat à four bien huilé. Mettez à four moyen, chauffé 15 mn d'avance (5 au thermostat ou 180°) pendant 30 mn, jusqu'à ce que le dessus soit bien doré. Pour 4 à 6 personnes.

Melitzana kon garvansos — Aubergine grillée en salade

Larissa, Trikala

Pour cette variante, en provenance aussi de Larissa et de Trikala, on utilise un assaisonnement différent et on sert froid : n'y faites pas entrer d'oignons sautés, amenez simplement à ébullition 2 tasses de pois chiches juste couverts d'eau, laissez cuire jusqu'à ce qu'ils soient tendres. Égouttez et laissez refroidir. Préparez l'aubergine comme dans la recette précédente. Ajoutez-la aux pois chiches. Incorporez l'huile d'olive, 1 cuiller à café de cumin en poudre, le jus de 2 citrons, salez, poivrez. Garnissez largement d'oignon cru et de persil hachés, arrosez le tout d'un filet d'huile d'olive.

Garvansos kon spinaka Kouzinika — Pois chiches aux épinards

Larissa

1 gros oignon, en rondelles fines
2 cuillers à soupe d'huile d'olive
1 tasse 1/2 de pois chiches mis à tremper la veille
450 g d'épinards frais
1/2 tasse d'aneth frais, haché menu
2 citrons
sel, poivre

Dans une grande casserole assez profonde, faites sauter à l'huile d'olive l'oignon coupé en rondelles minces. Lorsqu'il est transparent, versez les pois chiches égouttés et laissez mijoter à tout petit feu, en remuant, pendant 5 mn environ. Couvrez d'eau, laissez mijoter bien couvert, jusqu'à ce que les pois chiches soient tendres, rectifiez au besoin le niveau de l'eau. Nettoyez les épinards, enlevez les queues[1]. Hachez grossière-

1. On peut utiliser les tiges pour confectionner des yaprakitos d'épinards, voir p. 281 ; on peut aussi les servir à part, avec un filet d'huile d'olive et un jus de citron.

ment les feuilles d'épinards. Lorsque les garvansos sont tendres, ajoutez les épinards et l'aneth. Salez et poivrez, mélangez bien. Baissez le feu, laissez cuire 5 mn environ, jusqu'à ce que les épinards soient tendres. Retirez du feu, arrosez de jus de citron avant de servir. Pour 4 à 6 personnes.

Lentejas — Lentilles

Salonique

3 tasses de lentilles
1 gros oignon, haché menu
huile d'olive
2 gousses d'ail, hachées menu
3 tomates, pelées et épépinées
persil frais, haché
sel, poivre

Lavez les lentilles. Amenez-les à ébullition dans une grande marmite avec 6 tasses d'eau. Baissez le feu et laissez mijoter jusqu'à ce qu'elles soient presque tendres.

Dans une grande poêle faites revenir l'oignon haché menu dans l'huile d'olive jusqu'à ce qu'il soit transparent. Pelez et épépinez les tomates, hachez menu l'ail, ajoutez le tout à l'oignon. Mélangez bien, laissez cuire jusqu'à ce que les tomates s'attendrissent, ce qui demande environ 5 mn. Ajoutez cette préparation aux lentilles avec du persil haché. Salez et poivrez. Laissez cuire encore 15 mn environ ou plus selon la consistance que vous désirez. Pour 4 à 6 personnes.

Kiftikas de lentejas — Galettes de lentilles

Salonique

1/4 de tasse de lentilles
1/2 tasse de boulgour
1 gros oignon, haché menu
5 cuillers à soupe d'huile d'olive
1 cuiller à café 1/2 de cumin moulu
2 œufs haminados (voir p. 42)
3 cuillers à soupe de menthe fraîche hachée
2 cuillers à soupe de persil frais haché
1 œuf (facultatif)
sel, poivre

jus de citron et persil supplémentaire pour la décoration

Mettez les lentilles dans une grande marmite, couvrez amplement d'eau, faites bouillir jusqu'à ce qu'elles soient tendres. En fin de cuisson, rectifiez le niveau de l'eau afin qu'elle recouvre les lentilles. Hors du feu, versez le boulgour, mélangez, couvrez bien, laissez reposer pendant 1 h 1/2 environ.

Hachez l'oignon finement. Faites sauter dans 2 cuillers à soupe d'huile d'olive. Lorsqu'il commence à prendre couleur ajoutez le cumin et les œufs haminados hachés. Salez, poivrez. Mélangez à fond, retirez du feu, puis ajoutez la menthe et le persil ; mélangez. Ajoutez cette préparation au mélange de lentilles et boulgour en mélangeant soigneusement. Avec cet appareil, formez de petites galettes. Servez.

Vous pouvez aussi ajouter un œuf cru au mélange, former les galettes ensuite, les faire revenir doucement dans 3 cuillers à soupe d'huile d'olive jusqu'à ce qu'elles soient bien dorées. Décorez de persil haché, arrosez d'un filet de jus de citron avant de servir. Pour 15 galettes environ.

Avikas kon prassa — Haricots blancs et poireaux

1 tasse de petits haricots blancs mis à tremper la veille
2 poireaux avec la plus grande partie de leurs feuilles vertes
coulis classique (voir p. 262) préparé avec 3 grosses tomates
2 cuillers à soupe de persil frais haché
sel, poivre
huile d'olive à volonté

Couvrez les haricots d'eau, amenez à ébullition. Faites cuire 10 mn, égouttez, couvrez d'eau froide, amenez à nouveau à ébullition. Laissez cuire les haricots jusqu'à ce qu'ils soient tendres.

Pendant ce temps, coupez les poireaux en tronçons de 2,5 cm, lavez à fond, égouttez. Faites mijoter juste couvert d'eau. Lorsqu'ils sont tendres, égouttez. Mélangez aux haricots.

Versez le coulis de tomate dans les légumes, mélangez à fond, ajoutez le persil. Salez et poivrez, arrosez d'un filet d'huile d'olive. Couvrez bien, laissez mijoter pendant 30 mn. Pour 4 personnes.

Yahni de prassa — Ragoût de poireau

Kavala

3 ou 4 beaux poireaux
2 gros oignons, en rondelles fines
2 cuillers à soupe d'huile d'olive
2 grosses tomates, pelées, épépinées et hachées
1/2 tasse d'huile d'olive
2 cuillers à soupe d'aneth frais haché
1/2 tasse d'eau
sel, poivre

Coupez les poireaux en assez gros tronçons et lavez-les soigneusement. Coupez les oignons en rondelles fines. Faites-les sauter avec les poireaux dans deux cuillers à soupe d'huile d'olive. Pelez, épépinez et hachez les tomates. Ajoutez-les aux autres légumes avec 1/2 tasse d'huile d'olive. Salez et poivrez, mélangez à fond. Laissez mijoter pendant 5 mn à couvert. Ajoutez l'aneth, versez 1/2 tasse d'eau, mélangez bien, couvrez. Faites mijoter à tout petit feu pendant 10 mn environ, ou jusqu'à ce que toute l'eau soit absorbée et qu'il ne reste que l'huile[1]. Pour 4 personnes.

Bamyas — Gombos

Hania

700 g de gombos prêts à cuire (voir p. 242)
4 cuillers à soupe d'huile d'olive
2 gros oignons hachés menu
1 ou 2 gousses d'ail
1 cuiller à café 1/2 de graines de coriandre écrasées
2 ou 3 grosses tomates
2 ou 3 feuilles de laurier
1 cuiller à soupe de miel
2 citrons
sel, poivre

Faites revenir les oignons avec 2 cuillers à soupe d'huile d'olive dans une grande casserole jusqu'à ce qu'ils soient transparents. Incorporez l'ail haché et la coriandre. Ajoutez les gombos, faites cuire 5 mn tout en remuant. Retirez du feu et transvasez les gombos dans une grande marmite.

Faites chauffer 2 cuillers à soupe d'huile d'olive dans la même casserole. Versez les tomates, ajoutez les feuilles de laurier. Lorsque les tomates commencent à fondre, incorporez le miel et un peu d'eau pour obtenir une sauce onctueuse. Versez-la dans les gombos, couvrez juste d'eau. Salez et poivrez,

1. La quantité d'huile peut paraître excessive, mais on doit garder présent à l'esprit le fait que l'huile était une source importante de protéines et d'acides gras insaturés, indispensables comme source d'énergie. Elle a toujours été et demeure un aliment de base de la nourriture grecque, on la déguste sur des tranches de pain croustillant en accompagnement des plats. C'est délicieux aussi.

arrosez du jus des citrons, laissez mijoter 30 mn environ, jusqu'à ce que les gombos soient cuits. Pour 4 à 6 personnes.

Kiftikas de patata / Patatokeftedes — Croquettes de pommes de terre

Athènes

225 g de pommes de terre cuites à l'eau
4 jaunes d'œuf battus
350 g de parmesan râpé
1 gros oignon haché menu
2 cuillers à soupe de farine de maïs
1/2 tasse de persil frais haché
5 cuillers à soupe d'huile d'olive
sel, poivre

Mélangez tous les ingrédients sauf l'huile d'olive dans un grand saladier. Formez avec cette mixture de petites boules aplaties. Faites chauffer l'huile d'olive dans une poêle, faites revenir les *kiftikas* doucement des deux côtés jusqu'à ce qu'elles soient bien dorées. Pour 10 à 15 croquettes.

Guvetch de verduras Yahni de verduras — Ragoût de légumes

Salonique

On peut préparer ce ragoût en *guvetch*, c'est-à-dire cuit au four dans une terrine découverte, ou bien en *yahni*, cuit à l'étouffée, hermétiquement couvert, sur un fourneau. Dans ce dernier cas, l'appellation appropriée devrait être *kapama*, du turc *kapamak*, couvrir. C'est la variante turque du ragoût de légumes qu'on trouve tout autour de la Méditerranée et qu'on connaît davantage sous le nom de ratatouille.

2 aubergines moyennes
3 poivrons verts
3 petites courgettes
2 oignons moyens
4 tomates moyennes
4 gousses d'ail
2 tasses de haricots frais ou de gombos
4 cuillers à soupe d'huile d'olive
aneth et persil frais hachés à volonté
sel, poivre

Coupez les aubergines en petits dés. Faites-les tremper dans de l'eau très salée pendant au moins 30 mn. Égouttez. Exprimez-en bien le liquide.

Débitez les poivrons, les courgettes, hachez les oignons, pelez et épépinez les tomates, émincez l'ail. Épluchez les haricots ou les gombos.

Faites chauffer l'huile d'olive dans une poêle, mettez à revenir les oignons jusqu'à ce qu'ils soient transparents. Ajoutez les dés d'aubergines, faites revenir jusqu'à ce qu'ils commencent à dorer. Ajoutez courgettes, poivrons, haricots ou gombos. Remuez et faites revenir pendant 5 mn en ajoutant de l'huile si besoin est. Ajoutez les tomates et, lorsqu'elles fondent, mouillez avec $^1/_2$ tasse d'eau. Assaisonnez avec aneth et persil hachés, sel et poivre à volonté.

Pour un yahni, laissez mijoter à couvert, à tout petit feu, jusqu'à ce qu'il n'y ait plus d'eau mais que l'huile subsiste. Pour un guvetch, transvasez le ragoût dans un plat bien huilé allant au four ou dans une terrine et passez à four moyen préchauffé, thermostat 5 (180°) pendant 30 mn.

Qu'il soit cuit d'une façon ou de l'autre, ce plat est excellent dégusté froid accompagné d'un bol de yaourt frais. Pour 4 à 6 personnes.

Fritadas, sfongatos et autres plats à base d'œufs

Les fritadas, sfongatos et autres plats à base d'œufs étaient à l'origine confectionnés dans deux poêles de même taille. La première servait au début de la cuisson, puis on huilait la seconde qu'on plaçait sur la première, on renversait le tout et la cuisson se terminait dans la deuxième poêle. De nos jours, la plupart des fritadas sont cuites au four, ou dans une casserole couverte, à petit feu. On peut ensuite les faire gratiner une minute sous le gril. Ceci plutôt pour des raisons esthétiques car le goût est délicieux dans les deux cas.

On a l'habitude de battre les œufs entiers, mais lorsqu'on les sépare et qu'on incorpore les blancs en neige, la *fritada* est bien plus légère. Si le temps de cuisson vous paraît trop long, réduisez-le en fonction de votre goût. Ce qui peut vous paraître trop cuit semblera normal à un palais grec.

Fritada de koliflor — Gratin de chou-fleur

Salonique

On réalise traditionnellement la recette suivante en ajoutant du bœuf ou de l'agneau haché (450 g pour les proportions indiquées ci-après). Sans viande, c'est un plat végétarien excellent.

- 1 chou-fleur moyen
- 2 cuillers à soupe d'huile d'olive
- 1 gros oignon haché menu
- 450 g de viande de bœuf ou d'agneau hachée (facultatif)
- $^1/_2$ tasse de carottes râpées fin
- 1 cuiller à soupe de persil frais haché
- 5 œufs
- sel et poivre à volonté

Détaillez le chou en bouquets, mettez ceux-ci dans un grand faitout, couvrez juste d'eau. Laissez frémir, à couvert, jusqu'à ce que les bouquets soient cuits mais encore fermes. Retirez du feu, égouttez, réservez le liquide. Ne prolongez pas la cuisson du chou-fleur, il perdrait son parfum et sa saveur.

Dans une grande poêle, faites chauffer l'huile d'olive et faites revenir l'oignon jusqu'à ce qu'il devienne transparent (ajoutez alors la viande hachée si vous voulez l'utiliser). Baissez le feu, ajoutez le chou-fleur, les carottes, le persil, salez et poivrez. Mélangez bien, mouillez avec le liquide réservé, laissez mijoter 15 mn. Retirez du feu, laissez refroidir.

Une fois les légumes refroidis, ajoutez les œufs battus, mélangez bien. Vous pouvez aussi battre séparément les blancs et les jaunes, ajouter d'abord les jaunes puis incorporer les blancs en neige. Versez dans un grand plat à four graissé, mesurant 25 x 30 cm environ – le plat devra être plus profond si vous avez séparé les œufs car ils vont gonfler – mettez à four moyen, chauffé 15 mn d'avance (5 au thermostat ou 180°) pendant 30 mn. Pour 4 à 6 personnes.

Avga kai melitzanes — Galette d'aubergine au poulet

Hania

1 aubergine moyenne
2 à 3 cuillers à soupe d'huile d'olive
2 à 3 oignons frais
1 tasse de viande de poulet cuite hachée grossièrement
4 à 6 œufs (pour 2 à 3 parts)
1 cuiller à soupe de persil frais haché
sel, poivre

Épluchez l'aubergine, coupez-la dans le sens de la longueur en quatre parties que vous débitez en dés. Faites-les dégorger à l'eau fortement salée pendant 30 mn, sortez-les et séchez-les dans un torchon.

Faites chauffer l'huile d'olive dans une sauteuse épaisse profonde d'environ 7,5 cm. Lorsqu'elle est chaude jetez-y les aubergines, faites revenir jusqu'à ce qu'elles prennent légèrement couleur. Ajoutez les oignons en remuant et lorsqu'ils sont transparents ajoutez le hachis de poulet, le persil, salez et poivrez. Laissez cuire à petit feu. Cassez les œufs dans un bol et mélangez-les à la fourchette sans les battre. Versez les œufs sur la préparation dans la sauteuse, salez et poivrez à volonté. Lorsque le fond a pris, retournez la galette à l'aide d'une spatule et faites cuire jusqu'à ce que l'autre côté ait pris. Pour 2 à 3 personnes.

Fritada de merenjena — Gratin d'aubergine I

Salonique

1 belle aubergine
1/2 tasse de fromage blanc non salé
2 œufs
2 cuillers à soupe de yaourt
2 cuillers à soupe de semoule de pain azyme
2 cuillers à soupe d'huile d'olive
sel, poivre

Faites griller l'aubergine sur une flamme, épluchez-la, écrasez la chair. Mélangez celle-ci avec le fromage, les œufs battus, le yaourt et la semoule de pain azyme, salez et poivrez. Versez dans un moule rond de 15 à 20 cm environ, ou carré, bien huilé. Mettez à four moyen, chauffé 15 mn d'avance (5 au thermostat ou 180°) pendant 45 mn à 1 h. Pour 2 personnes.

Sfongato melitzana — Gratin d'aubergine II

Ioannina

1 belle aubergine
3 œufs
1/4 de tasse de semoule de pain azyme
1/2 tasse de parmesan râpé
3 cuillers à soupe d'huile d'olive
sel, poivre

Faites griller l'aubergine et écrasez la chair comme dans la recette précédente. Ajoutez les œufs battus, la semoule de pain azyme et le fromage à cette purée, salez et poivrez. Pour une fritada plus légère, séparez les œufs et incorporez les blancs en neige ferme à la fin.

Dans un plat rond ou carré de 20 à 25 cm, faites chauffer l'huile d'olive ; remuez le plat de façon à enduire les côtés et le fond. Remplissez avec la préparation à base d'aubergine. Mettez à four bien chaud, chauffé 15 mn d'avance (6 au thermostat ou 210 à 220°). Baissez tout de suite le thermostat à 5 (180°), laissez cuire pendant 45 mn. Pour 3 à 4 personnes.

Fritada de spinaka — Gratin aux épinards

Salonique

450 g d'épinards frais
4 œufs
1/4 de tasse de parmesan râpé
2 ou 3 cuillers à soupe de semoule de pain azyme
1 cuiller à soupe d'huile d'olive
sel, poivre

Mélangez les épinards, les œufs battus, le fromage, la semoule de pain azyme, sel et poivre. Huilez le fond et les côtés d'un plat à gratin, remplissez avec le mélange. Mettez à four moyen, chauffé 15 mn d'avance (5 au thermostat ou 180°) pendant 30 à 45 mn. Pour 4 personnes.

Fritada de kalavassa — Gratin de courgettes I

Thrace, Kavala

Pour cette fritada, on peut se servir de la courgette seule ou la mélanger à du poireau.

4 tasses de courgette râpée
  ou d'un mélange de poireau haché menu et de courgette
4 œufs
1 tasse de parmesan râpé
1/4 de tasse d'aneth frais, haché

3 ou 4 cuillers à soupe d'huile d'olive
sel, poivre
1 œuf haminado (voir p. 42)

Mélangez la courgette et les poireaux (si vous choisissez d'en mettre) avec les œufs, le fromage, l'aneth, l'huile d'olive, sel et poivre. Versez dans un moule bien huilé et mettez à four moyen, chauffé 15 mn d'avance (5 au thermostat ou 180°) pendant 30 à 45 mn. Vous pouvez ajouter au mélange un œuf haminado haché et saupoudrer le dessus de la fritada de parmesan râpé avant d'enfourner. Pour 4 personnes.

Almodrote — Gratin de courgettes II

Komotini

900 g de courgettes
1 tasse de parmesan râpé (ou de feta émiettée)
1 ou 2 cuillers à soupe d'huile d'olive
5 œufs
sel, poivre

Faites cuire les courgettes dans un peu d'eau frémissante jusqu'à ce qu'elles soient tendres. Écrasez-les à la fourchette. Laissez refroidir puis enlevez le plus d'eau possible aux courgettes, ne conservez qu'une purée très épaisse. Dans un grand saladier, mélangez la purée de courgette avec le fromage et l'huile d'olive, salez et poivrez. Incorporez les œufs un à un. Versez cet appareil dans un plat à four bien huilé, arrosez d'un filet d'huile d'olive, recouvrez d'une couche fine de parmesan râpé. Mettez à four moyen, chauffé 15 mn d'avance (5 au thermostat ou 180°) pendant 30 mn ou jusqu'à ce que le dessus soit doré. Pour 4 personnes.

Huevos kon flores de kalavassa
Hania

Œufs aux fleurs de courgette

La courgette possède des fleurs mâles et des fleurs femelles. Ce sont les fleurs mâles, qui ne fructifient pas, qu'on utilise pour ce plat. Vous aurez peut-être des difficultés pour vous en procurer, sauf si vous les cultivez vous-même. On en trouve dans les campagnes grecques au printemps. On les prépare aux œufs, comme ci-dessous, mais aussi farcies à la viande ou au riz et arrosées d'une sauce aux œufs et au citron.

10 fleurs de courgette
4 œufs
2 cuillers à soupe d'huile d'olive
1 citron
sel, poivre
1/2 cuiller à soupe de curcuma (facultatif)

Ouvrez les fleurs, débarrassez-les soigneusement des insectes, ôtez les étamines. Lavez minutieusement et faites sécher sur un papier absorbant.

Cassez les œufs dans un grand bol, mélangez-les délicatement sans les battre. Faites chauffer l'huile d'olive dans une poêle épaisse, mettez les fleurs, faites-les revenir doucement jusqu'à ce qu'elles soient ramollies sans avoir pris couleur. Versez les œufs par-dessus, salez et poivrez, faites cuire en remuant de temps en temps, jusqu'à ce que les œufs aient pris la consistance que vous désirez. Arrosez de jus de citron et servez. Vous pouvez ajouter le curcuma juste avant de verser les œufs pour donner une couleur plus profonde et une saveur plus affirmée qui se marie bien avec le jus de citron. On doit doubler les proportions de la recette pour servir 4 personnes mais en n'utilisant que 10 fleurs.

Huevos kon sevoya — Œufs aux oignons
Edirne

4 ou 5 oignons nouveaux, hachés
4 cuillers à soupe d'huile d'olive
3 pommes de terre moyennes, cuites à l'eau et coupées en dés
4 œufs
2 cuillers à soupe de persil frais haché menu
sel, poivre

Hachez les oignons. Faites-les revenir doucement dans 2 cuillers à soupe d'huile d'olive jusqu'à ce qu'ils deviennent transparents. Retirez les oignons de la poêle, ajoutez les 2 autres cuillers à soupe d'huile d'olive, faites revenir les pommes de terre jusqu'à ce qu'elles soient dorées. Reversez les oignons dans les pommes de terre, mélangez, salez et poivrez. Pratiquez de petits creux dans cette préparation, cassez-y les œufs entiers. Salez et poivrez à volonté, parsemez de persil, couvrez, laissez cuire jusqu'à ce que les œufs soient pris. Pour 2 ou 4 personnes.

Huevos kon tomata — Œufs au coulis de tomate

Izmir, Athènes

1 cuiller à soupe d'huile d'olive
2 ou 3 oignons nouveaux, hachés menu
1 poivron vert, haché menu
1 cuiller à café de curcuma
2 grosses tomates, concassées
1 cuiller à café de cumin moulu
4 œufs
1 à 2 cuillers à soupe de persil frais haché menu
sel, poivre

Épluchez et hachez menu les oignons et le poivron. Faites chauffer l'huile d'olive dans une poêle épaisse. Faites revenir les oignons et le poivron avec le curcuma pendant 5 mn environ. Hachez les tomates, versez-les dans la poêle, faites-les cuire jusqu'à ce qu'elles fondent. Incorporez le cumin. Si la sauce vous semble trop épaisse, versez un peu d'eau. Lorsque la sauce est onctueuse, pratiquez à la surface quatre petits creux dans lesquels vous cassez les œufs. Parsemez de persil, salez et poivrez,. Couvrez. Faites cuire à tout petit feu jusqu'à ce que les œufs aient atteint la consistance désirée. Ce plat est délicieux servi avec du yaourt glacé. Pour 2 ou 4 personnes.

Strapatsada — Œufs brouillés à la tomate

Salonique

225 g de tomates, pelées, épépinées et hachées
225 g de poivrons verts, hachés menu
2 cuillers à soupe d'huile d'olive
4 œufs
3/4 de tasse de parmesan râpé
persil frais haché menu
sel, poivre

Pelez, épépinez et hachez les tomates. Émincez finement les poivrons. Mettez le tout dans une poêle épaisse avec l'huile d'olive. Salez et poivrez. Laissez mijoter doucement à feu doux pendant 1 h jusqu'à ce que vous obteniez une belle sauce onctueuse. Étendez d'un peu d'eau si la sauce commence à se dessécher.

Battez énergiquement les œufs avec le fromage. Versez dans la sauce et faites cuire, tout en remuant, pendant 3 à 4 mn ou jusqu'à ce que les œufs soient pris à votre goût. Décorez de persil. Servez. Pour 2 personnes. Pour 4 personnes, il faut 450 g de tomates et 8 œufs.

Bourekia y pasteles — Chaussons et tourtes

Hortopita — Pain de légumes

Hania

Ce plat romaniote ressemble beaucoup à la fritada séfarade, mais son origine est différente. C'est pourquoi je l'inclus dans le chapitre des tourtes, suivant le sens de son nom grec.

1 tasse de haricots verts
4 courgettes moyennes
1/2 tasse d'épinards frais
3 œufs
2 tasses d'un mélange de parmesan et de feta, grossièrement râpés
1/2 tasse de semoule de pain azyme
1 cuiller à soupe d'aneth frais haché
2 cuillers à soupe d'huile d'olive
sel, poivre
graines de sésame

Faites bouillir ou cuire à la vapeur les haricots et les courgettes séparément, jusqu'à ce qu'ils soient juste tendres. Passez-les à la moulinette moyenne avec les épinards ou bien hachez-les très fin. Mélangez les œufs avec le fromage, la semoule de pain azyme, l'aneth et l'huile. Salez et poivrez. Ajoutez les légumes, mélangez à fond[1].

Versez dans un plat à four assez profond, bien huilé. Saupoudrez de graines de sésame. Mettez à four moyen, chauffé 15 mn d'avance (5 au thermostat ou 180°) pendant 30 à 35 mn. Pour 4 personnes.

---

1. On peut séparer les blancs des jaunes comme souvent pour les fritadas, voir p. 295.

Kolokythopita — Tourte aux courgettes

Cette recette peut être faite avec ou sans fila, les proportions différant légèrement suivant le cas.

Si vous n'utilisez pas de fila, procédez comme suit :

450 g de courgettes
lait
1 tasse d'un mélange de parmesan et de feta râpés
10 œufs
1/2 tasse d'aneth frais haché
2 cuillers à soupe d'huile d'olive
sel, poivre

Lavez et râpez les courgettes. Placez-les dans une grande casserole, couvrez juste de lait, faites partir à petit feu et laissez frémir tout doucement jusqu'à ce que la préparation soit épaisse. Après refroidissement, ajoutez le fromage, les œufs, l'aneth et l'huile d'olive, salez et poivrez. Versez dans un plat à four bien graissé. Mettez à four moyen, chauffé 15 mn d'avance (5 au thermostat ou 180^{c}) pendant 30 à 45 mn ou jusqu'à ce que le dessus soit doré.

Si vous utilisez de la fila, il vous faudra 12 feuilles et environ 125 g de beurre doux fondu. Ajoutez un peu de lait ou de yaourt à la préparation de courgettes. Huilez le fond d'un grand plat à four. Étalez une feuille et enduisez-la de beurre fondu. Répétez l'opération avec cinq autres feuilles. Versez dessus la préparation à base de courgette. Couvrez avec les six feuilles restantes, que vous enduisez de beurre fondu une à une comme les premières. Tracez des portions individuelles en surface à la pointe d'un couteau. Passez au four comme ci-dessus, jusqu'à ce que la tourte soit bien dorée.

Borekas
Bourekakia

Petits triangles fourrés

Partout en Grèce

Servez-vous de la fila du commerce pour ces délicieux petits triangles. Le pliage pouvant se révéler un peu compliqué, commencez par vous exercer avec une bande de papier jusqu'à ce que vous en maîtrisiez la technique.

Garnitures :

Aubergine
1 aubergine moyenne
$1/2$ tasse de feta émiettée
1 ou 2 œufs
sel, poivre

Faites griller l'aubergine directement à la flamme ou bien au gril jusqu'à ce qu'elle soit noire et calcinée, avec la chair bien molle. Épluchez-la, écrasez la pulpe, mélangez avec le fromage et les œufs battus, salez et poivrez.

Épinards
450 g d'épinards hachés menu (en remplacement de l'aubergine)
feta ; œufs, en même proportions que ci-dessus
sel et poivre

Viande
450 g de bœuf haché
1 oignon moyen râpé
1 cuiller à soupe d'huile d'olive
1 gousse d'ail, écrasée
2 œufs haminados hachés menu (voir p. 42)
2 cuillers à soupe de semoule de pain azyme
1 œuf
3 cuillers à soupe d'aneth frais haché
sel, poivre

Faites doucement revenir l'oignon râpé à l'huile d'olive. Écrasez l'ail. Ajoutez-le à l'oignon ainsi que la viande. Salez et poivrez. Faites prendre légèrement couleur. Retirez du feu, ajoutez les haminados hachés menu, la semoule de pain azyme, l'œuf battu et l'aneth. Mélangez.

Pour faire les borekas : coupez la fila (voir p. 317-318) en bandes de 12 x 25 cm environ. Au pinceau, enduisez de beurre chaque bande. Pliez-la en deux dans le sens de la longueur ce qui donne des bandes de 6 x 25 cm. Placez 1/2 cuiller à café de farce au centre du coin inférieur gauche de la bande. Pliez à 45° pour recouvrir le bord droit de la bande ce qui emprisonne la farce. Continuez à plier jusqu'à la fin de la bande. Badigeonnez de beurre après chaque pli. Vous obtenez un petit gâteau triangulaire fourré de garniture. Humectez les extrémités pour fermer hermétiquement le gâteau. Disposez les triangles sur une plaque à pâtisserie bien huilée. Mettez à four chaud, chauffé 15 mn d'avance (6 au thermostat ou 200 à 210°), pendant 30 mn environ ou jusqu'à ce que les petits triangles soient bien dorés. Vous pouvez aussi les faire frire à l'huile d'olive assez chaude jusqu'à ce qu'ils soient dorés. Pour une vingtaine de triangles.

Dans une variante plus facile, on se sert de fila faite à la maison (voir les murdopites, page 134). Étalez la pâte et coupez-la en disques de 15 cm. Placez une cuiller à soupe de farce au centre, repliez une moitié de disque sur l'autre pour obtenir un demi-cercle puis pincez fortement les bords pour les coller. Passez au four ou à la friture, comme ci-dessus.

Pasteles y pastelikos — Tourtes et tartelettes

Salonique

Un *pastel* est tout à fait comparable à une tourte d'Europe occidentale ou d'Amérique ; plus petit, appelé *pasteliko*, c'est un petit pâté ou une tartelette. Si la pita grecque et romaniote peut être faite avec ou sans fila, le pastel lui est toujours à base de pâte plus épaisse, si bien que sa croûte ressemble plutôt à celle d'une tourte européenne ou américaine sans être jamais aussi légère, puisqu'elle est faite à l'huile. Servez-vous des farces de borekas qui précèdent. Voyez aussi des recettes de pasteles et de pastelikos au chapitre de Chavouoth, page 133.

$^1/_2$ tasse d'eau
$^1/_2$ tasse d'huile d'olive
sel
3 tasses de farine, à peu près

Dans une grande casserole amenez l'eau à une température assez élevée, versez l'huile, jetez une pincée de sel, mélangez bien. Retirez du feu, ajoutez petit à petit suffisamment de farine pour obtenir une pâte élastique et très souple. Renversez sur une planche abondamment farinée. Pétrissez pendant 5 mn.

Pour un pastel : partagez la pâte en deux boules, l'une légèrement plus grosse que l'autre. Étalez au rouleau en une abaisse très mince. Foncez un moule à tourte de 30 cm, assez profond, avec la plus grande abaisse, garnissez de farce, couvrez avec la plus petite abaisse. Pincez fortement les bords pour les coller.

Pour des pastelikos : dans la pâte, coupez des disques avec lesquels vous foncez des moules à tartelettes ou bien, avec de petits morceaux de pâte, confectionnez des sortes de timbales de 5 cm de haut sur 5 de diamètre. Coupez des disques de 5 cm de diamètre qui serviront de chapeau aux timbales. Remplissez les gâteaux, couvrez avec les disques préparés pour cela, pincez les bords fermement pour les coller. Mettez à four moyen, chauffé 15 mn d'avance (5 au thermostat ou 180°) pendant 45 mn ou jusqu'à ce que la pâte soit bien dorée. La cuisson des pastelikos prendra moins de temps que celle du pastel.

Pastel verde — Tourte aux poireaux et à la laitue

Salonique

Cette recette est l'exception qui confirme la règle selon laquelle un pastel doit toujours être fait avec une pâte maison. On la réalise avec de la fila, mais on peut aussi la réaliser avec la pâte maison dont la recette est donnée à la page précédente. Dans ce dernier cas, divisez par deux les quantités pour la garniture.

900 g d'épinards
2 romaines
4 ou 5 oignons nouveaux
2 poireaux
125 g de kezo blanko (feta), émietté
1/4 de tasse d'aneth frais haché
huile d'olive
sel, poivre
10 œufs
12 feuilles de fila
beurre doux fondu
graines de sésame

Hachez menu les épinards, la salade, les oignons et les poireaux. Mélangez avec le kezo blanko émietté, l'aneth, au moins 1 cuiller à soupe d'huile d'olive, salez et poivrez. Versez les œufs battus, mélangez à fond.

Beurrez un moule profond, légèrement moins grand que la fila, de 30 x 48 cm environ. Étalez une feuille, beurrez-la, répétez l'opération avec 5 autres feuilles. Étalez la farce par dessus, couvrez avec les 6 feuilles restantes en les enduisant de beurre une à une au fur et à mesure que vous les étalez. Parsemez de graines de sésame. Dessinez des losanges ou des carrés à la pointe d'un couteau. Mettez à four chaud, chauffé 15 mn d'avance (5 à 6 au thermostat ou 190 à 210°) pendant 30 à 45 mn le temps que la tourte soit dorée. Pour 24 parts carrées de 7 à 8 cm de côté.

Rodanchas Rodantikes — Gâteaux fourrés

Komotini

Les *rodanchas* sont des pâtisseries à garnitures salées ou sucrées roulées, comme leur nom l'indique, en spirale ou en escargot. Bien que de nos jours on se serve le plus souvent de fila du commerce, vous trouverez la recette de la pâte maison ci-après. Son aspect aussi bien que son goût correspondent mieux à la recette traditionnelle. Pour d'autres recettes de farces sucrées, voir aussi au chapitre de Souccoth.

Les différentes farces (dans chaque cas mélangez tous les ingrédients ensemble) :

Fromage
450 g de parmesan râpé
450 g de fromage blanc sans sel
3 œufs
4 cuillers à soupe de semoule de pain azyme

Aubergine
1 aubergine moyenne
(grillée, épluchée, réduite en purée, voir p. 207)
1 tasse de feta émiettée
1/2 tasse de parmesan râpé
3 œufs
4 à 5 cuillers à soupe de semoule de pain azyme
sel, poivre

Poireau
1 tasse de poireau indifféremment cuit ou cru, haché menu
1 tasse de parmesan râpé
3 œufs
4 cuillers à soupe de semoule de pain azyme
sel, poivre

Pomme[1]

2 tasses de pomme hachée menu
2 tasses de noix, hachées menu
1 ou 2 cuillers à soupe de miel
$^1/_2$ tasse de raisins de Corinthe
cannelle et clous de girofle moulus, à votre goût
sirop glacé (voir p. 142)

La pâte

3 cuillers à soupe d'eau tiède
1 pincée de sucre
1 cuiller à café de levure de boulanger
2 tasses de farine
1 tasse d'eau
$^1/_2$ tasse d'huile d'olive
sel
beurre doux fondu

Mélangez l'eau tiède et le sucre dans un bol, ajoutez la levure émiettée, laissez reposer pendant 5 mn. Mettez la farine dans une grande terrine, versez le mélange de levure, l'eau, la moitié à peu près de l'huile d'olive et une pincée de sel. Mélangez bien à la cuiller en bois, renversez sur une planche abondamment farinée. Pétrissez délicatement pendant 5 mn. Faites une boule de pâte. Prenez-en de petits morceaux de la taille d'un œuf de poulette que vous roulez en boule entre vos paumes. Versez l'huile d'olive restant dans une terrine profonde, enduisez bien chaque boule d'huile d'olive. Laissez-les reposer dans la terrine, couvertes d'un torchon humide, pendant 30 mn.

Prenez une boule, aplatissez-la sur une plaque de marbre ou de verre, en l'étirant et en appuyant dessus avec vos doigts et vos paumes pour obtenir un disque de 22 cm de diamètre et de 3 mm maximum d'épaisseur. Enduisez-le soigneusement de beurre fondu. Faites ainsi pour toutes les boules.

---

1. Lorsque vous sortez du four les rodanchas aux pommes, arrosez-les immédiatement de sirop bien glacé.

Pour garnir : étendez un étroit ruban de farce le long du diamètre du disque. Repliez la pâte, vous obtenez une demi-lune. Enroulez bien serré dans le sens de la longueur, enduisez de beurre de temps en temps. Saisissez le rouleau par une de ses extrémités et enroulez toute la longueur en spirale serrée. Vous pouvez aussi arrondir en couronne et pincer ensemble les extrémités afin de les coller.

Si vous vous servez de fila du commerce, coupez deux rectangles de 25 x 30 cm, beurrez-en un et posez le second dessus. Etendez un fin ruban de farce le long d'un bord et enroulez en enduisant de beurre comme ci-dessus. Enroulez ensuite en spirale bien serrée.

Disposez les rodanchas sur une plaque à pâtisserie bien graissée. Mettez à four moyen, chauffé 15 mn d'avance (5 au thermostat ou 180°) pendant 30 mn environ, le temps que les gâteaux soient dorés. La fila faite à la maison demande un temps de cuisson un peu plus long.

Skaltsounia — Chaussons au fromage
Kalsones

Hania

Les *skaltsounia* sont présentes dans toute la Crète et on les confectionne en grand nombre avec beaucoup de farces différentes. On utilise traditionnellement le fromage de Crète appelé *mezithra* ou *anthotyri*, un fromage de chèvre qui peut être sec ou très mou, se défaisant comme du fromage frais. Mélangé à du parmesan râpé, le fromage fermier frais en est un équivalent correct.

Garnitures :

Fromage et menthe
2 ou 3 œufs
1 1/2 tasse de parmesan râpé mélangé à du fromage blanc frais ou de la feta
3 cuillers à soupe (ou moins) de yaourt
1/4 de tasse de menthe fraîche hachée

Mélangez tous les ingrédients. N'ajoutez que la quantité de yaourt nécessaire pour que le mélange devienne crémeux, mais non liquide.

Fromage et oignon

Gardez les mêmes proportions de fromage et d'œufs mais remplacez la menthe par un oignon haché très fin.

Fromage et piments

Ajoutez des piments rouges hachés menu au mélange de fromage. On s'en sert peu en Grèce, mais à Hania c'est traditionnel dans les skaltsounia et c'est délicieux.

Viande

1 oignon moyen, haché menu
1 cuiller à soupe d'huile d'olive
225 g de bœuf haché
1 ou 2 piments rouges, hachés
cumin, à volonté
1 cuiller à soupe de menthe fraîche hachée
sel, poivre

Faites sauter l'oignon haché menu dans l'huile d'olive jusqu'à ce qu'il soit transparent. Ajoutez la viande. Faites dorer. Retirez du feu et incorporez les autres ingrédients.

Pâte :

3 à 4 tasses de farine
2 œufs battus longuement avec $^1/_4$ de tasse d'eau froide
sel
huile d'olive pour la friture

Mettez la farine et une pincée de sel dans un grand saladier. Faites une fontaine au centre de la farine, versez le mélange d'œufs, mélangez à fond à la cuiller en bois.

Renversez sur une planche largement farinée. Pétrissez jusqu'à ce que la pâte soit élastique, en ajoutant de la farine ou de l'eau et de l'œuf selon le besoin. Pétrissez pendant 5 mn, étendez sur une surface très grande, bien farinée, en vous servant d'un long bâton épais ou d'un manche à balai.

L'épaisseur de la pâte ne doit pas excéder 3 mm ou même moins pour une farce au fromage.

Découpez la pâte en disques de 15 cm de diamètre. Placez une cuiller à soupe de farce au centre de chaque disque, rabattez une moitié sur l'autre, vous obtenez des demi-disques. Pincez les bords fermement pour fermer. Faites frire dans 2,5 cm d'huile d'olive très chaude jusqu'à ce que les chaussons soient dorés. Égouttez soigneusement. Servez froid ou chaud. Pour 20 à 25 gâteaux environ.

Pastela — Tourte à l'agneau

Ioannina

Cette recette est propre à un petit groupe de Juifs de Ioannina, descendants de Juifs siciliens qui fuirent l'Inquisition de Sicile et d'Apulie au début du XVIe siècle.

Garniture :

3 tasses de restes de rôti d'agneau ou de bœuf,
coupés en petits morceaux
3 ou 4 belles tomates, hachées
2 ou 3 cuillers à soupe de persil frais haché
sel, poivre
huile d'olive ou graisse fondue du rôti, 2 cuillers à soupe environ

Pâte :

1 tasse d'eau
1 tasse d'huile d'olive
1 cuiller à café de levure
sel
4 à 5 tasses de farine

Mettez l'eau, l'huile d'olive, la levure et 1 pincée de sel dans une grande casserole et amenez à ébullition. Retirez du feu, commencez immédiatement à incorporer la farine à la cuiller en bois jusqu'à ce que vous obteniez une pâte souple et onctueuse.

Renversez sur une planche à pâtisserie bien farinée, pétrissez délicatement pendant 5 mn environ soit jusqu'à ce que la pâte devienne très élastique. Faites-en deux parts, l'une un peu plus grosse que l'autre et abaissez au rouleau afin d'obtenir le fond et le couvercle pour un moule à manqué profond et de 30 cm de diamètre.

Foncez le moule avec la plus grande abaisse. Disposez les morceaux de viande dans cette croûte, puis les tomates grossièrement hachées et le persil. Salez et poivrez. Arrosez de gras de cuisson ou d'huile d'olive, recouvrez avec la deuxième abaisse, pincez les bords pour les coller. Mettez à four chaud, chauffé 15 mn d'avance (6 au thermostat ou 210 à 220°) pendant 45 mn ou jusqu'à ce que le dessus soit doré. Pour 6 personnes.

Kourkoutopita — Tourte à la semoule

Le *kourkouti* était un plat de pauvre consommé généralement en hiver. Avec des restes, on confectionnait une sorte de pita ou de gâteau, de la façon suivante.

Ajoutez suffisamment de semoule à un reste de soupe pour la rendre très épaisse. Mouillez avec 2 ou 3 cuillers à soupe d'huile d'olive. Versez dans un moule bien huilé et parsemez de parmesan râpé. Arrosez d'un filet d'huile d'olive. Mettez à four moyen, chauffé 15 mn d'avance (5 au thermostat ou 180°) jusqu'à obtention d'une belle croûte dorée, ce qui demande 30 à 45 mn.

Pain et fila

Fila / Yufka — Fila maison

Hania

La *fila* ou *yufka* en turc, est une pâte abaissée en feuilles minces comme du papier. Elle est, dans les cuisines séfarade, grecque, turque et arménienne, la base de nombreux gâteaux fourrés et tourtes, salés ou sucrés. Les filas faites à la maison étaient délicates à réaliser, et leur confection prenait beaucoup de temps. Aussi, dans les grandes villes, trouvait-on la fila, au même titre que la pâte pour d'autres gâteaux, dans des magasins spécialisés qui la fournissaient en grandes quantités.

À Salonique comme à Istanbul existaient de grandes corporations de pâtissiers habiles à fabriquer la yufka fine, légère comme du duvet, et les filaments du *kadaïf*. De nos jours, on peut trouver la fila dans la plupart des épiceries orientales grecques, arméniennes, libanaises ou turques, en rouleaux le plus souvent surgelés.

Cependant, la recette suivante pourra être appréciée et utilisée par les cuisiniers puristes :

450 g de farine blanche, soit 4 tasses environ
2 cuillers à café de sel
1 tasse d'eau froide
1 grande table ronde, bien farinée
1 long manche à balai
des mains d'appoint

Mettez la farine tamisée et le sel dans un grand saladier. Mouillez petit à petit avec l'eau. Lorsque vous obtenez une pâte humide, renversez-la sur la table et pétrissez pendant 10 à 15 mn. Elle doit devenir lisse et élastique. Faites des boules de la taille d'un gros œuf – ou plus grosses, cela dépend des dimensions de la table et de votre enthousiasme – et commencez à étaler une boule. Plus vous connaîtrez cette pâte, plus vous la trouverez facile à soulever et à retourner sur la table. Soulevez et retournez la pâte. Saupoudrez la table de farine si la pâte colle. Pour la retourner, placez-la à cheval sur le manche à balai, retournez-la et reposez-la de l'autre côté. La pâte ne doit s'étirer que sous l'effet de son propre poids sur le manche à balai. Continuez jusqu'à ce que l'abaisse soit fine comme une feuille de papier. Étalez-la sur un linge fariné, saupoudrez-la de farine et recommencez l'opération avec une autre boule. Lorsqu'elle est devenue fine comme du papier, étalez-la par-dessus la feuille précédente, farinez-la. Répétez l'opération jusqu'à épuisement des boules. Enroulez le linge et placez-le dans un endroit frais jusqu'au moment d'utiliser la fila. On peut très bien faire cette fila longtemps à l'avance et la surgeler.

Il existe une autre méthode qui nécessite la présence de quatre personnes autour de la table. Placez la pâte au centre de la table, étendez-la en vous servant du manche à balai. Étirez la pâte d'un bord à l'autre de la table en un grand disque, les mains glissées sous la pâte, paumes vers la table. Soulevez-la de temps en temps en passant les huit bras dessous et faites-la tourner légèrement. Quand la pâte est très fine et ne peut plus être étendue sans risque de grands trous (on peut raccommoder les plus petits au fur et à mesure qu'ils apparaissent), coupez-la en feuilles. Rangez-les comme ci-dessus ou gardez-les dans une boîte, sous un chiffon humide. Farinez chaque feuille.

Fila

Fila du commerce

On trouve de la fila produite industriellement dans tout magasin de produits orientaux, qu'il soit grec, turc, arménien ou libanais, ainsi que dans beaucoup de grandes surfaces. Habituellement, on la vend surgelée. Les feuilles du commerce ont des dimensions standard : 30 x 50 cm environ. Un paquet de 500 g de fila contient 20 feuilles. La fila surgelée se conserve pendant des mois. Décongelez-la lentement dans son emballage puis utilisez-la sans attendre. Les feuilles se dessèchent très vite, aussi faut-il les couvrir d'un linge humide dès qu'elles sont à l'air libre. Travaillez rapidement mais sans précipitation car elles sont fragiles. Pensez toujours à badigeonner chaque feuille de beurre fondu ou d'huile au fur et à mesure que vous les utilisez.

Simit — Anneaux au sésame

Edirne

1 tasse 1/4 de farine
sel
4 cuillers à soupe d'huile d'olive
4 œufs
4 cuillers à soupe d'eau
graines de sésame grillées

Mettez la farine et une pincée de sel dans un grand saladier. À part, battez ensemble l'huile d'olive, 3 œufs et l'eau. Versez dans la farine, mélangez à la cuiller en bois jusqu'à obtention d'une belle pâte. Retournez sur la planche bien farinée et pétrissez pendant 5 mn.

Prenez des morceaux de la taille de vos paumes, roulez-les en cordons épais de 2,5 cm environ. Arrondissez-les en couronnes et pincez fort les deux extrémités pour les souder. Badigeonnez d'œuf battu, parsemez de graines de sésame grillées et disposez sur une plaque à pâtisserie bien huilée. Mettez à four chaud, chauffé 15 mn d'avance (5-6 au thermostat ou 180 à 200°) pendant 20 mn environ ou jusqu'à ce que les anneaux soient dorés. Pour 10 à 15 anneaux.

Bobota
Bobotika / Babanatsa — Gâteaux aux raisins secs

Ioannina

La *bobota* était un « en-cas » d'extérieur, populaire à Ioannina en hiver. On la vendait à tous les coins de rues, tenue au chaud sur les braseros. Pendant les nuits d'hiver, froides, on la confectionnait souvent à la maison, comme friandise pour les enfants. Voir aussi les recettes de babanatsa au chapitre de Chabbat, p. 51-52.

1 cuiller à café 1/2 de levure
eau ou lait, 1/4 de tasse environ
3 tasses de semoule fine
1/2 tasse de raisins de Smyrne
1 tasse d'huile d'olive
sucre (facultatif)

Délayez la levure dans l'eau ou le lait. Mélangez la semoule et les raisins secs. Versez l'huile d'olive, mélangez bien. Versez alors la levure diluée, mélangez à fond. Versez dans un moule huilé de 25 x 30 cm environ, arrosez d'une cuiller à soupe d'huile d'olive. Mettez à four chaud, chauffé 15 mn d'avance (5-6 au thermostat ou 200 à 210°) pendant 30 à 45 mn jusqu'à ce que le gâteau soit cuit et le dessus assez croustillant. Coupez en parts carrées et servez chaud.

Tsoureki — Brioche

Le tsoureki ou *çörek* est une brioche qu'on trouve dans toutes les régions du Proche-Orient. En Grèce, on le vend dans la plupart des boulangeries en petits pains ronds ou, plus souvent, en grandes miches tressées qui ressemblent quelque peu aux halloth. Il se conserve très bien car il est très moelleux. La recette suivante donne deux belles miches.

1/3 de tasse d'eau tiède
1/2 cuiller à café de sucre
50 g de levure de boulanger
7 à 8 tasses de farine
huile d'olive
5 cuillers à soupe de beurre doux fondu
4 à 5 œufs
1/2 à 2 tasses de sucre
1 cuiller à café d'extrait de vanille ou d'anis
1/2 tasse de lait environ
1 jaune d'œuf

Faites dissoudre une demi-cuiller à café de sucre dans l'eau chaude puis délayez-y la levure émiettée. Laissez reposer 15 mn. Réchauffez une grande terrine. Versez le levain, ajoutez de la farine, deux tasses environ pour commencer. Mélangez bien à la cuiller en bois. Lorsque la pâte est molle et légère, renversez-la sur une planche farinée. Pétrissez pendant 15 mn, jusqu'à ce qu'elle soit très élastique en ajoutant la farine nécessaire. Enduisez vos mains d'huile d'olive, enrobez-en la pâte roulée en boule. Remettez-la dans la terrine, couvrez avec un linge humide. Laissez lever la pâte pendant 30 mn ou plus, jusqu'à ce qu'elle ait à peu près doublé de volume.

Mélangez le reste de la farine avec le beurre fondu et deux cuillers à soupe d'huile d'olive. Laissez reposer.

Battez les œufs pour les rendre mousseux, ajoutez du sucre à volonté (de 1/2 à 2 tasses) et l'extrait de vanille ou d'anis. Mélangez avec la pâte levée, ajoutez le mélange de farine et beurre, mélangez à fond en ajoutant du lait et de la farine si besoin est pour obtenir une belle pâte moelleuse. Renversez sur la planche farinée et pétrissez pendant 15 mn. Roulez en boule. Remettez dans la terrine, enduisez la boule d'huile d'olive, couvrez avec un torchon humide et laissez lever dans un endroit chaud jusqu'à ce que la pâte ait presque doublé de volume.

Partagez la pâte en 6 morceaux de la taille d'un poing d'enfant. Façonnez-les en rouleaux de 7 x 25 cm, plus minces aux extrémités. Prenez 3 rouleaux, pincez les 3 extrémités ensemble, tressez-les. Quand vous êtes à la fin de la tresse, pincez les autres bouts ensemble. Répétez l'opération avec les trois autres rouleaux. Placez ces miches sur la plaque à pâtisserie beurrée en les espaçant de 10 cm au moins. Couvrez avec un linge humide, laissez lever dans un endroit chaud pendant 1 h 1/2 à 2 h.

Badigeonnez les miches avec un peu de lait ou un jaune d'œuf délayé dans une cuiller à soupe d'eau. Mettez à four chaud, chauffé 15 mn à l'avance (6 au thermostat ou 210°), pendant 10 mn. Baissez le thermostat à 5 et laissez cuire 15 à

25 mn de plus ou jusqu'à ce que les miches aient la couleur du miel.

Fideïkos / Fideos — Petites pâtes aux œufs

Larissa, Komotini

Les fideïkos sont des sortes de petites pâtes qu'on trouvait autrefois dans tous les foyers de Macédoine, de Thrace et du centre de la Grèce. En général on les confectionnait pendant l'été en grandes quantités. À Larissa, on opérait le jour du jeûne de Ticha Béav. La pâte était préparée la veille. Puis, le jour même du jeûne, les femmes, installées dehors, en groupes conviviaux, en détachant des petits morceaux avec deux doigts, les roulaient entre le pouce et l'index et les laissaient tomber dans un grand plateau de cuivre, ou sini, pour qu'ils sèchent au soleil. On pouvait accélérer le séchage en passant les *fideos* à four doux. Puis on les stockait dans des bocaux couverts de gaze ou des boîtes en fer-blanc pour les utiliser tout au long de l'année.

450 g de farine (4 tasses environ)
8 œufs
1 à 2 cuillers à soupe d'huile d'olive
sel

Mettez la farine dans un grand saladier et ajoutez les œufs. Mélangez bien, salez. Si le mélange est trop liquide, remettez de la farine jusqu'à obtention d'une pâte épaisse et malléable qui ne colle pas aux mains. Renversez la pâte sur la planche farinée, pétrissez une minute environ puis ajoutez l'huile d'olive et pétrissez à nouveau jusqu'à ce que la pâte soit veloutée et lisse. Faites-en des boules de la taille d'un œuf et roulez-les entre vos paumes de telle sorte que la surface soit lisse. Prenez une boule dans la main gauche (si vous êtes droitier), prélevez des pincées de pâte que vous roulez entre le pouce et l'index de la main droite en forme de fideos, ou petites larmes. Jetez-les dans un grand plateau, laissez sécher au soleil. Si vous en préparez de grandes provisions à consommer plus tard, mettez-les à four assez chaud (4 au thermostat) pendant 20 mn environ afin de les dessécher complètement. Stockez les fideos dans une grande boîte métallique bien fermée par un linge.

On cuit les fideïkos exactement comme les macaronis ou les spaghettis et on peut les servir avec une sauce ou du fromage. Le yaurtli est particulièrement délicieux avec les fideos (voir la recette de yaurtli au chapitre de Chabbat, page 46).

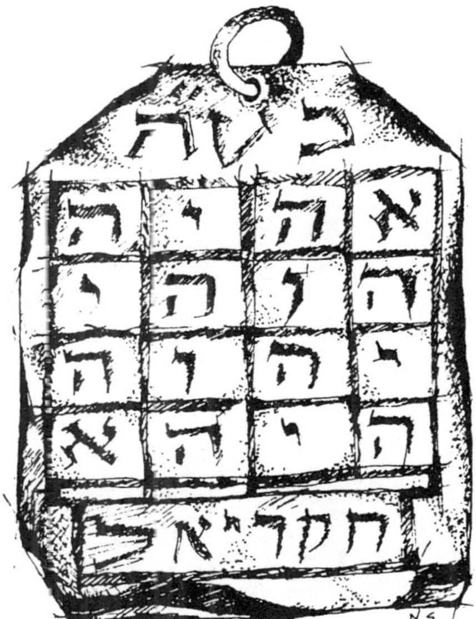

N.S.

Friandises et conserves

Baklava

Partout en Grèce

350 à 450 g de beurre fondu
2 tasses d'un mélange d'amandes mondées, de noix et de pignons hachés très fin
3 cuillers à soupe de sucre
clous de girofle
25 feuilles de fila (500 g environ, voir p. 317-318)
sirop glacé (voir ci-dessous)

Préparez le sirop bien à l'avance et faites-le complètement refroidir :

1 tasse 1/2 de sucre ou 1/2 tasse de sucre et 1 tasse de miel
1/2 tasse d'eau
2 cuillers à soupe de jus de citron
eau de rose ou 1 pincée de cannelle (facultatif)

Faites dissoudre le sucre dans l'eau. Faites bouillir à petit feu jusqu'à obtention d'un sirop léger. Hors du feu ajoutez le jus de citron et mettez le sirop au froid pendant plusieurs heures. Si vous parfumez à l'eau de rose, ajoutez-la quand le sirop est glacé.

Préparez la garniture :

Ajoutez 220 g de beurre fondu aux fruits secs, puis le sucre et mélangez bien.

Graissez un moule pouvant contenir les feuilles de fila étalées, soit 30 x 50 cm environ. Étalez la première feuille au fond, badigeonnez-la de beurre fondu, répétez l'opération avec 11 autres feuilles. Répartissez la farce sur la feuille du dessus, couvrez avec les feuilles qui restent en les étalant l'une après l'autre et en les graissant une par une comme ci-dessus. Avec un couteau bien aiguisé entaillez la surface du baklava en losanges ou en carrés. Enfoncez un clou de girofle entier au centre de chaque gâteau. Mettez le baklava à four moyen, chauffé 15 mn d'avance (5 au thermostat ou 180°) pendant 30 mn puis relevez le thermostat à 8 pour cuire encore 15 à 20 mn, jusqu'à ce que le gâteau prenne une belle couleur dorée. Arrosez immédiatement le baklava brûlant avec le sirop glacé. Finissez de découper les parts marquées. Le nombre obtenu dépendra de la taille que vous aurez donnée aux parts et de l'appétit de vos invités et de vous-même.

Souvent, on prépare des baklavas miniatures ; voir la recette des sansandikos au chapitre de Souccoth, page 56.

Galaktobureko — Tourte à la crème

Ioannina

3 jaunes d'œufs
3 tasses de lait
5 cuillers à soupe de farine de riz
2 cuillers 1/2 à soupe de sucre
extrait de vanille à volonté
20 feuilles de fila
225 g de beurre fondu
sirop glacé (voir ci-dessus, dans la recette de baklava)

Battez les jaunes en crème. Dans une casserole faites une pâte avec 1 cuiller à soupe de lait et la farine de riz, ajoutez alors les jaunes et incorporez à fond. Mouillez avec suffisamment de lait pour obtenir une crème épaisse.

Dans une autre casserole, amenez à ébullition le sucre et le lait qui reste puis retirez du feu. Délayez le mélange à base d'œufs avec le lait chaud ajouté cuillerée à cuillerée. Lorsque tout le lait est mélangé, remettez à tout petit feu, faites cuire et légèrement réduire sans cesser de tourner jusqu'à obtention d'une crème épaisse. Parfumez à volonté avec la vanille.

Garnissez un moule assez profond de 25 x 30 cm environ, avec dix feuilles de fila en badigeonnant au fur et à mesure chaque feuille de beurre fondu. Étalez la garniture sur la feuille du dessus. Recouvrez avec les dix autres feuilles toujours en les badigeonnant de beurre fondu, une à une. Avec un couteau bien aiguisé, entaillez la surface du gâteau en losanges ou en carrés. Mettez à four moyen, chauffé 15 mn d'avance (5 au thermostat ou 180°) pendant 30 mn environ, jusqu'à ce que le dessus soit doré. Retirez du four et arrosez immédiatement avec le sirop glacé.

Loukoumades — Beignets

Ioannina

- 1 œuf
- 1 cuiller à soupe d'huile d'olive
- 1 tasse d'eau chaude
- $^{1}/_{4}$ de tasse d'cuzo, de raki ou de mastiha
- 3 tasses de farine
- 2 cuillers à soupe de sucre
- 1 cuiller à café de levure
- 1 pincée de sel
- huile d'olive pour grande friture (environ 3 tasses)
- sirop de sucre
- amandes et/ou cannelle

Battez ensemble l'œuf, l'huile d'olive, l'eau et l'ouzo. Ajoutez la farine, le sucre, la levure et une pincée de sel. Fouettez, couvrez et laissez reposer 30 mn. Battez à nouveau ; la pâte doit alors être bien épaisse.

Faites chauffer au moins trois tasses d'huile d'olive dans une marmite épaisse et profonde. Lorsque l'huile est très chaude, laissez glisser des cuillerées à soupe de pâte et faites cuire jusqu'à ce que les beignets soient dorés. N'en faites pas cuire trop en même temps. Une fois cuits, sortez-les et laissez-les bien s'égoutter pendant que vous faites frire une autre fournée.

Servez les loukoumades sans attendre, arrosés de sirop de sucre et saupoudrés d'amandes et/ou de cannelle. Pour 20 à 30 beignets.

Si vous en préparez une grande quantité et qu'ils refroidissent trop vite avant que vous soyez prêt à les servir, laissez-les tous refroidir complètement. Arrosez-les alors d'un sirop bouillant fait à parts égales de sucre et d'eau. Saupoudrez d'amandes et/ou de cannelle.

Pispiti I — Gâteau de semoule I

Ioannina, Trikala

Voici une variante du ravani traditionnel de Salonique (voir le chapitre des Fêtes de famille, page 76). Celui-ci et les deux gâteaux qui le suivent doivent reposer un jour avant d'être servis : ils deviennent moelleux. On les plonge tous dans un sirop glacé alors qu'ils sont bouillants[1].

1 tasse d'eau
1 tasse d'huile d'olive
1/2 cuiller à café de levure
1/2 cuiller à café de cannelle
3/4 de tasse de semoule fine
1 tasse de farine
1 cuiller à soupe de sucre
amandes mondées effilées
sirop glacé, voir ci-après

Faites le sirop à l'avance : faites bouillir 1 1/2 tasse de sucre, 3 tasses d'eau et 3 cuillers à soupe de jus de citron. Laissez frémir jusqu'à obtention d'un sirop léger qui nappe la cuiller en bois. Faites glacer.

Amenez l'eau et l'huile d'olive à ébullition. Retirez immédiatement du feu et ajoutez la levure, la cannelle, la semoule, la farine et le sucre. Mélangez bien à la cuiller en bois et laissez refroidir. Lorsqu'elle est refroidie, renversez cette pâte sur une

---

1. Certaines personnes inversent le processus et versent le sirop bouillant sur le gâteau refroidi. Le résultat est le même : c'est l'écart extrême de température qui permet au gâteau d'absorber une quantité maximum de sirop.

planche abondamment farinée et pétrissez pendant 5 mn. Abaissez la pâte sur 4 cm et garnissez-en un moule bien huilé de 25 x 35 cm. Entaillez le dessus en forme de losanges ou de carrés de 5 cm de côté et enfoncez légèrement une lamelle d'amande dans chaque part. Mettez à four doux, chauffé 15 mn d'avance (4-5 au thermostat ou 140 à 160°) pendant 45 mn ou jusqu'à ce que le dessus soit bien doré. Sortez du four et arrosez immédiatement avec le sirop glacé.

Pispiti II — Gâteau de semoule II

Ioannina

Cette variante de *pispiti* était spécialement confectionnée pour une famille en deuil. On l'apportait à celle-ci durant les sept premiers jours de deuil où il leur était interdit de cuisiner.

1/2 tasse d'eau
1/2 tasse d'huile d'olive
1/2 cuiller à café de levure
1 tasse de farine mélangée à 1 tasse 1/2 de semoule
sirop glacé fait avec 4 cuillers à soupe de sucre, 1/2 tasse d'eau et du jus de citron à volonté, voir ci-après

Commencez par faire le sirop : amenez le sucre et l'eau à ébullition, versez le jus de citron et laissez frémir jusqu'à la formation d'un sirop léger. Faites bien refroidir.

Amenez l'eau et l'huile d'olive à ébullition puis retirez du feu et incorporez la levure, le mélange de semoule et de farine. Mélangez à la cuiller en bois jusqu'à obtention d'une pâte légère.

Versez la pâte dans un moule de 22 x 22 cm environ, bien huilé. Incisez la surface du gâteau en losanges ou en carrés avant d'enfourner. Mettez à four chaud, chauffé 15 mn d'avance (6 au thermostat ou 210 à 220°) pendant 30 à 45 mn, jusqu'à ce que le dessus soit doré. Sortez du four et arrosez immédiatement avec le sirop glacé.

Tupishti — Gâteau aux noix et à l'orange

Kastoria

450 g de mie de pain
2 tasses d'huile d'olive
4 tasses de farine
1 cuiller à café de levure
4 œufs
3 tasses de sucre
le jus et le zeste râpé d'une orange
1 tasse d'amandes en poudre ou de noix
sirop glacé, voir ci-après

Commencez par le sirop : amenez 1 tasse $^{1}/_{2}$ d'eau et 1 tasse$^{1}/_{2}$ de sucre à ébullition. Ajoutez la moitié du zeste d'orange et faites frémir jusqu'à ce que le sirop nappe la cuiller en bois. Faites glacer.

Dans un grand saladier, malaxez à fond le pain avec l'huile d'olive. Puis versez la farine et la levure et mélangez bien à la cuiller en bois.

Battez les jaunes d'œufs avec $1^{1}/_{2}$ tasse de sucre, le jus d'orange et le reste du zeste. Montez les blancs d'œufs en neige pas trop ferme et incorporez-les aux jaunes. Incorporez avec précaution au mélange de pain et de farine. Faites en sorte que le mélange de farine, pain et huile soit homogène afin que les blancs ne retombent pas lorsque vous les incorporez. La pâte devra être très épaisse.

Versez-la dans un moule profond bien huilé d'environ 25 x 35 cm. Tracez des losanges ou des carrés à la surface. Mettez à four moyen, chauffé 15 mn d'avance (5 au thermostat ou 180°) pendant 45 mn, jusqu'à ce que le dessus soit doré. Sortez le gâteau du four, arrosez-le immédiatement de sirop glacé. Parsemez d'amandes ou de noix hachées.

Yaourtopita

4 cuillers à soupe de cognac
1 cuiller à café $^{1}/_{2}$ de levure
1 tasse $^{1}/_{2}$ de yaourt
2 tasses de sucre
2 tasses $^{1}/_{4}$ de semoule fine
$^{3}/_{4}$ de tasse de lait
1 à 2 tasses de noix et d'amandes hachées menu
sucre glace
1 cuiller à café de cannelle et de clous de girofle en poudre

Dans un petit verre, faites dissoudre la levure dans le cognac. Mélangez le yaourt avec le sucre, la semoule, le lait et les fruits secs dans un grand saladier. Mouillez avec le mélange de cognac et de levure et mélangez à fond.

Beurrez ou huilez un moule d'environ 22 x 33 cm ce qui permettra à la pâte de s'étaler sur 7 à 8 cm d'épaisseur. Mettez à four moyen, chauffé 15 mn d'avance (5 au thermostat ou 180°) pendant 45 mn environ ou jusqu'à ce que le dessus du gâteau soit doré. Sortez-le du four et saupoudrez d'abord de sucre glace puis de cannelle et de clous de girofle moulus.

Durse blanko[1]

Friandises
Bouchées aux amandes

Komotini

1 tasse d'eau
1 tasse $^{1}/_{2}$ de sucre
1 tasse d'amandes mondées en poudre

Faites chauffer l'eau dans une grande casserole puis ajoutez le sucre. Cuisez à petit feu jusqu'à ce que le sirop atteigne le petit perlé (il se forme à la surface du sirop de petites perles rondes). Une autre façon de vérifier le degré de cuisson consiste à prendre une goutte entre le pouce et l'index et à séparer les doigts. Le sirop doit s'étirer en filament entre les deux doigts.

1. David Benbassat-Benby précise qu'il était d'usage à Salonique de servir une cuillerée de ce durse blanko plongée dans un verre d'eau. D'où son appellation grecque, *ypovrihio*, c'est-à-dire sous-marin (NDT).

Retirez du feu immédiatement, incorporez les amandes sans attendre. Renversez sur une plaque de marbre ou de verre et pétrissez bien. Etalez le mélange sur 2,5 cm d'épaisseur et coupez des bouchées en forme de losange ou de carré. Faites adhérer une demi-amande au centre de chaque bouchée, ou enrobez les bouchées de sucre glace. Pour 20 bouchées environ.

Biskotchos — Croissants aux amandes

Salonique, Athènes

450 g de beurre doux ramolli
2 œufs
2/3 de tasse de sucre
4 tasses de farine
1/2 à 1 tasse d'amandes mondées en poudre

Dans un grand saladier battez le beurre en crème avec les jaunes d'œufs et le sucre. Incorporez la farine par petites quantités et battez pour obtenir une pâte épaisse. Prenez des morceaux de pâte de la taille d'un petit œuf et donnez-leur la forme de petits croissants. Après avoir épuisé la pâte, battez les blancs en neige mousseuse, pas très ferme. Trempez le dessus de chaque croissant dans cette mousse puis immédiatement dans les amandes. Disposez les croissants sur une plaque à pâtisserie bien beurrée en ne les serrant pas trop. Mettez à four doux, chauffé 15 mn d'avance (4 au thermostat ou 170°) pendant 20 à 30 mn. Pour 15 à 20 croissants

Moustachudos — Petits gâteaux secs (ou biscuits) aux noix

Rhodes

2 tasses de noix en poudre
1/2 tasse d'amandes mondées en poudre fine
1 tasse de sucre
2 cuillers à café de clous de girofle moulus et de cannelle
2 œufs

Mélangez les noix et les amandes en poudre avec le sucre et les épices. Battez énergiquement les œufs. Ajoutez-les au mélange et mélangez à la cuiller en bois. Versez des cuillerées à soupe de cet appareil sur la plaque farinée. Si la pâte est suffisamment épaisse vous devez pouvoir former des cônes, sinon donnez-leur cette forme lorsqu'ils sont cuits. Mettez à four moyen, chauffé 15 mn d'avance (5 au thermostat ou 180°) pendant 30 mn environ ou jusqu'à ce qu'ils soient dorés. Lorsqu'ils sont encore chauds vous pouvez leur donner une forme conique à la main, en les serrant doucement.

Une fois les gâteaux refroidis, roulez-les dans le sucre glace ou disposez-les en pyramide avant de les saupoudrer de sucre glace à profusion. Pour 25 gâteaux environ.

Dolce de prunas — Mousse de pruneaux

Athènes

Créé de nos jours dans un foyer juif d'Athènes, ce plat n'a pas de racines traditionnelles. C'est plutôt un prolongement raffiné de la cuisine juive grecque.

20 pruneaux
50 à 100 g de liqueur amaretto ou 1/2 cuiller à café d'extrait d'amande
1 cuiller à soupe de beurre
125 g de chocolat doux-amer
4 à 6 œufs
1 à 2 cuillers à soupe de sucre
1/2 tasse de noix hachées

Faites bouillir les pruneaux dans un peu d'eau jusqu'à ce qu'ils soient gonflés et moelleux. Retirez du feu, laissez refroidir puis dénoyautez. Passez les pruneaux au mixeur avec la liqueur ou l'extrait d'amande, réduisez en purée.

Faites fondre le beurre au bain-marie, puis ajoutez le chocolat. Lorsqu'il est fondu, ajoutez la purée de pruneaux.

À part, battez les jaunes jusqu'à ce qu'ils blanchissent. Baissez le feu, versez les jaunes dans le mélange à base de chocolat, faites cuire pendant 5 mn sans cesser de remuer. Montez les blancs avec le sucre en neige très ferme, incorporez au mélange de pruneaux et de chocolat. Versez dans un plat de service assez profond, parsemez de noix hachées. Mettez au réfrigérateur pendant au moins 2 h et servez très froid. Pour 6 personnes.

Karydaki — Noix vertes confites I

Ioannina

Cette friandise et toutes celles qui suivent ne sont qu'un échantillon des nombreuses *tou koutaliou* ou « à la cuiller » qu'on trouve en Grèce. C'est une sucrerie, et non un dessert, qu'on offre partout en Grèce aux parents et amis en visite, et, comme un geste d'hospitalité spécifiquement grec, aux étrangers de passage. Ces douceurs sont parfois servies sur un plateau dans des coupelles, chacune contenant une cuillerée d'écorce d'oranges, de figues, de coings confits, etc. Elles sont souvent présentées dans une coupe en argent avec des cuillers glissées au bord dans les fentes prévues à cet effet. On offre une cuillerée de friandise et un verre d'eau à chaque hôte. L'invité déguste la douceur, boit l'eau, place la cuiller dans le verre et repose le verre sur le plateau.

La recette qui suit est difficile à réaliser et prend beaucoup de temps. Mais c'est une recette délicieuse et qui vaut bien l'effort fourni si vous réussissez à trouver les noix vertes nécessaires. En Grèce, on les trouve facilement en plein été.

100 noix vertes
chaux
clous de girofle
5 tasses de sucre

Lavez bien les noix. Incisez-les de chaque côté avec un couteau bien aiguisé. Percez la noix jusqu'au cœur avec un clou pointu par les côtés non fendus puis piquez toute la surface à l'aide d'une fourchette à dents pointues. Versez les noix dans un grand pot de terre, recouvrez-les entièrement d'eau et placez-les en plein soleil. Changez l'eau plusieurs fois par jour. Faites-le jusqu'à ce que les noix soient entièrement noircies. Le processus peut prendre jusqu'à une quinzaine de jours, cela dépend de l'ensoleillement et du degré de maturité des noix.

Lorsque les noix sont entièrement noires, enfouissez-les dans un bac de chaux. Au bout de trois heures, retirez-les et lavez-les à fond à l'eau courante en vous assurant que les incisions sont entièrement débarrassées de la chaux.

Versez les noix dans un grand faitout, versez juste l'eau nécessaire pour les recouvrir. Amenez à petits bouillons et laissez cuire doucement jusqu'à ce qu'elles soient très tendres. Retirez du feu, égouttez et laissez refroidir.

Dès que vous pourrez manipuler les noix sans vous brûler, garnissez chacune d'elles de clous de girofle enfoncés dans les ouvertures, 4 à 5 clous par noix. Mettez-les dans un grand pot, couvrez avec le sucre et remuez bien. Laissez reposer 2 jours. Le troisième jour, les noix auront « transpiré » avec le sucre, formant un sirop épais. Transvasez le tout dans un grand faitout, versez assez d'eau pour que le liquide rase le dessus des noix, amenez à frémissement et faites cuire en remuant de temps en temps, jusqu'à ce que le sirop soit très épais. Retirez du feu, laissez refroidir. Placez les noix avec le sirop dans des bocaux stérilisés, bouchez hermétiquement, stockez dans un endroit sombre et frais pendant 2 semaines au moins. Pour 4 à 5 litres.

Note : À l'origine, on se servait de récipients en cuivre fortement étamé ; de nos jours, on préfère l'acier inoxydable. Pour le traitement à la chaux, cependant, utilisez un pot en terre, pas en métal.

Dulce de muez vedres — Noix vertes confites II

Thrace, Salonique

Cette recette provient de Soufli, en Thrace. Pourtant, elle est presque identique à une autre recette qu'on m'a donnée à Salonique, c'est pourquoi je cite les deux lieux d'origine. La comparaison de cette recette avec la précédente de Karydaki, si compliquée, est intéressante.

900 g de noix vertes
9 dl d'eau
2 tasses de sucre
6 citrons
10 clous de girofle

Choisissez les noix avec soin, enlevez les coquilles, jetez tout ce qui est un tant soit peu touché. Pesez-les, faites-les tremper dans leur volume d'eau pendant une semaine au moins en changeant l'eau deux fois par jour. Cela permet de débarrasser les noix de la plus grande partie de leur amertume. Si l'eau présente encore un goût amer au bout d'une semaine, prolongez le trempage de 3 ou 4 jours.

Égouttez complètement les noix. Dans un grand faitout en inox versez 9 dl d'eau, le sucre, le jus des citrons et les clous de girofle. Amenez à ébullition et faites cuire jusqu'à obtention d'un sirop moyennement épais. Lorsqu'il nappe régulièrement la cuiller en bois, ajoutez les noix et baissez le feu pour faire frémir. Laissez mijoter pendant 45 mn environ, retirez du feu et versez le tout dans un vaste saladier profond. Laissez macérer 3 jours dans un endroit frais. Le troisième jour, reversez dans le faitout et amenez à ébullition. Baissez le feu et laissez mijoter très doucement pendant environ 1 h. Retirez du feu, laissez refroidir, versez dans de petits pots que vous aurez stérilisés auparavant. Fermez hermétiquement. Réservez au frais et à l'obscurité pendant 2 semaines au moins. Donne environ 2 litres.

Glyko apo kolokythi — Confiture de potiron

Ioannina

Les potirons des Balkans et de Grèce sont très durs et très gros. En France, les potirons sont plus tendres, aussi pouvez-vous sans doute vous dispenser de tout le traitement à la chaux puisqu'on ne le pratique que pour hâter l'adoucissement.

1 potiron de 4 à 5 kg
chaux et eau
900 g de sucre
9 dl d'eau
1 cuiller à café de jus de citron
extrait de vanille

Épluchez le potiron et débarrassez-le des graines et des filaments. Coupez la pulpe en dés de 2,5 cm de côté. Lavez-les bien et déposez-les dans une grande terrine. Recouvrez d'une solution d'eau et de chaux à parts égales. Couvrez bien la terrine et réservez pendant 4 h au moins. Retirez alors le potiron, lavez-le à grande eau très soigneusement afin d'éliminer toute trace de chaux.

Dans un grand faitout, mélangez le sucre avec l'eau et faites bouillir à petit feu jusqu'à obtention d'un sirop très épais. Ajoutez le potiron, mélangez bien, ajoutez assez d'eau pour couvrir. Faites bouillir à petit feu pendant au moins 1 h. Retirez du feu, incorporez le jus de citron et de l'extrait de vanille à volonté. Couvrez bien, attendez au moins 4 jours, jusqu'à ce que le sirop ait complètement imbibé le potiron. Versez dans de petits bocaux que vous aurez stérilisés, bouchez hermétiquement, entreposez dans un lieu frais et sombre pendant au moins 2 semaines. Donne 7 à 9 bocaux de 1 litre.

Dulce de rosas / Durse — Confiture de pétales de roses I

Cette recette et la suivante sont traditionnelles chez les Juifs et les Turcs. Les grosses roses Kazanlik sont parfaites pour ces confitures. La rose Kazanlik utilisée en Turquie pour fabriquer la meilleure essence de rose ou *attar*, est réputée pour son parfum suave. Toute rose au parfum capiteux convient, comme la Damas ou la Bourbon qui ont une parenté avec la Kazanlik. On doit cueillir les roses au petit matin, avant qu'elles n'aient été touchées par les rayons du soleil. Souvenez-vous que l'eau n'élimine pas complètement les pesticides des fleurs, si bien qu'on ne peut utiliser les roses traitées ainsi.

Dans la première recette, les pétales de rose sont conservés pendant la cuisson, donnant une couleur et une consistance très particulières à la confiture. Dans la seconde, le sucre est remplacé par le miel, qui donne du corps, et il n'y a plus de pétales de rose dans la dernière phase de la préparation.

900 g de pétales de rose tout juste cueillis
3 citrons
2 tasses 1/2 d'eau
2 tasses 1/2 de sucre
eau de rose (facultatif)

Ôtez l'onglet blanc et dur des pétales. Pressez les citrons, enserrez les pépins dans une petite mousseline. Mettez les pétales, les pépins de citron et l'eau dans un grand faitout. Amenez doucement à frémissement et laissez mijoter jusqu'à ce que les pétales soient tendres, ce qui demande 5 à 10 mn. Si les pétales sont d'abord hachés, le temps de cuisson est réduit. Lorsque les pétales sont tendres, ajoutez le sucre et le jus de citron, faites mijoter sans cesser de remuer jusqu'à la formation d'un sirop moyennement épais, jusqu'à ce qu'une goutte tombant dans un verre d'eau froide devienne une boule dure. Retirez du feu. Si le parfum de rose n'est pas très sensible, c'est le moment de verser quelques gouttes d'eau de rose. Filtrez dans de tout petits bocaux (ne stockez surtout pas la confiture de rose dans des bocaux d'un litre ou plus !). Laissez refroidir, bouchez hermétiquement les bocaux et entreposez dans un endroit frais et sombre pendant au moins 2 semaines. Pour 5 à 6 bocaux de 250 g.

Durse de roses

Confiture de pétales de roses II

Thrace

450 g de roses
1,25 l d'eau
450 g de miel
2 citrons
les pépins de 5 ou 6 citrons (ou 100 g de pectine environ)

Effeuillez les roses, retirez l'onglet blanc et dur des pétales. Rincez-les dans une passoire et mettez-les dans une terrine profonde. Amenez l'eau à ébullition, retirez du feu et versez sur les pétales. Couvrez avec un torchon et laissez macérer toute la nuit, ou au moins 8 h.

Le lendemain, filtrez le liquide, jetez les pétales. Enserrez les pépins de citron dans une petite mousseline. Amenez le liquide à ébullition dans un grand faitout en inox puis baissez le feu pour qu'il frémisse juste. Ajoutez le miel, le jus de citron et les pépins. Laissez mijoter pendant 30 mn. Si vous utilisez de la pectine, ne mettez pas les pépins de citron, parsemez la pectine à la surface du liquide et relevez le feu pour faire bouillir. Laissez cuire 3 à 4 mn (pas plus, le parfum des roses serait perdu). Retirez du feu, laissez refroidir en remuant de temps en temps. Lorsque la confiture est froide, versez-la dans de petits bocaux stérilisés, bouchez.

Note : je n'ai jamais essayé mais on peut faire un dulce parfumé au jasmin avec des fleurs de jasmin (la variété de Chios, ou *tasminum officinale*) à la place des roses. Les violettes conviennent aussi.

Dulce de higos — Conserve de figues

1 tasse 1/4 d'eau
2 citrons
2 tasses 1/2 de sucre
450 g de petites figues fraîches vertes
(pas tout à fait mûres)

Amenez l'eau à ébullition avec le jus des citrons et le sucre dans un grand faitout en inox. Faites bouillir 15 à 20 mn jusqu'à la formation d'un sirop léger. Retirez du feu, ajoutez les figues et laissez reposer dans un endroit frais pendant 24 h au moins. (Dans une recette semblable on verse les figues et le sirop dans un bocal en verre qu'on laisse au soleil pendant une journée.)

Le lendemain, remettez les figues et le sirop sur le feu, amenez à petits bouillons, laissez cuire jusqu'à ce que les figues soient tendres. Retirez les figues avec précaution. Amenez rapidement le liquide à ébullition et faites-le cuire, tout en remuant, jusqu'à obtention d'un sirop épais. Pendant que le sirop bout, rangez les figues les unes contre les autres dans de petits bocaux, versez le sirop bouillant par-dessus. Bouchez hermétiquement les bocaux, placez-les dans un endroit sombre et frais pendant au moins 2 semaines. Pour 4 à 5 bocaux de 250 g environ.

Turchi / condiments et olives

Turchi — Légumes au vinaigre en condiment

Hania

En Grèce, turchi est le nom commun des condiments. On en prépare de grandes quantités avec toutes sortes de légumes, en fonction de la saison. Le liquide de conservation des condiments est généralement à base de vinaigre de vin et de sel, et, en Grèce, on l'ajoute aux légumes lorsqu'ils sont froids. Les turchi sont servis en *meze*, avec l'ouzo, le tsipouro ou la tsikoudhia, mais, en général, pas en accompagnement d'un repas. Le tsipouro et la tsikoudhia sont des eaux de vie merveilleuses, au feu parfois déroutant ; en Crète, on fait une variante particulière et rare de tsikoudhia à partir de mûres.

Il faut laver et brosser soigneusement les légumes, choisir des ustensiles émaillés ou bien en métal inoxydable ; les bocaux, lavés et stérilisés, seront pourvus de fermetures hermétiques.

Anginares turchi — Cœurs d'artichauts en condiment

Hania

10 artichauts
5 citrons
2 cuillers à soupe d'aneth haché menu
huile d'olive
sel
2 ou 3 gousses d'ail écrasées (facultatif)

Préparation des artichauts : enlevez toutes les feuilles et le foin. Coupez les queues à ras de la base. Dès qu'un cœur est prêt, frottez-le entièrement de jus de citron et placez-le bien serré contre les autres dans un bocal assez grand pour les contenir tous.

Salez légèrement le jus de citron, ajoutez l'aneth et mesurez cette mixture. Ajoutez une fois et demie le volume d'huile d'olive. Si vous mettez de l'ail c'est le moment de l'ajouter. Battez jusqu'à ce que l'émulsion soit crémeuse et opaque et versez sur les cœurs d'artichauts. Fermez hermétiquement et réservez dans un endroit frais et sombre pendant un mois avant d'utiliser.

Melitzana turchi I — Aubergines en condiment I

450 g de petites aubergines de 10 cm de long, à la peau très foncée
3 ou 4 gousses d'ail hachées menu
2 cuillers à soupe de feuilles de céleri hachées menu
huile d'olive
2 tasses $^{1}/_{2}$ de vinaigre de vin
1 tasse d'eau
4 cuillers à soupe de sel

Amenez de l'eau bien salée à ébullition dans une grande casserole. Ôtez les queues des aubergines. Incisez 4 fois chaque aubergine sur les côtés et jetez-les dans l'eau bouillante. Laissez mijoter doucement pendant 15 mn.

Mélangez l'ail et les feuilles de céleri avec un peu d'huile d'olive. Avec précaution, garnissez chaque fente de ce mélange et, au fur et à mesure qu'elles sont prêtes, rangez les aubergines bien serrées dans un petit bocal. Les longues aubergines minces sont les plus appropriées car elles tiennent debout rangées les unes contre les autres. Mélangez le vinaigre, l'eau et le sel et versez sur les aubergines, jusqu'en haut du bocal. Fermez hermétiquement et laissez dans un lieu frais et sombre pendant une semaine avant de déguster. Mettez le bocal au frigo après ouverture. Donne 2 bocaux de 250 g (ou un peu plus).

Melitzana turchi II — Aubergines en condiment II

Voici une préparation spéciale qu'on trouve dans le nord de la Grèce chez les Juifs, les Turcs et les Grecs. On la fait aussi en Bulgarie.

450 à 900 g de très petites aubergines de 10 cm de long
$^{1}/_{4}$ de tasse de carottes hachées menu
feuilles de céleri ou de persil hachées
4 gousses d'ail, hachées menu
20 belles branches de céleri, ou plus, avec leurs feuilles[1]
amandes mondées
2 $^{1}/_{2}$ tasses de vinaigre de vin
2 tasses d'eau
4 cuillers à soupe de sel

Ôtez soigneusement les queues des aubergines. Incisez 4 fois chaque aubergine sur les côtés, frottez bien chaque incision de sel et laissez dégorger pendant 30 mn environ. Pendant que le sel fait sortir le jus amer, jetez les branches de céleri dans une casserole d'eau qui vient de bouillir et laissez tremper pendant environ 5 mn, pour les assouplir. Hachez ensemble les carottes, le céleri et l'ail. Lavez et faites égoutter les aubergines, mettez une amande dans chaque incision que vous fourrez ensuite avec le hachis de légumes. Égouttez les branches de céleri. En partant du côté feuillu, enroulez chaque branche bien serrée autour de l'aubergine de manière à obtenir une petite yaprakita. Chaque fois qu'une aubergine est prête, placez-la verticalement dans un petit bocal de verre.

Mélangez ensemble le vinaigre de vin, l'eau et le sel. Versez ce mélange sur les aubergines. Fermez hermétiquement et gardez dans un endroit très frais ou au réfrigérateur pendant une semaine à peu près avant de consommer. Elles sont très fragiles et ne se conservent bien pas plus de 5 à 6 mois. Pour 4 petits bocaux.

---

1. Les Grecs utilisent les tiges du céleri rave nouveau, qui ressemblent plus au persil italien qu'à nos branches de céleri. Si vous vous servez de branches de céleri, débitez chacune d'elles en minces lamelles, puis continuez.

Mélange de légumes au vinaigre

1 petit chou-fleur en petits bouquets
2 carottes coupées en quartiers puis en lamelles de 5 cm
2 poivrons rouges doux, épépinés et coupés en lanières épaisses
2 betteraves, épluchées et grossièrement hachées
6 petits concombres à condiment de 10 cm de long
3 ou 4 gousses d'ail émincées
2 cuillers à soupe d'aneth haché
2 cuillers à soupe de graines d'aneth
petits piments rouges forts (facultatif)
1 tasse 1/2 de vinaigre de vin
3 tasses d'eau
7 cuillers à soupe de sel

Tapissez les parois d'un haut bocal de verre avec des lamelles de poivron. Remplissez le centre avec les légumes coupés et mélangés en ajoutant de temps en temps des lamelles d'ail, de l'aneth haché et des graines d'aneth. Mélangez le vinaigre, l'eau et le sel. Remplissez chaque bocal, puis coupez-en le contenu avec un canif ou une petite cuiller en bois pour éliminer toute bulle d'air prisonnière.

Fermez hermétiquement et conservez dans un endroit frais et obscur pendant un mois avant de consommer. Ce condiment se conserve très bien, mais doit être gardé au réfrigérateur après ouverture du bocal. Donne environ deux litres.

Turchi de bimbrio — Coings au vinaigre

On m'a dit que cette recette provenait d'Istanbul. Le géranium rosat ou *dendrasaki*, comme on l'appelle en grec stambouli, ne fut introduit dans les Balkans, depuis l'Europe, qu'au XIXe siècle cette recette est donc relativement récente, quelle qu'en soit l'origine.

Lorsque vous choisissez les coings, prenez seulement ceux qui sont un peu verts : ils seront fermes et auront un parfum de coing bien marqué. Trop mûrs, ils seront mous et presque sans arôme.

4 coings verts
$^1/_2$ tasse de sel
sucre
vinaigre
graines de coriandre
feuilles de géranium rosat

Les coings sont très difficiles à couper. La meilleure méthode consiste à les couper par moitiés puis en quartiers, puis à les peler et à en ôter le cœur avant de couper pour finir chaque quartier en deux. Au fur et à mesure que les quartiers sont prêts, mettez-les dans une casserole d'eau salée avec environ une demi-tasse de sel. Ajoutez juste l'eau nécessaire pour couvrir les coings, amenez à ébullition puis faites mijoter pendant 15 mn environ, jusqu'à ce qu'ils s'amollissent. Retirez-les du feu, égouttez-les tout en réservant le liquide.

Mesurez ce liquide et, pour 2 tasses, ajoutez 2 tasses de sucre, 1 tasse de vinaigre de vin et une cuiller à soupe de graines de coriandre. Mélangez le tout et reversez dans la cocotte. Ajoutez les coings, amenez à frémissement et laissez cuire doucement jusqu'à ce que les coings soient tendres, 30 mn environ. Retirez du feu et réservez pendant 24 h au moins, le temps qu'ils se fassent.

Le lendemain, égouttez les coings en réservant le liquide et rangez-les les uns contre les autres en bocaux d'un demi-litre. Ajoutez un ou deux pétales de géranium rosat dans chaque bocal. Faites bouillir le liquide, réduisez le feu légèrement, versez le liquide sur les coings et fermez les bocaux hermétiquement. Rangez-les dans une pièce fraîche et obscure pendant au moins un mois avant de les consommer. Donne environ 2 litres.

Olives

Pendant plus de 4 000 ans, les olives ont constitué une nourriture de base pour les Grecs, les Juifs et presque tous les peuples du bassin méditerranéen. Il y a autant de façons de préparer les olives pour la table que de régions où elles poussent. L'olivier, très rustique et résistant au gel, a évolué en variétés diverses adaptées aux sols et aux conditions particulières de chaque région. Ainsi, la longue olive noire oblongue de Kalamata, dans le Sud, ne poussera pas bien au centre du pays. À l'inverse, l'olive d'Amphissa, près de Delphes, est grosse, ronde, spécialement charnue et riche en huile, et ne se développe pas bien dans le Sud. En Crète, l'olive typique est un petit fruit en forme de noisette avec très peu de chair mais particulièrement délicieux. De ces différences et de l'isolement de nombreuses régions de Grèce résultent maintes variantes pour la préparation des olives. Les méthodes qui suivent sont les plus courantes.

Pour les Juifs qui ont vécu dans l'Empire ottoman, l'olive joue un autre rôle important, celui de fournir l'huile qui remplace le beurre, omniprésent dans la cuisine turque.

Les olives sont servies seules, en meze ou en *bokita* (bouchée, petite chose à grignoter) et, à l'occasion, sont utilisées dans les ragoûts et en garniture dans certaines salades.

Throumpes

La cueillette à l'ancienne de ces olives est rude pour les arbres mais on la pratique toujours en Crète. A la fin de l'automne, lorsque les petites olives noires arrivent à maturité, elles commencent à sécher sur les branches. Fin décembre, la cueillette commence. Les ramasseurs d'olives étalent de grands filets sous les arbres. Ils utilisent alors de longues gaules pour frapper les branches jusqu'à ce que les olives tombent et puissent être recueillies dans les filets. Les olives sont étalées pour sécher quelques jours de plus. Puis on les met dans de grandes jarres en terre, bien serrées et mélangées avec du sel, on couvre et on les laisse macérer plusieurs semaines avant de les consommer.

Elles se conservent indéfiniment ; en Grèce on les récolte une fois par an et la récolte s'épuise dans le courant de l'année. Avant de les servir, on les frotte ou on les lave pour faire disparaître l'excès de sel.

Les deux recettes suivantes sont très semblables, la différence étant que la première concerne les olives vertes et la seconde les olives noires Kalamata.

Tsakistes

Les olives utilisées ici sont petites, vertes, oblongues et bien dures. D'abord on fend l'olive jusqu'au noyau en la frappant avec une pierre sur une plaque de marbre. Le coup doit suffire à juste l'ouvrir sans l'écraser. Ensuite on met les olives dans de grandes jarres et on les recouvre d'eau. L'eau doit être changée chaque jour pendant dix jours. Cela retire l'amertume ; c'est dans le même but qu'on fend l'olive. Au bout de dix jours, on enlève la dernière eau et on prépare une saumure. C'est une solution plutôt concentrée mais la seule règle précise que j'ai entendue est la suivante : on place un œuf cru au fond de la jarre. On ajoute de l'eau puis du sel, le sel étant ajouté en tournant pour obtenir une solution et on continue à ajouter du sel jusqu'à ce que l'œuf remonte et que son « nez » affleure à la surface de l'eau. On estime alors que la saumure est à point ; on enlève l'œuf et on ajoute les olives jusqu'à ce qu'il y ait juste assez d'eau pour les couvrir. On couvre la jarre qu'on place au frais pendant plusieurs jours, après quoi les olives sont prêtes à être consommées. On présente simplement les olives dans un plat en les arrosant d'huile, de citron et d'origan, après les avoir rincées ou non.

Haraktes

Voici la méthode traditionnelle pour préparer les olives Kalamata. Chaque olive est incisée avec précaution en deux ou trois endroits, dans le sens de la longueur du fruit, jusqu'au noyau. Ensuite on les laisse tremper au frais pendant dix jours, comme pour les *tsakistes*. Puis on les met en saumure ou, plus couramment, dans un mélange de deux parts d'une bonne huile d'olive pour une part de vinaigre de vin. Certains préfèrent un goût légèrement plus corsé avec un mélange à parts égales d'huile d'olive et de vinaigre.

Ces olives sont particulièrement délicieuses préparées comme suit : on les place dans un mélange d'huile d'olive, de vinaigre et de jus de citron avec un zeste ou deux, du sel et une bonne quantité d'origan. Il faut alors tenir les olives au frais pendant 2 à 3 semaines avant de les déguster. Elles s'améliorent avec le temps.

Index

ACHEVÉ D'IMPRIMER
EN NOVEMBRE 1995
PAR L'IMPRIMERIE
DE LA MANUTENTION
A MAYENNE
N° 407-95

PAO
Arlette CHANCRIN, Paris
tél. 45 82 69 76
télécopie 44 24 52 00